演讲技能训练

主编 赖勇

重庆大学出版社

内容提要

　　本书着力于演讲技能的训练,全书分为十章。第一章至第九章,每章设有若干单元,单元下面有训练目标和训练任务,每个任务都从"知识与案例""技能与训练"两个方面展开。第十章是把前九章的训练成果综合运用于演讲实战之中,起到融会贯通的作用。本书具有操作性强、拓展资源丰富、立体化呈现等特点,既可作为大学生的公共课教材,又可作为语言类学生的专业技能训练教材,还可作为演讲与口才爱好者的参考用书。

图书在版编目(CIP)数据

　　演讲技能训练/赖勇主编. -- 重庆:重庆大学出版社,2020.6(2024.1重印)
　　ISBN 978-7-5689-2128-2

　　Ⅰ.①演… Ⅱ.①赖… Ⅲ.①演讲—语言艺术 Ⅳ.①H019

　　中国版本图书馆 CIP 数据核字 (2020) 第075894号

演讲技能训练

YANJIANG JINENG XUNLIAN

主　编　赖　勇

策划编辑:唐启秀

责任编辑:陈　力　王　倩　　版式设计:唐启秀
责任校对:关德强　　　　　　　责任印制:张　策

*

重庆大学出版社出版发行

出版人:陈晓阳

社址:重庆市沙坪坝区大学城西路 21 号

邮编:401331

电话:(023)88617190　88617185(中小学)

传真:(023)88617186　88617166

网址:http://www.cqup.com.cn

邮箱:fxk@cqup.com.cn(营销中心)

全国新华书店经销

重庆亘鑫印务有限公司印刷

*

开本:787mm×1092mm　1/16　印张:15　字数:302 千
2020 年 6 月第 1 版　　2024 年 1 月第 4 次印刷
ISBN 978-7-5689-2128-2　定价:38.00 元

编委会

前　言
——爱上演讲

中央电视台《对话》节目《全球大调查问卷》中有这样一个问题："您认为在未来十年中最有竞争力、最有希望成功的人应具备哪些素质?"令人惊奇的是，有26位商界巨子无一例外地选择了与演讲口才密切相关的词汇。从中你可以发现：演讲是人类所有交流形式的延伸，而不是少数人才能使用的公共演说方式，它已经成了人人必须掌握的技能。

那什么是演讲?

演讲，是指在公众场所，以有声语言为主要手段，以体态语言为辅助手段，针对某个具体问题，鲜明、完整地发表自己的见解和主张，阐明事理或抒发情感，进行宣传鼓动的一种语言交际活动。

广义地讲，只要你面对三个或三个以上的人说话，就是演讲。

演讲作为一种语言交流活动，在我国古代就已成为一种普遍的社会现象。晏子使楚口才不凡；苏秦以雄辩之才挂起六国相印；范雎机智说秦王；蔺相如"完璧归赵"；诸葛亮舌战群儒。到了近代，梁启超以演讲振奋少年中国；孙中山以演讲启迪和呼唤民众投身民主革命；鲁迅以演讲呼喊沉睡的人民。再到现代社会，演讲就越来越多了，领导者的公开讲话，学者的知识传授，谈判中双方的沟通，主持人的陈述与提问，采访者与被采访者的即席问答，应聘求职，商品推销，项目的组织，对上报告工作、向下布置任务等，都需要演讲技能。缺乏这一技能，就会失去很多成功的机会。

演讲的特点是声形合一，情景交融，感召力强。

演讲具有强大的鼓动性。古希腊哲学家德谟克利特曾经说过："用鼓动和说服比法律和约束更能造就一个人的道德。"古往今来，无数鲜活的事例向我们展示了演讲的力量：公元前1300年，商王盘庚为了迁都所作的演讲，一句"若火之燎于原，不可向迩，其犹可扑灭"，使民众深刻认识到迁都的意义而欣然接受，实现了迁都的伟大壮举；1775年，美国演讲家帕特里克·亨利曾发表过激励人心的抗英演讲，用"不自由，毋宁死"的宣言，迅速地唤起千百万北美人民，使他们坚定地投身斗争中；1944 年 9 月 8 日，毛泽东同志的《为人民服务》确立了共产党人的正确价值观；1963 年 8 月 28 日，马丁·路德·金的《我有一个梦想》掀起了要求种族平等的浪潮。由此看来，演讲具有强大的鼓动性。

演讲具有鲜明的政治性。人类社会的文明史，就是真善美与假恶丑的斗争史，而演讲历来是这种斗争的主要工具之一。古今中外一切正义的演讲家，都拿着演讲这个武器宣传真理，唤醒民众，推动社会进步。古罗马统帅恺撒被以布鲁图斯和卡西乌斯为首的密谋者刺杀，布鲁图斯为了掩盖其不可告人的罪行，在当众演讲中颠倒是非，恶毒地诋毁恺撒是暴君、独裁者，轻信的群众便一致叫喊杀得好。而恺撒生前的执政官安东尼在演讲中历陈恺撒的功绩，道明他是宽厚的君主，安东尼友善、真诚的情感影响了听众的情感，使之转变了原来的成见，并愤怒地烧了布鲁图斯的家。正如人们常常说"良言一句三冬暖，恶语伤人六月寒"，公开演讲的语言，其影响力非同凡响，它能够强盛民族，也可能祸国殃民。这也印证了《战国策》中的一句话"一人之辩，重于九鼎之宝；三寸之舌，强于百万之师"。哪里有演讲，哪里就有力量；哪里有演讲，哪里就有胜利的曙光。

演讲是一个人思想水平和各种才艺的集中体现。鲁迅、闻一多等不仅能写也能说，能充分利用演讲这个迅速直接的传播工具来宣扬真理，揭露丑恶，从而为社会做出更大的贡献。一个人思想深邃、学识渊博，但若道不出，就如茶壶煮饺子，未免令人遗憾。因此，学会演讲能帮助一个人更好地表达自己的思想，发挥自己的能量，为社会的发展做出更好的贡献。

演讲能够帮助你更好成才。演讲家都不是天生的，而是后天实践造就的，是经过后天艰苦的多方面的学习和努力才造就的。每当我们看到演讲家在演讲台上口若悬河、滔滔不绝地演讲时，我们自然会对他那生动的内容、悦耳的声音、和谐的语调和优美的态势语由衷地赞叹，这是一个演讲者在台上的功夫。而比这更重要的是演讲家讲台下的付出，那就是他必须具备站在时代前沿的精深的思想、渊博的学识、丰富的阅历，这需要努力地学习与钻研。同时，他还需要具备敏锐的观察力、敏捷的思维力、准确的判断力、迅速的应变力和较强的记忆力，这一系列能力可以说比演讲本身更加重要。除此之外，演讲需要综合知识，它既需要演讲学本身的理论和经验，又需要运用到哲学、美学、逻辑学、心理学、教育学、语言学和写作学等学科的基本理论和知识。所以说，学习演讲和演讲实践是一个不断提高口语表达能力、敏锐的观察能力、深刻的分析能力、敏捷的思维能力、准确的判断能力、超人的想象能力、机智的应变能力、良好的记忆能力和沟通交流能力的过程，是不断自我完善的过程。

因此，如果我们学习、了解、掌握了演讲艺术并付诸实践，就能使自己增长才干，开阔眼界，陶冶情操，增长知识，加强修养，锻炼口才，培养气质，展示形象，扩大知名度，能够帮助自己更好地成才。

演讲能够帮助你培养人际关系。演讲是社会交际的技能，现代社会人们交往日益密切。演讲者的言谈应谦逊高雅，举止要求得体大方。这不仅有利于创造祥和的气氛，而且也有利于人们的交往。人们通过演讲活动来传播知识和信息，进而广泛地接触各阶层、各地区人士，扩大自己的交际面。

演讲是获取成功的桥梁。卡耐基曾经说过，一个人的成功85%是靠他的人际沟通和演说能力，只有15%与他的专业技能相关。在我们的生活中，能否与别人有效地沟通，意味着你能否处理好与家人、朋友、同事等的各种人际关系。良好的演讲能力，是帮助你获取成功的桥梁。

大到修身、齐家、治国、平天下，小到求职、恋爱、晋升、谋发展，哪一件事能离得了演讲。良好的演讲能力可以使我们在同等的起跑线上占据好的开端；可以成为我们更好地和一些高素质的人交流的必备条件；可以为自己的发展打下坚实的基础。英国首相丘吉尔曾说，一个人可以面对多少人，就代表这个人的人生成就有多大。各个行业都需要演讲和口才，而缺乏演讲能力的人，将会在事业、工作、学习和生活方面越来越感到寸步难行。

为此，我们编写了《演讲技能训练》。希望通过这本书帮助广大读者提高口语表达能力、沟通能力和演讲能力。有别于同类书籍，本书更注重实用性和可操作性，将声律、写作、心理学、礼仪等相关知识融入其中，同时提供了大量的参考案例和实践训练，并配以大量的示范插图，使读者在学习时可参考、模仿和练习，以期形成一个比较完整的演讲技能训练与提高的学习体系。

本书共十章。前言由师思、冉政编写，第一章由匡莉莉、赖勇编写，第二章由刘晓娟、赖勇编写，第三章由王宇编写，第四章由谭荣、潘久政编写，第五章由向秀清编写，第六章由温云兰编写，第七章由牟春莉编写，第八章由黄迎春编写，第九章由冯洁编写，第十章由姜婷编写。

态势语的照片由重庆安全技术职业学院2015级的几位同学完成。机电工程系的郝彬负责拍摄和制作，网络安全系的王琦、向继成、周爱玲和工商管理系的何萍在拍摄时做了示范表演，在此表示感谢。

本书在编写过程中，参考了大量文献资料，但犹恐挂一漏万，在此谨向已注明和未注明的专著、报刊、文章的编著者表示诚挚的谢意。

目　录

第一章　演讲的态势语 ……………………………………………………… 001

第一单元　头部语言 ……………………………………………………… 001

任务 1　头部动作 …………………………………………………… 002

任务 2　面部表情 …………………………………………………… 003

第二单元　手势语言 ……………………………………………………… 007

任务 1　手指势 ……………………………………………………… 008

任务 2　手掌势 ……………………………………………………… 012

任务 3　拳头势 ……………………………………………………… 023

任务 4　会意势 ……………………………………………………… 026

第三单元　形象设计 ……………………………………………………… 031

任务 1　演讲者的仪表美 …………………………………………… 032

任务 2　演讲者的举止和礼仪 ……………………………………… 033

第二章　演讲的用气与用声 ……………………………………………… 038

第一单元　演讲的用气 …………………………………………………… 038

任务 1　演讲呼吸的方法 …………………………………………… 038

任务 2　演讲呼吸的运用 …………………………………………… 041

第二单元　演讲的用声 …………………………………………………… 044

任务 1　声音的共鸣 ………………………………………………… 045

任务 2　音调变化训练 ……………………………………………… 048

任务 3　表达技巧训练 ……………………………………………… 052

第三章　演讲稿的撰写——主题标题与材料·· **063**

　第一单元　剖析和提炼 ·· 063

　　任务 1　剖析分解 ··· 063

　　任务 2　提炼升华 ··· 066

　第二单元　选取材料 ··· 070

　　任务 1　针对性选材 ·· 070

　　任务 2　材料的真实性 ··· 074

　　任务 3　材料的典型性 ··· 077

　第三单元　拟制标题 ··· 079

　　任务　原则与类型 ··· 079

第四章　演讲稿的撰写——思维、结构与表达技巧··························· **085**

　第一单元　锻炼思维，理清思路 ·· 085

　　任务　锻炼思维，理清写作思路 ·· 085

　第二单元　精心构思，把握结构 ·· 090

　　任务 1　演讲稿的构思 ··· 090

　　任务 2　演讲稿的结构安排 ··· 092

　第三单元　演讲稿开头和结尾 ··· 097

　　任务 1　写好演讲稿的开头 ··· 097

　　任务 2　写好演讲稿的结尾 ··· 100

　第四单元　演讲稿的多角度切入与表达技巧 ··· 104

　　任务 1　演讲稿的多角度切入 ·· 104

　　任务 2　选用恰当的表达方式和表达技巧 ·· 108

第五章　演讲稿的撰写——锤炼语言　写出新意······························· **112**

　第一单元　锤炼语言 ··· 112

　　任务 1　演讲的句式特点 ·· 112

　　任务 2　修辞的运用 ·· 115

　第二单元　写出新意 ··· 120

　　任务 1　善用材料变出精彩 ··· 120

　　任务 2　巧设结构平中见奇 ··· 124

　　任务 3　妙用技巧别开生面 ……………………………………… 129

第六章　演讲的准备 ………………………………………………… 134

第一单元　演讲的目的和要求准备 ………………………………… 134

　　任务 1　演讲的目的准备 ………………………………………… 134

　　任务 2　演讲的要求准备 ………………………………………… 137

第二单元　演讲的对象了解和场景准备 …………………………… 138

　　任务 1　演讲对象分析 …………………………………………… 138

　　任务 2　演讲场景的准备 ………………………………………… 141

第三单元　演讲的思想和心理准备 ………………………………… 144

　　任务　演讲的思想及心理准备 …………………………………… 144

第四单元　PPT 制作和试讲准备 …………………………………… 147

　　任务 1　演讲 PPT 的制作 ………………………………………… 147

　　任务 2　演讲的试讲准备 ………………………………………… 151

第七章　演讲的控场艺术 …………………………………………… 155

第一单元　以精彩的内容控场 ……………………………………… 155

　　任务 1　演讲故事要精彩 ………………………………………… 155

　　任务 2　演讲方法要新颖 ………………………………………… 159

　　任务 3　演讲情绪要调动 ………………………………………… 161

第二单元　以恰当的技巧控场 ……………………………………… 162

　　任务 1　以声音技巧控场 ………………………………………… 162

　　任务 2　以肢体技巧控场 ………………………………………… 165

　　任务 3　以互动技巧控场 ………………………………………… 166

第三单元　以灵活的应变控场 ……………………………………… 168

第四单元　以良好的心理素质控场 ………………………………… 174

第八章　实用演讲 …………………………………………………… 177

第一单元　职场演讲 ………………………………………………… 177

　　任务 1　竞聘演讲 ………………………………………………… 177

　　任务 2　就职演讲 ………………………………………………… 181

任务 3　述职演讲 ·· 183

第二单元　会议演讲 ·· 185

任务 1　正式会议演讲 ·· 185

任务 2　晚会、宴会、聚会演讲 ··· 187

第三单元　庆典演讲 ·· 189

任务 1　庆典酒会演讲 ·· 189

任务 2　节日演讲 ·· 191

第四单元　礼仪演讲 ·· 194

任务 1　欢迎与欢送演讲 ··· 194

任务 2　纪念仪式、活动演讲 ··· 197

第九章　即兴演讲 ·· 199

第一单元　学会即兴演讲 ·· 200

任务 1　什么是即兴演讲 ··· 200

任务 2　即兴演讲有"公式" ·· 202

第二单元　即兴演讲有技巧 ·· 205

任务 1　不会"演"讲就讲故事 ··· 206

任务 2　不会"演"讲就讲自己 ··· 207

第十章　综合实战指南 ··· 209

参考文献 ··· 226

第一章　演讲的态势语

态势语是通过头部语言、手势语言、形象设计等肢体语言传递信息的一种辅助性语言。

态势语，也称为身体语言，或肢体语言，或无声语言，它能帮助我们表情达意，强化思想感情，甚至像陶行知说的那样，"让失聪者也能看得懂"，所以有人把态势语称为交际过程的"第二种表现方式"；演讲家德莫斯蒂尼认为，演讲的秘诀全在肢体；美国心理学家艾帕尔说得更具体，人的感情表达由三个方面组成：55% 的体态，38% 的声调，7% 的语气词。

由此可见，运用态势语言调动情感在演讲中有多么重要。在本章中，我们需要了解态势语在演讲中的运用，通过实际的教学案例和大量针对性的练习，学会正确运用态势语来表情达意，达到"此时无声胜有声"的效果。

第一单元　头部语言

当我们观看演讲时，演讲者上场的一瞬间，我们首先注意到的是他的整体形象：潇洒的风度、高雅的气质、大方的步态、得体的打扮……我们一一审视后，就能在心中大概描绘出演讲者的形象。但随着演讲的进行，大家的眼睛会汇聚到演讲者的一个部位——头部，而演讲者主要通过头部动作和面部表情来表达自己的情绪和情感。

[训练目标]

通过本单元的学习，我们要能根据不同的场合、不同的演讲内容来设计出与之相适应的头部动作和面部表情。面部表情主要通过对微笑、眼神和其他表情的运用，来增强演讲的生动性和演讲者个人的魅力。具体如下：

（1）在演讲过程中，表情和动作都要自然，且能随着内容的变化而变化。

（2）眼睛要炯炯有神，不能目光无神，更不能目中无人。目光要能够控制全场，有节奏地移动和分配，不可只关注一部分人，更不能不看观众。

任务 1　头部动作

[知识与案例]

一、头部动作的种类

演讲中的头部动作包括点头、摇头、侧头、摆头、抬头、低头等，演讲者要通过以上头部动作传递无声信息。

二、常见头部动作所表达的意思

（1）抬头：可以用来表示信心十足、胜券在握，也可以用来表达倔强、祈求、骄傲自满、自我陶醉等意思。

（2）低头：传递掩饰、顺从、沉思、害羞、悲伤、委屈等信息，也可以表示另有想法，如果低头到缩紧下巴则表示畏惧、心虚等情绪。

（3）点头：可以表示的含义很多，例如表达致意、感谢、顺从、坚信、肯定等意思。

（4）摇头：表示否定、对抗、不屑、不满、不理解、无可奈何等意思。

（5）侧头：表示疑惑、猜想的意思，可以和成语"侧头蹙眉"的意思联系起来理解。

（6）摆头：表示演讲者对全场听众的关注，是一种用眼神"照顾"的方式。

[技能与训练]

1.根据头部动作的要领，反复练习以下句子：

（1）辞旧迎新，我们欢聚一堂。（左、右、点头）

（2）真情绵绵，梦想点亮希望。（左、右、仰头）

（3）寒露凝香，思念谱成乐章。（点、摇头加扬手势）

（4）歌唱未来，新年的钟声即将敲响。（右、中、点头）

（5）竹根即使被埋在地下无人得见，也决然不会停止探索而力争冒出新笋。种子牢记着雨滴献身的叮嘱，增强了冒尖的气。（左、中、右、中、点头）

（6）自然界没有风风雨雨，大地就不会春华秋实。高峰只对攀登它而不是仰望它的人来说才有真正意义。每一次发奋努力的背后，必有加倍的赏赐。（左、右、中、点头）

（7）缺乏明确的目标，一生将庸庸碌碌。年轻是我们唯一拥有权利去编织梦想的时光。（中、点头、仰头）

（8）觉得自己做得到和做不到，其实只在一念之间。要想成为强乾，绝不能绕过挡道的荆棘也不能回避风雨的冲刷。只会幻想而不行动的人，永远也体会不到收获果实时的喜悦。（中、点头、左、中、右、中）

2.通过镜子或录像进行反馈和纠正，通过小组或者全班同学的相互演讲交流来学习并互相评价。

任务 2　面部表情

[知识与案例]

面部是情感的晴雨表。人的面部有四十多块肌肉，大多数人平时只用到其中的三块。要感染听众就需要丰富的表情，而表情要丰富，就必须尽量多地活动肌肉。

演讲者应善于通过自己的面部表情，把自己的内心情感最恰当地显示出来，与听众构筑起交流思想感情的桥梁。

一、面部表情的种类

（一）微笑

微笑是礼貌的象征，是涵养的外化，是自信的标志。叶洛特博士曾说：“微笑是人际交往的催化剂。”

（二）眼神交流

眼神交流是指演讲者与听众之间的心理因为眼睛对视而产生变化的交流方式。“眼睛是心灵的窗户”，眼神是最能传达出情感的无声语言，具有很强的感染性和鼓动性。

兴奋、热情的目光会让听众感觉激情昂扬；和蔼、关怀的目光会让听众感觉舒服温暖；自信、坚定的目光会让听众受到鼓舞；冷峻严酷的目光会让听众紧张……因此，要重视运用眼神交流来合理传达演讲者内心的思想活动，从而增强演讲的效果。

（三）其他表情

在日常交流或者演讲中，还可以通过其他的面部表情（如口、耳、鼻、眉）来传递说话者的内心情感，丰富说话者的个人形象，同时，也能达到让听众信服、有兴趣倾听的目的。

二、面部表情的运用方法

（一）微笑的运用方法

（1）在表达赞美、歌颂之情时，需要微笑来赢得听众的肯定。

（2）在演讲者上、下台时，面带真诚的微笑可拉近与听众的距离，把良好的形象留在听众心中。

（3）提问时，微笑是对对方一种无声的鼓励。

（4）在表达肯定或否定的情绪时，适当的微笑配合点头或者摇头，显得亲切和委婉。

（5）当现场喧闹时，可以略微停顿，并且面带微笑，表达一种含蓄的批评与指责。

（6）表达悲伤、愤怒等负面情绪时，或者在严肃、庄重的正式场合等，不能微笑。

（二）眼神交流的运用方法

1. 时间

实验表明，在整个演讲中，当演讲者与听众之间的眼神交流时间占到总体时间的50%～70%时，双方才能建立起对彼此的信任感。如果眼神交流太少，则表示演讲者不受听众欢迎或者听众对演讲内容不感兴趣。另外，长时间对异性的注视或者对对方的上下打量，会让对方无所适从，这是不礼貌的行为。

2. 部位

演讲时，眼睛一般要注视听众的眼神，并且要根据他们眼神的变化来调整自己眼睛的位置，比如，当你初次登台演讲，因为紧张而不敢看听众的眼睛时，就可以调整自己眼睛注视的位置，看他们的发际，缓解内心的紧张，同时，观众也不容易看出你的紧张感。

3. 方式

（1）前视法——视线平直向前，关注前面几排，沿着中心线，从左向右，或从右到左；不要匀速移动，要按语句有节奏地移动；还要注意顾及坐在偏僻角落的观众。

（2）后视法——目光关注后面几排，从左向右，或从右到左。

（3）环视法——视线每走一步都是弧形，弧形又构成一个整体——环形。

（4）侧视法—— 一种是面朝正前方，视线向左下或右下侧视的方法，有蔑视的意思；

另一种是目光随着头部的移动而移动，与旁边的听众有目光交流。

（5）点视法——用犀利的目光指向一点，很厉害的感觉。

（6）虚视法——"眼中无听众，心中有听众"，表示紧张、分神、愤怒、悲伤、怀疑、蔑视等意思。

（7）闭目法——头上扬，眼睛紧闭或微闭，表示壮烈就义、紧张、难以平静或很抒情、很陶醉的意思。

（8）仰视法——一般是下对上，表示敬畏、尊敬、撒娇或思索、回忆的意思。

（9）俯视法——一般是上对下，既可表居高临下，又可表示长者对后辈的爱护、怜悯与宽容的意思，还可表示忏悔遗憾。

（10）交叉法——目光不是平行移动，而是交叉式的斜上或斜下运动。

（11）S法——视线按语音的节奏走"S"形。

（12）Z字法——视线按语音的节奏走"Z"形。

不管用什么方法，都必须遵循一个原则，那就是关注全体听众，一般来讲，以关注中后排为主，但也要看前排，尤其要敢于与评委交换眼神，但又不可以只看评委，那样会显得功利，会引起大家的反感。

（三）其他表情的运用方法

除了微笑和眼神交流，我们还可以通过以下的表情来表达相应的情绪：

（1）嘴角下撇——多用于伤心时。

（2）嘴角后拉——多用于欢快时。

（3）噘起嘴巴——多用于委屈时。

（4）张口结舌——多用于惊讶时。

（5）咬牙切齿——多用于仇恨时。

（6）咬住下唇——多用于忍耐时。

（7）用手摸鼻子——常表示思考、怀疑对方。

（8）用手摸耳垂——常表示窃喜或自我陶醉。

（9）满脸笑容、和颜悦色——能给人以愉快的暗示。

（10）一本正经、不苟言笑——常给人以冷漠的暗示。

三、面部表情的注意事项

（一）总体要求

（1）自然：面部表情贵在自然，自然才会真诚，做作的表情显得虚伪。表情拘谨木讷，会影响演讲的感染力和鼓动性；神情慌张会显得演讲者滑稽，难以传达出演讲内容的情感，也会影响听众的情绪；故作姿态的感情表露会使听众觉得虚假甚至反感，从而降低对演讲者和演讲内容的信任感。

（2）随内容和情绪的改变而变化：面部表情应该随着演讲内容和演讲者的情绪变化而变化，既顺乎自然，又能够和演讲内容合拍，例如演讲者说的是"很高兴见到你们"，但听众看不到演讲者脸上有任何高兴的表情，这就会使演讲效果大打折扣。

（二）微笑的注意事项

在演讲中运用微笑这种特殊语言时，需要注意以下几点：

（1）发自肺腑。发自内心的微笑表现出来是真诚的、亲切的，一旦微笑不是发自肺腑的，就会显得生硬、矫揉造作和虚情假意，让人反感，进而严重影响听众对演讲者的信任。

（2）大方得体。过于张扬或者缩手缩脚的表现都会使听众觉得演讲者不够专业，从而反感。

（3）分清场合。在愉悦欢快的氛围下，在坦率的交谈中，或者在循循善诱的教导中，需要面带微笑；在悲伤、凝重的氛围下，在表达悲痛、思考、痛苦、愤怒、失望、讨厌、懊悔、批评、争论等时，则不能微笑。

（4）把握分寸。微笑要有分寸，不能嬉笑打闹，也不能捧腹大笑，否则就会让人感觉不稳重；微笑一定要到位，不能流于表面，一闪而过的笑意无法让人心存好感；要学会控制微笑，把握尺度，让对方领会你的善意和友好，从而增加个人魅力。

（三）运用眼神交流的注意事项

1.眼睛要有神

有神就是有精气神，或顾盼生辉，或目光犀利，或炯炯闪亮。如果眼珠被上眼皮盖住太多就会显得无神，但上眼皮也不能太高，太高则会漏神。眼睛有精气神会让听众觉得演讲者渴望把自己的思想感情传递给他们，让听者感觉很清爽，也会让听者感受到演讲者的大方，从而想听演讲者的演讲；眼睛无神则会让听众产生"慵懒无力、一潭死水"的感觉。

怎样才能做到眼睛有神呢？首先，要保持良好的精神状态，自信乐观，敢于正视人、物与困难；其次，要有充足的睡眠，熬夜、睡眠不足会使人显得疲惫不堪。

2.形式要多样

眼神交流的运用往往是多种方法综合或者交叉使用的，不拘泥于一种交流形式。要根据讲话内容和情感的需要，配合有声语言、手势语言、形象语言等进行立体的展示。

[技能与训练]

1. 微笑的练习

微笑中最重要的是嘴型，因为根据嘴型的变化，嘴角朝不同的方向，微笑所表达的意思就不同，而面部肌肉跟其他的肌肉一样，使用得越多，越能形成正确的移动。练习微笑总共分为六步，最好每天对着镜子练习。

（1）微笑练习第一步——放松肌肉（可以做口部操）。

（2）微笑练习第二步——给嘴唇肌肉增加弹性（继续做口部操）。

（3）微笑练习第三步——形成微笑（对着镜子，尝试自己觉得最满意最灿烂的微笑）。

（4）微笑练习第四步——保持微笑（对着镜子，保持最灿烂的微笑）。

（5）微笑练习第五步——修正微笑（对着镜子，调整笑容，看看怎样的微笑更好看）。

（6）微笑练习第六步——修饰有魅力的微笑（对着镜子，看看怎样微笑最好看）。

2. 眼神的练习

眼神交流在面对不同的场合、不同的对象时，交流的部位也是有所不同的。在参加会议洽谈时，眼神应该停留的部位是对方的前额至双眼这一区域，这样才会显得真诚而不做作，能够主动把握谈话的主动权；在竞聘过程中，眼神停留的部位则应该是对方的双眼至嘴角这一区域，这样会显得友善和关切，让对方感受到被尊重和重视；在恋人关系中，眼神交流主要停留在对方的双眼至胸部之间，但是，对于初次见面的人，运用这种眼神则会让人感觉到轻浮，这也是不合礼仪规范的。

分组训练：

（1）表达不同的眼神方式：平视、仰视、俯视、斜视等。

（2）用不同的眼神表达下列词语的内涵：愤怒、怀疑、惊奇、不满、害怕、感慨、刚强、稳重、深沉、亲切、高兴、遗憾。

第二单元　手势语言

手势指演讲过程中演讲者手的辅助动作，是态势语言的重要组成部分。

在演讲表达的众多要素中，最让初学者苦恼的恐怕就要数手势了。人们总是不知道手该放哪里或做什么动作，就连平日喜欢说话、喜欢用手势来表达的人，在面对听众演讲时，也不知道手该往哪儿放。

手势因人而异、因内容而异，没有必要将两个特点各异的人训练成手势完全相同的人，但也不是说手势就毫无章法，没有规律可循。本单元我们就来学习一些常见的、有规律的手势语言。

在学习手势语言之前，我们先将手势命名的方式作一个说明：

①手指式、手掌式、拳头式是以手指、手掌、拳头做出的动作方式来命名的，多数手势名称可以顾名思义地理解为手势的动作要领，且每种手势的做法只是相对固定，也可以有许多变式。

②会意式是以做出的动作所表达的意思命名，可以根据名字想出动作，以手部动作为主，对做出的动作要求并不严格，大同小异，能表达出意思即可。

[训练目标]

通过本单元的学习，增强演讲的生动性和演讲者的个人魅力。

（1）做到手势软硬有度，该硬时则刚，该软时则柔。

（2）知道同一种动作在不同的位置有不同的意思，而在同一个位置用不同的动作也可表示不同的意思。

（3）学习常见的手势，且能恰当地使用。

任务 1 手指势

[知识与案例]

一、手指势说明

（1）主要以手指的动作表达意思；

（2）手指的数量和弯曲的程度不同，表达的意思也不同，注意区分。

二、手指势种类

1.单根手指

（1）拇指

拇指式（图1）：

图1

动作要领：手臂前伸，四指握拢，拇指直立，拇指直立是难点。

表达意思：强大、肯定、称赞、第一、好样的、了不起。

（2）小指

①小指式（图2）：

图2

动作要领：四指握拢，小指伸出，指尖向上。

表达意思：精细、老幺、微不足道、蔑视对方。

②小人式（图3）：

图3

动作要领：四指握拢，小指伸出，指尖向下。

表达意思：你是小人，瞧不起。

（3）食指

①食指直立式（图4）：

图4

动作要领：手臂前伸，四指握拢，食指直立，食指直立是难点。

表达意思：强调人、事、物、方向、观点，高举则表示重点强调。

②食指前指式（图5）：

图5

动作要领：四指握拢，食指向前。

表达意思：指责，指点，方向。

③食指指头式（图6）：

动作要领：以食指指头。

表达意思：动脑筋。

图6

④食指侧指式（图7）：

动作要领：右手在胸前，食指指向左边，反之亦然。

表达意思：是别人或旁边的人干的。

图7

2. 两根手指

（1）食、中指并用式（图8）：

动作要领：手臂前伸，掌心向外，三指收拢，食指和中指分开直立向上。

表达意思：胜利，成功，喜庆。

图8

（2）拇、食指并用式（图9）：

动作要领：拇指和食指分开，其余三指收拢。

表达意思：八，枪毙。

图9

（3）"O"手式（图10）：

动作要领：手臂前伸，掌心向外，拇指和食指指尖收拢，形成圆形，其余三指分开直立向上。

图10　表达意思：OK，搞定，好的，没问题。

（4）弹手式（图11）：

动作要领：拇指与中指接触，然后中指弹出。

表达意思：翻篇了，过去了，去除。

图11

3.五根手指

（1）手抓式（图12）：

动作要领：手心向外，手指由开到合，呈抓物状。

表达意思：吸引、听从、控制气氛。

图12

（2）手啄式：

动作要领：五指尖并拢或微微松开，做鸟儿啄食状。

表达意思：强烈提醒，有针对性、指向性，甚至有挑衅性。

①内啄（图13）：　　　　　动作要领：五指尖并拢或微微松开，指尖向内。

②外啄（图14）：　　　　　动作要领：五指尖并拢或微微松开，指尖向外。

③收啄（图13、图14）：

图13　　　　　　　　　　　**图14**

动作要领：五指尖并拢，指尖可向内也可向外。

④开啄（图15）：

图15

动作要领：五指尖微微松开，指尖可向内也可向外。

[技能与训练]

1.先阅读下面的文字，然后尝试运用面部表情和手势语言（主要是拇指式、小指式、食指式、"O"手式）来配合表达。

（1）在我的每次演讲当中，我都告诉自己要全力以赴。无论在哪里，无论有多少人听我演讲，当我踏上这个舞台的时候，我告诉自己，我一定要把满腔激情奉献在这个舞台上。当我踏上这个舞台的时候，我就问自己一个问题，还有什么时候能让我站在同一个会场，面对同一群观众。我知道，这样的机会再也没有了。所以我告诉自己，一定要全力以赴。

（2）伟大的诗人歌德曾有这样一句话："生命之树常青。"是的，生命是阳光带来的，应该像阳光一样，不要浪费它，让它也去照耀人间。

（3）听到这个题目，在座的许多同志也许会联想到爱情。是的，爱情是神圣的，也是美好的。可是，我今天要讲的，却是一种更高意义上、具有更强生命力的爱。这，就是战士的爱！

2.分小组练习以上文字。

两人一组，检验练习结果，一人完成时，另一人可帮助录像并给出意见和建议。

任务 2　手掌势

[知识与案例]

一、手掌势说明

（1）主要以手掌的动作表达意思；

（2）手掌打直和略收拢时表达的意思不同，拇指的位置不同，有时表达的意思也不同；

（3）我们将以手心为参照物手掌向上下（左右、前后）做动作的方式称为手心式，将以手侧面为参照物手掌向上下（左右、前后）做动作的方式称为手侧式；

（4）多数表示介绍、指明的意思。

二、手掌势种类

1.仰手式（掌心朝上，手指向外）

（1）单手：可以是右手，也可以是左手（下面以右手为例讲解）。

①左方（图16）：

图16

动作要领：右手向左前方或左上方伸出，手臂微曲。

表达意思：您请讲，指示方向或人群，摆事实、讲道理。

②右方（图17）：

图17

动作要领：右手向右前方或右上方伸出，手臂微曲。

表达意思：您请讲，指示方向或人群，摆事实、讲道理。

③前方（图18）：

图18

动作要领：右手向正前方或正上方伸出，手臂微曲。

表达意思：您请讲，指示方向或人群，摆事实、讲道理。

④胸前（图19）：

图19

动作要领：右手掌平放胸前，掌心向上，手指向左。

表达意思：我，我们。

（2）双手：

①上区（图20）：

动作要领：双手臂向上微曲张开，头眼顺势向上。

表达意思：赞美、歌颂、希望。

图20

②中区（图21）：

动作要领：手心向上，手指向外，双手臂平行向前

送出，头眼顺势向前。

表达意思：乞求、请施舍。

图21

③下区（图22）：

动作要领：双手自然下垂，手心向外，双肩耸起。

表达意思：无可奈何、坦诚。

图22

2. 仰手式的变式

（1）托盘手（图23）：

动作要领：手心向上，手指向前或相对做托盘状。

单双手均可。

表达意思：商讨，沉甸甸，烫手的山芋，怎么办呢?

图23

（2）托手式（图24）：

动作要领：双手或单手，在胸前做仰手式，然后向

上抬起。

表达意思：起立，行动起来，担当。

图24

（3）托举式（图25）：

图25

动作要领：双手在胸前左右掌心相对，然后掌心向上，手臂向上托举。

表达意思：托起希望。

（4）捧手式（图26、图27）：

图26

图27

动作要领：双手掌在胸前做捧物状。

表达意思：捧物，珍惜。

（5）开花式（图28）：

图28

动作要领：双手在胸前，掌心相对并靠近，然后掌心向上十指微曲张开，做成花的形态。

表达意思：鲜花开放。

3. 俯手式

（1）前伸式（图29）：

图29

动作要领：单手手臂向前或前上方，可伸直也可微曲。

表达意思：指方向，霸气控场（长辈或大人物可用）。

（2）后俯式（图30）：

图30

动作要领：手心向下，手臂收回放于胸前，与身体呈45度左右。

表达意思：审慎提醒、控场、安慰、方向。

（3）手压式（图31）：

动作要领：双手或单手，掌心向下，从上往下压。

表达意思：平息激动情绪。

图31

4. 手推式（图32、图33）

图32

图33

动作要领：双手或单手，手掌在胸前直立，掌心向外，由内向外推出。

表达意思：向前、希望。

5. 包手式

动作要领：双手掌相对，呈包围状。

表达意思：强调主题、重点、探讨之意。

（1）大包（图34）：

动作要领：双手掌相对，双手臂分开，呈大包状。

图34

（2）小包（图35）：

动作要领：双手掌相对，双手臂靠近，呈小包状。

图35

（3）上包（图36）：

动作要领：挺胸抬头，在头部的前上方做大包式。

图36

（4）下包（图37）：

动作要领：挺胸收腹，在胸前做打包式或小包式。

图37

6. 包手式变式

（1）鼓掌式（图38）：

动作要领：双掌掌心相击。

表达意思：欢迎，赞赏，太好了，大功告成。

图38

（2）反手击拍式（图39）：

动作要领：右手手背击打左手手心。

表达意思：怎么办，看别人笑话，鼓倒掌。

图39

（3）合掌式（图40）：

动作要领：双手在胸前合掌，掌心向上。

表达意思：祈祷，祈求，静心。

图40

（4）拍肩式（图41）：

动作要领：以手拍肩，同时昂首挺胸。

表达意思：责任，使命。

图41

（5）拍头式（图42）：

动作要领：以手拍头，辅之以猛然警醒的表情。

表达意思：恍然大悟。

图42

7. 摆手式（图43）

动作要领：手掌直立，掌心向外，左右摇摆。

表达意思：否定。

图43

（1）大挥手（图44）：

动作要领：手举过头，掌心向外，左右挥动。

表达意思：特别兴奋，表示热情致意。

图44

（2）小挥手（图45）：

动作要领：要领基本同大挥手，只是手臂下降一些。

表达意思：打招呼，兴奋致意，双手挥动表示热情
致意。

图45

8. 开手式（图 46）

图 46

动作要领：双手掌在胸前并排靠拢直立，掌心向外，突然像两扇门一样打开。

表达意思：打开，观察。

9. 掌分式

（1）向上（图 47）：

图 47

动作要领：手心向上，手指向外，双手臂在胸前平行，然后左右分开。

表达意思：开展，行动起来，大家，面积、平面。

（2）向下（图 48）：

图 48

动作要领：手心向下，手指向外，双手臂在胸前平行，然后左右分开。

表达意思：排除，取缔。

10. 抚胸式（图 49）

图 49

动作要领：手心向内，五指分开或并拢，单手抚在胸上。

表达意思：我们，沉思，谦逊，反躬自问。

11. 搓手式（图 50）

图 50

动作要领：双手掌心摩擦。

表达意思：做好准备，期待取胜。

（1）快搓式：表示做好准备，期待取胜，也表示取暖。

（2）慢搓式：表示猜疑。

搓手式变式——指尖摩擦式（图51）

动作要领：双手指尖摩擦。

表达意思：对金钱的希望。

图51

指尖摩擦式变式——棚手式（图52）

动作要领：双手食指、中指、无名指接触，两手腕分开，做棚状。

表达意思：温暖的家，棚状物。

图52

12. 手切式

（1）单手切（以右手为例）

动作要领：手掌外侧向多个方向切出。

表达意思：以下手切式可表达果断、坚决、排除、敬礼、高矮、自信等意思。

①左切（图53）：

动作要领：手臂弯曲90度左右，手掌在胸前左边切下。

图53

②右切（图54）：

动作要领：手臂弯曲90度左右，手掌在胸前右边切下。

图54

③内切（图55）：

动作要领：手臂弯曲90度左右，手掌在胸前由上至下、由外向内切。

图55

④外切（图56）：

动作要领：手臂弯曲90度左右，手掌在胸前由上至下，由内向外切。

图56

⑤上切（图57）：

动作要领：手掌与眉齐高，由内向外切出。

图57

⑥下切（图58）：

动作要领：手掌在胸前，由上向下切下。

图58

⑦连续切：

动作要领：单手连切几下。

表达意思：表示连续的几个问题或几件事情。

（2）双手切

手剪式（图59）：

动作要领：双手掌在胸前交叉，呈剪刀式，然后突然各自向左向右切出。

表达意思：强烈拒绝。

图59

手切式的变式——摸手式

动作要领：手切式走的是直线，摸手式走的是弧线。

表达意思：温暖，缓和。

[技能与训练]

结合语段练习常用手势（仰手式、俯手式、手切式、手啄式、手包式、手剪式、手抓式、手压式、抚身式、挥手式、掌分式）。

请先阅读下面的文字，然后尝试运用面部表情和手势语言来配合表达。

中国有句俗话，叫作"一勤天下无难事"。唐朝文学大家韩愈就曾说过："业精于勤，荒于嬉。"也就是说，学业方面的精深造诣来源于勤奋好学。唯有勤奋者，才能在无边的知识海洋里猎取到真智实才，才能不断开拓知识领域，获得知识的报酬，武装自己的头脑。

勤奋，是成功人生的敲门砖。曾国藩是中国历史上最有影响的人物之一。传说，有这样一个搞笑的故事：一天，曾先生在家看书，重复诵读了很多遍却还没有背下来，这时来了个贼，却怎样也等不到他睡觉。贼人大怒，跳出来说："这种水平读什么书！"然后将那篇文章背诵一遍，扬长而去！贼人比曾先生聪明得多，但却只能成为贼，而曾先生却成为连毛主席都钦佩的人。

记得一位哲人以前说过："世界上能登上金字塔的生物只有两种，一种是鹰，一种是蜗牛。"不管是天资奇佳的鹰，还是资质平庸的蜗牛，能登上塔尖，极目四望，精骛八极，都离不开两个字——勤奋！

勤出成果。马克思写《资本论》，辛勤劳作，艰苦奋斗了四十年，阅读了数量惊人的书籍和刊物，其中做过笔记的就有一千五百种以上；我国史学巨著《史记》的作者司马迁，从二十岁起就开始游迹生活，足迹遍及黄河、长江流域，为《史记》的创作奠定了坚实的基础；德国伟大的诗人、小说家和戏剧家歌德，花了多年时间，搜集了超多材料，写出了震惊文学界和思想界的巨著《浮士德》；我国数学家陈景润在攀登数学高峰的道路上，翻阅了国内外上千本有关资料，通宵达旦地看书学习，最终取得了震惊世界的伟大成就！可见，任何一项成就的取得，都是和勤奋分不开的。

任务3 拳头势

[知识与案例]

一、拳头势说明

（1）以拳头的动作表达意思；

（2）动作方式简单，但强调动作的力度；

（3）多数表示力量、权力的意思。

二、拳头势种类

1. 单拳

（1）胸前拳（图60）：

动作要领：单拳紧握，拳眼向内，在心脏的位置定型。

表达意思：报复，下决心。

图60

（2）举手拳（图61）：

动作要领：手臂做举手状，单拳紧握，拳心向左，用力定型。

表达意思：表达信念，意志坚定。

图61

（3）挥动拳（图62）：

动作要领：手臂举过头顶，握拳用力挥动。

表达意思：愤怒，呐喊。

图62

（4）捶胸式（图63）：

图63

动作要领：以拳捶胸前，居中或左、右胸的位置，可辅之以跺脚。

表达意思：（辅之以跺脚）愤恨，悲愤。

2. 双拳

（1）肌肉拳（图64）：

图64

动作要领：双拳紧握，拳心向上，两臂微曲，在胸前用力秀肌肉。

表达意思：展示力量。

（2）攻防拳（图65）：

图65

动作要领：拳眼向上，一前一后。

表达意思：进攻和防御。

（3）激动拳（图66）：

图66

动作要领：双手握拳上下摆动，拳眼向外。

表达意思：高兴激动。

（4）抱拳式（图67）：

图67

动作要领：双手掌在胸前重叠相抱。

表达意思：见面施礼。

（5）拳击式（图68）：

动作要领：双拳左右相对，然后靠拢撞击，拳心向内。

表达意思：矛盾冲突。

图68

[技能与训练]

结合语段练习常用手势（拳举式、拳击式、拍头式、捶胸式、搓手式）。

请先阅读下面的文字，然后尝试运用面部表情和手势语言来配合表达。

理想的实现需要我们付出很多努力、艰辛。古语云："天行健，君子以自强不息。"它告诉我们人要有一种积极进取、永不放弃的精神，学习生活中，同学们可能会面临一些如学习竞争、纪律严格、知识更新、能力发展等新问题，会产生一些如师生磨合、期望与现实的落差等新的困惑。但是我希望同学们不论遇到多么痛苦的挫折，不论现实和理想有多远的距离，不论梦想的实现有多么艰辛，永远不要放弃，永远不要让父母、师长对你的殷切期望和你自己的美好理想落空。理想和追求决定着我们行动的方向。我们虽然无法复制他人，但是我们可以借鉴。即便是自己存在弱势和不足，也可以试着扬长避短。如果说拥有梦想是一种智力，那么实现梦想就是一种能力。只要你舍得付出，梦想与现实就只有一步之遥。如果你想坐享其成，梦想与现实就相隔千里。雄心壮志固然重要，但更重要的还在于行动，在于行动中有没有坚韧的毅力，有没有顽强的信念。因此，我们可以试着把目标定在每一天。在一个巨大的目标面前，我们常常会因目标的遥远和艰辛而感到气馁，甚至怀疑自己的能力。而在一个小目标面前，我们却往往会充满信心地去完成它。所以我们要学会把手头的学习当作唯一重要的事情去做，全身心地投入，你只有做好了眼前的这些事情才有可能实现今天的目标，以至于更长远的目标。追求梦想的道路上没有一蹴而就，只有脚踏实地。在通往理想的道路上必然会遇到各种各样的障碍，面对挫折，我们要学会坚持。在坎坷中奔跑，苦而不逃避。无论压力多大、困难多少，我们都要试着坚持自己最初的梦想。

我们改变不了环境，但可以改变自己；我们改变不了过去，但可以改变现在；我们不能预知明天，但可以把握今天。

任务 4　会意势

[知识与案例]

一、会意势说明

（1）不只有简单的手指、手掌或者拳头的动作，演讲时还可能会加上头部、手臂、身体的动作；

（2）动作简单易做，在平时生活中也常用此类动作表达自己的情感；

（3）这类动作多以表达的情绪、意义命名；（其他类型手势多以动作方式命名）

（4）该类动作可以通过名字推测出做法及其表达的意思。

二、会意势种类

1. 害羞式（图69）

动作要领：双臂伸直，向下交叉，两掌反握，同时脸转向一侧。

表达意思：害羞。

图69

2. 安静式（图70）

动作要领：嘴唇合拢，将食指贴着嘴唇，同时发出嘘嘘声。

表达意思：提示全场安静。

图70

3. 傻瓜式（图 71 ）

图 71

动作要领：食指对着太阳穴转动，同时吐出舌头。

表达意思：表示所谈到的人是个"痴呆""傻瓜"。

4. 怀疑式（图 72 ）

图 72

动作要领：讲话时，无意识地将食指放在鼻子下面或鼻子旁边。

表达意思：认为讲话人讲的不是真话，令人难以置信。

5. 傲慢式（图 73 ）

图 73

动作要领：用食指往上顶鼻子。

表达意思：自以为是，还可表示"不可一世"。

6. 不安式（图 74 ）

图 74

动作要领：一拳放在一掌中慢搓。

表达意思：不安或焦虑。

7. 电话式（图 75 ）

图 75

动作要领：拇指和小指分开，其余三指收拢，放在耳边。

表达意思：打电话或通话状态。

8. 乞讨式（图76）

动作要领：单手或双手，在胸前做仰手式，手指微
曲，弓腰抬头。

表达意思：乞讨。

图76

9. 辩证式（图77）

动作要领：单手五指呈筒状，然后由内向外旋转。

表达意思：表述的内容有多方面的含义。

图77

10. 爱手势（图78）

动作要领：中指和无名指收拢，其余三指伸出。

表达意思：示爱。

图78

11. 思考式（图79）

动作要领：以手托腮，若有所思。

表达意思：思索，探究。

图79

12. 暂停式（图80）

动作要领：左手掌向下，右手食指顶其掌心。

表达意思：要求暂停。

图80

13. 来手式

动作要领：单手或双手，在胸前做仰手式，拇指不动，其余四指由外向内弯曲。

（1）只弯曲食指（图81）：

图81

表达意思：挑衅、挑逗。

（2）掌心向下招手（图82）：

图82

表达意思：上对下召唤，较严肃。

（3）掌心向上招手（图83）：

图83

表达意思：对对方的召唤，较亲切。

14. 拉手式（图84）

图84

动作要领：两手心相对，手指相扣，用力拉住。

表达意思：环环相扣，严密、严谨。

15. 拉钩式（图85）

图85

动作要领：小指拉钩，拇指相对，指尖接触，两手其余三指收拢。

表达意思：达成一致，承诺、许诺。

16. 占卜式（图 86）

图 86

动作要领：拇指尖顶住小指的指腹。

动作要领：推测、推理。

17. 数钱式和琢磨式（图 87）

图 87

动作要领：拇指和食指的指腹不停地摩擦；快速摩擦表数钱，慢速摩擦表琢磨。

表达意思：数钱，琢磨。

18. 抚头式（图 88）

图 88

动作要领：头微侧，手掌枕在头部。

表达意思：回忆，思考。

[技能与训练]

请阅读下面的文字，然后尝试运用面部表情和会意势来配合表达。

语言的力量（节选）

梁　植

现在是一个新媒体的时代，语言的力量越来越强大。因为我们每一个人的声音，都更加容易让越来越多的人听到。这是好事。但是我们也要知道，我们的对手，他们送来的那些"炸弹"，也更多地在我们身边炸响。

一个国家对另外一个国家产生质的胜利是什么？是它能让那个国家的青年人失去对这个国家的信心。这太可怕了。这就是语言的力量。但没关系，因为我们已经看到了 2011 年，中国的国家宣传片出现在美国纽约时代广场的大屏幕里。今年当美国有线电视新闻网（CNN）再一次出现辱华事件时，我们有那么多的中国留学生，那么多的华人都站出来，游行抗议。无论中国国家宣传片还是大家抗议的身影，那些都是我们中国语言的力量。

语言是文化战争中最基本的武器。这就像是步枪，我们每一个人都拥有。我们可以用它去塑造一个中国的形象。我们身边有外国朋友的，我们有责任告诉他们，真实的中国是什么样的。不要去相信那些西方主流媒体所概括出来的，那不是真实的中国。那不是我们。我相信我们今天在座的这么多的媒体朋友，还有此时正在工作的那么多的媒体同仁，你们一定会坚持更多原则和力量，保护中国的形象。因为如果我们拿的是步枪，你们拿的就是核武器。我相信只要我们一起运用语言的力量，一起用这份最坚实的力量守护我们身下文化的土地。我们一定可以，迎来那个我们共同期待的更美好的中国的梦。

第三单元 形象设计

演讲者的形象是演讲者的思想、道德、情操、学识及个性在外表的体现，是演讲者的仪表、举止、礼貌、表情、谈吐的综合反映。演讲者一上场，就会把自己的形象诉诸听众的视觉，直接影响听众的评价和审美。演讲者如果不修边幅，肮脏邋遢，纵然口吐莲花，舌绽春蕾，也绝不会使人产生钦敬之感。

所以，我们这单元就将学习演讲时的形象设计，而形象设计主要从"仪表"与"举止和礼仪"两大类出发。

[训练目标]

通过本单元的学习，我们要能根据不同的场合、不同的演讲内容来设计与之相适应的头部动作和面部表情；面部表情主要是通过微笑、眼神和其他表情的运用，来增强演讲的生动性和演讲者个人的魅力。具体如下：

（1）给听众一种美的享受。

（2）能通过后天的努力改变自己的身材和容貌。

（3）知道在不同的演讲场合穿戴不同的服饰。

（4）会使用正确、优美的坐姿、站姿和走姿。

任务 1 演讲者的仪表美

[知识与案例]

仪表美主要体现在身材、容貌和服饰这三个方面。

一、身材

如今，人们越来越重视身材的好坏，这不仅可以反映出一个人的身体健康状况，还会反映出一个人的个性品质——自律。

身材好的人不仅给人一种美的享受，还会让人产生一种敬佩的心情；而身材不好的人则难以给人一种美的感受，反而会让人联想到演讲者不自律的一面。

二、容貌

容貌是演讲者固有的生理条件所决定的，一般难以改变，但是，容貌可以通过化妆来修饰，但一定是适宜且适合自己的淡妆，切忌浓妆艳抹。

三、服饰

服饰美是提升身材美、容貌美的一个必要条件，对于演讲者的服饰的总体要求是整洁大方、庄重朴素、轻便协调、色彩和谐。

（1）服装颜色要与演讲者的思想感情和演讲内容的特点协调一致。如果演讲内容是严肃、庄重、愤怒、哀痛的，穿深色衣服比较合适；如果演讲内容是欢快、喜悦的，穿浅色衣服更好。

（2）服装要和体型、肤色相适应。体型肥胖的人，穿深色服装显得匀称些；体型瘦削的人，穿浅色服装会显得丰满些。

（3）服饰应同身份相称，与听众相宜。"峨冠博带话务农"，显得滑稽可笑；"蓬首垢面谈诗书"，有失风雅体统。

（4）针对特定的演讲环境来决定演讲时自身的仪表、衣着和态势。如果是高雅的宴会，听众衣冠华贵，演讲者一般不穿休闲装；而在热闹的工地，繁忙的田野，演讲者一般不要西装革履（但是名人伟人可例外），穿休闲装显得亲切、随和。

总之，演讲者在选择服饰上要注意把握尺度，既不要过于华艳，又不要过于随便。

[技能与训练]

服饰主要有四个方面的标准：干净，整洁，大方，得体。下面分别是男士和女士在演讲时的一般着装要求。请你结合自身实践，加以补充。

1. 男士穿着注意原则

第一，注意服饰的配色。采用三色原则。简单说来，就是身上的色系不应超过 3 种，很接近的色彩视为同一种。颜色太多则给人一种花里胡哨的感觉。

第二，要穿有领子的衣服。正装必须是有领的，无领的服装，比如 T 恤、运动衫一类不能称为正装。男士正装中的领通常体现为有领衬衫。

第三，穿着有纽扣的正装。正装应当是带有纽扣的服装，拉链服装通常不能称为正装，某些比较庄重的夹克事实上也不能称为正装。

第四，男士穿裤子也一定要穿正装并系皮带。运动裤不能称为正装，牛仔裤自然也不算。一条有品质的皮带有时像男人的手表一样重要。

第五，没有皮鞋的正装绝对算不上正装，运动鞋和布鞋、拖鞋是不能被视为正装的。最为经典的正装皮鞋是系带式的，不过随着潮流的改变，方便实用的懒式无带皮鞋也逐渐成为主流，但是一定不能穿运动鞋和拖鞋上台。

2. 女士着装原则

第一，颜色不要过于艳丽，要穿着正装。女式正装最常见的就是西服套裙子，与之搭配的衬衫、内衣、鞋子、袜子等颜色不能太艳丽。比如内衣不能颜色过于显眼，鞋子不能选用大红大紫之类的。

第二，鞋子要穿包脚的。在正式场合建议女士不要穿凉鞋等露趾的鞋，如果穿高跟鞋，鞋跟高度 3 ～ 4 厘米最适宜。

任务 2　演讲者的举止和礼仪

[知识与案例]

一、报告型演讲的举止和礼仪

（1）走进会场。在一般的演讲场合，走进会场时要面带微笑，不论听众是否在注意你。

（2）坐下前后。你和大会主席或陪同人员一起走到座位前，演讲者应先以尊敬的态度主动请对方入座。坐下后不要前探后望，也不要和台上台下的熟人打招呼。

（3）介绍之后。主席介绍之后，演讲者应自然起立，并向主席和观众点头致意。

（4）登上讲台。向主席点头致谢后，稳健地走到台前，自然地面对听众站好，此时应端庄大方，举止从容，精神饱满，也可面露微笑。

（5）演讲开始。站好之后，先以友好、诚恳、恭敬的态度向听众敬个礼，以表示对听众的致意，然后不要急于开口，暂停几秒钟，以亲切、尊敬的眼光遍视听众，表示打招呼，能起到组织听众、安定听众情绪的作用。同时深吸一口气，平静一下自己的心情，以免心率过速。

（6）走下讲台。讲完之后，应说"我的演讲完毕"或"谢谢"，万不可说得随意，草草收场，它是你演讲中重要的台词。接着向听众敬礼致意，向大会主席致意，然后，优雅地离开讲台，走回原座。坐下后，如果大会主席和听众以掌声向演讲者表示感谢，应立即起立，面向听众致礼，以表示回谢。

（7）走出会场。大会主席陪同演讲者往外走时，听众常常出于礼节鼓掌欢送，这时演讲者更应谦虚，招手表示答谢，直到走出会场为止。

二、竞赛型演讲的举止和礼仪——竞赛型演讲的"八要"

（1）踮脚：站直，脚尖用力，给人一种精神、自信的感觉。

（2）快走：比平时走路时的速度快三分之一。

（3）挺腰：背立直的同时收腹，给人一种挺腰的感觉。

（4）微笑：面带微笑上台。

（5）礼貌：在麦克风右下方45度，距麦克风一步的位置，向观众敬礼。

（6）音调：调整麦克风。

（7）寻找：用目光扫视台下的听众，缓解紧张感。

（8）吼叫：开口第一句话一定要声音洪亮、有气势，给听众留下好印象。

三、注意事项

（1）把服装里的东西掏空。

（2）关掉手机。

（3）别让头发垂到脸上，尽量给人清爽利落的印象。

（4）放松面部肌肉，让脸上的微笑来自内心。

（5）不要忘词。

（6）不能做出"吐舌头""拉衣角"等怪相。

（7）讲完以后不能给人一种如释重负的感觉，跑下讲台。

[技能与训练]

根据以下方法分别练习站姿及麦克风的使用，可请家人或者朋友帮忙录下练习前后的视频，并给出意见和建议。

（一）站姿

俗语有言："站有站姿、坐有坐姿。"在演讲过程中，不拘泥于某种刻板的姿态，我们需展示出恬静优美、稳健自然的体态。标准的站姿应该是这样的：从正面观看，全身笔直，精神饱满，两眼平视，表情自然，两肩平齐，两臂自然下垂，两脚跟并拢，两脚尖张开60度，身体重心落于两腿正中；从侧面看，两眼平视，下颌微收，挺胸收腹，腰背挺直，手中指贴裤缝，整个身体庄重挺拔。采取这种站姿，使人看起来稳重挺拔、落落大方，同时，从生理学角度而言，这样的站姿还可以帮助呼吸，改善血液循环，并在一定程度上缓解身体疲劳。适当的站姿主要有以下五种：

1. 自然式站姿

双脚掌平行，女士并拢，男士相距一脚掌的距离，脚尖向外，重心在中间，给人一种精神抖擞的印象。

2. 前进式站姿

这种姿势是演讲者使用最广、运用最灵活的一种站姿，即一脚在前，一脚在后，两足呈45度，身躯微向前倾，给人一种振奋向上的感觉。这种姿势重心没有固定，可以随着上身前倾与后移的变化而分别定在前脚跟与后脚上，不会因长时间身体无变化而不美观。

3. 立正式站姿

两脚后跟靠拢，脚尖张开约60度，两腿挺直。

4. "丁"字式站姿

双脚呈垂直方向接触，其中一脚跟靠在另一脚窝处，两脚尖对两斜角，如一"丁"字。站立时，全身的力量都集中在前脚上，身体要站直，双手相握放置于腹前，胳膊要微微弯曲，也可自然下垂。运用"丁"字站姿需要注意的是：双脚不能紧靠在一起，会给人呆板、拘谨的感觉。

5. "稍息式"站姿

此类站姿在日常语言交流中运用广泛。左脚顺脚尖方向伸出去约全脚掌的三分之二，两腿自然伸直，上体保持立正姿势，身体重心大部分落于右脚。这种站姿要求两腿自然直立，全身主要力量集中于后脚。在演讲过程中，也可以根据舒适度自行更换左右脚。

（二）麦克风的使用

麦克风使用得正确与否可以直接影响演讲的效果，体现着一个人的专业度。麦克风的使用需要注意以下几点：

1. 距离

在正式场合中，下巴与麦克风呈平行状态，麦克风收音筒与嘴巴的距离一般在一拳左右，距离太近，声音过大，容易产生喷话筒的情况；太远，声音传不出去，严重影响演讲效果。

2. 角度

麦克风不应低于下巴，放在嘴巴的下部且与嘴成45度，这样才能灵活使用，否则会出现低头时被话筒挡住脸部的情况。

3. 开关

调好麦克风的位置后，可以检查麦克风的开关是否开了，开关向上是开启状态，向下是关闭状态，这是国际统一标准。

4. 位置

麦克风最好放在话筒架上面。有时可能没有话筒架，那么拿麦克风的时候也要注意。正确的拿法是手握在麦克风下方的四分之一处，注意握麦克风时不能太紧，握得太紧手容易抖动，会使听众以为你很紧张。可以握成拳状，也可以握成抓状，但一般采用前者。不要随意换手，如果要换，一定要配合好动作进行。

5. 场地

演讲者要根据场地的大小和麦克风的性能以及现场的静噪情况灵活调整嘴与麦克风之间的距离。场地大时，尤其在室外，或者麦克风性能差、听众浮躁不安时，可以稍微拉近嘴巴与麦克风之间的距离，否则，则相反。

综合实践活动

1. 每组3～5人，各自轮流扮演演讲者，面向组员站立。一名组员手中拿着8张卡纸，分别写上以下8种情绪：愤怒、紧张、失望、不关心、不耐烦、兴奋、神秘、惊恐。持卡的组员每10～20秒抽一张卡纸向演讲者发出指示，演讲者不说话，只凭头部语言表达出该种情绪。其他组员猜测演讲者表达的是什么情绪，大声说出答案，若猜测不对，演讲者需不断修正，直至组员凭演讲者的表演猜对为止。（若久猜不对，可全体停下进行讨论和给演讲者意见，每人3～5分钟。）

2.其中一名组员写下自己想到的一种情绪，示意给演讲者做出来，其他组员猜测。

3.分小组为下面的格言设计适当的动作：

（1）伟人之所以看起来伟大，只是因为我们自己跪着，站起来吧！（马克思语）

（2）人是活的，书是死的。活人读死书，可以把书读活。死人读活书，可以把书读死。（郭沫若语）

（3）想象力比知识重要，因为知识是有限的，而想象力概括着世界上的一切，推动着进步，并且是知识进化的源泉。（爱因斯坦语）

拓展素材

第二章　演讲的用气与用声

演讲的发声关键在于科学地用气，很多演讲者演讲时间稍长就显得底气不足，口干舌燥，声音也开始出现嘶哑的现象。"气乃音之师。"气息是声音的原动力，科学地运用发声方法可使声音更加甜美、清亮、持久并有力度。因此正确地用气与用声是演讲的基本功，需要用正确的训练方法进行不断的练习。

第一单元　演讲的用气

[训练目标]

掌握演讲中不同气息的运用方法，并通过多种训练方式较好地运用于演讲实践中。

任务 1　演讲呼吸的方法

[知识与案例]

气息的运用是演讲者必须具备的基本功，演讲时正确的呼吸控制能够使演讲更具感染力。

但是，气息的运用也是最难捉摸、最不易驾驭的，而且它是最容易被演讲者忽视的技巧之一。"善演讲者，必先调其气"，"气用得不到位，脸上没有戏"，这些都是关于演讲中运用气息的经验总结。

演讲中不同情绪的气息状态是有很大区别的。例如，喜悦时气要放得正，用得稳；愤怒时，气在胸中转；悲伤时用喘气；欢快时气要充满前胸等。

由此可见，气息的变化和运用是有规律可循的，气息的掌握和训练对于演讲来说也是极为重要的。

一、演讲呼吸的基本原理

1.演讲的呼吸器官

呼吸器官也称为动力器官，由鼻、口、咽、喉、气管、支气管、肺、胸腔、膈肌（横膈膜）、腹肌、两肋等组成（图1）。

呼吸在人的生活中是一种维持生命的本能现象。

医学上把鼻腔、咽腔、喉腔称为上呼吸道，把气管、支气管和肺称为下呼吸道，在演讲中，我们将其统称为呼吸道。

人在平静状态下一般是依靠鼻腔呼吸（剧烈运动时加入口腔呼吸）。在演讲中，根据不同的情况可采用鼻腔呼吸或口鼻腔同时呼吸两种方式，因此演讲的呼吸腔也包括口腔。

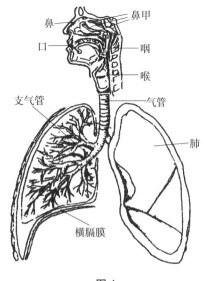

图1

在日常生活中，维持生命的呼吸运动是比较平静、比较浅的，所以只需要一点肺活量就够用。但演讲时，根据情绪的变化和演讲内容的要求，有时需要较浅的呼吸运动，有时则需要较深的呼吸运动，因此，需要演讲者能够熟练地掌握对呼吸的控制。这就需要通过正确的训练，使我们的呼吸器官变成随时可以调控的肌肉群。

2.演讲中呼吸的作用

呼吸是演讲用声的动力基础，气息由人体肺部经气管呼出时，喉头中的两片声带闭合，由于呼吸的作用，使声带产生振动而发出声音，声波又在各共鸣腔体内得到扩大和美化，进而经过造字器官的调节与组织，以及听觉神经的指挥，从而发出准确、响亮、优美、动听而又具有语言特征的声音来。

在演讲时，声音的高、低、强、弱，完全取决于声带的振动频率和振动幅度。声音高亢时，声带张力相应增大、缩短、变薄，呼吸的压力也增大，振动频率提高；声音低沉时，由于呼吸的压力减少，声带松弛，变厚，张力也会相应减小，振动频率变低。

二、演讲呼吸的分类

正确呼吸的要领是：操纵气息的部位在胸部和腹部的连接处，即横膈膜。吸气时，胸部放松，腰部周围明显扩张，两肺底部的横膈膜向下运动，气息自然充分地吸入身体。呼气时，胸腔扩张挺起，小腹向内向上收缩，横膈膜向上运动，将气息由肺部挤出，完成发声过程。一般来说，演讲的呼吸方式有两种：胸式呼吸和胸腹式联合呼吸。

1. 胸式呼吸

这种呼吸也是最自然的呼吸，是主要依靠上胸控制呼吸的方法。这种呼吸方法，吸气时双肩抬起，吸气量少而浅，仅及肺的上部，所以又称"锁骨呼吸"或"浅呼吸"。这种呼吸方法主要运用在较为平和的语言表述中。

2. 胸腹式联合呼吸

胸腹式联合呼吸是一种运用胸腔、横膈膜和腹部肌肉共同控制气息的呼吸法。在演讲中，由于演讲内容不同，需要用不同的声音来表达，而仅仅靠胸式呼吸是做不到的，在很多时候不但不能达到需要的效果，反而会损害声带。尤其是在表达强烈的情绪时，如果一味地用强力作胸部呼吸，以及吸气时耸肩，这是很危险的方法。在发语调较高的声音时，更需收缩腹肌，将气息渐渐上移；而横膈膜则向下压，同时，腹肌向上推。

胸腹式联合呼吸的呼吸方法是：吸气时，横膈膜下降，胸腔底部向下伸展，同时胸腔两肋张开，使胸腔全面扩大。此时，因胸腔和肺部扩大，外界空气吸入肺内。呼气时，一方面依靠胸腔本身的弹性作用和胸腔呼气肌肉用力，逐渐将肋骨拉下，使胸腔缩小；另一方面，腹部肌肉有控制地收缩，压迫腹腔内器官向上，使横膈膜逐渐抬起回到原来位置，通过上下两方面的呼气动作互相配合，共同控制气息的呼出。

胸腹式联合呼吸是在演讲中运用最多的呼吸方式，同时由于其难度较大，很多初学演讲的人都很难掌握。其实，只要在初学阶段以正确的训练方法勤加练习，掌握并运用胸腹式联合呼吸并非难事。下面介绍几种练习的方法，以便初学者练习。

（1）叹气（训练气息通畅），练习时，要用心想象很累的感觉，同时，松喉、松胸，气息沉下来。丹田收紧，以此为气根吸气。再叹气，反复进行，找到气息通畅的感觉。气息下沉时，顺势带出含糊的"唉"的声音并用上胸发声。

（2）闻花（训练深呼吸），想象面前有一束盛开的鲜花，用力多吸香气。后鼻腔进气，气息深吸，尽量在自己体内保持长一点时间。呼出时，少出气。这个练习，深吸慢呼，锻炼膈肌和呼吸肌的控制力。

（3）吹手指（训练控气支撑），首先要保持气息通畅，然后将食指竖直至嘴前，唇齿相依、颧肌上提，发 u 之声。注意，在吹气时，一条线吹到手指中部，均匀、持久。这样的气息，才能有效支撑发声。

[技能与训练]

（胸式呼吸）我是一个开网店的，我今天来到这里就是要（胸腹式呼吸）为网商代言，（胸式呼吸）现在像我这样的网商有上千万家，去年天猫双十一一天的成交额是五百七十一亿元，（胸腹式呼吸）但是十二年前还没有网购这个名词，（胸式呼吸）我和我爱人说网上可以卖东西，她不信，跟我打赌，结果我在网上卖掉一个 QQ 号挣了二十元钱，就这样慢慢地我每个月都可以在网上挣到钱，（胸腹式呼吸）最高一个月可以挣到五千块，但是说出来没有人信。（选自《超级演说家》）

1. 根据括号中的标记，运用所学的呼吸方式进行阅读，并大声朗读。

2. 根据自己的呼吸方式，重新为以上演讲范例标记呼吸方式。

3. 以 4 人为小组单位，分别进行演讲，注意调整呼吸方式。同时在演讲中互相录像，用以自评、互评。

任务 2　演讲呼吸的运用

[知识与案例]

一、自然呼吸

用于演讲中的一般叙述句，较平静的情绪。如交代时间、地点、一般性的描述等，多用这种自然平稳的用气和换气方式。这种呼吸方式的特点是轻柔、顺畅。因为语言节奏平缓，换气时间比较充裕，所以可以根据所说语句的长短而适量吸气。换气时要注意保持语言的逻辑性，不可破坏词意或语句的完整。

外交部新闻发言人今天下午发表谈话说，中国政府和人民对南非军队 6 月 14 日入侵博茨瓦纳首都哈博罗内表示极大的愤怒和强烈的谴责。

发言人指出，南非当局对博茨瓦纳的袭击不是一个孤立事件。事实一再证明，南非当局顽固地坚持破坏邻国稳定和种族主义政策是南部非洲局势动荡不安的根源。

他说：南非当局种种倒行逆施，只会激起非洲国家和人民更加强烈的反抗和更大的义愤。博茨瓦纳、安哥拉和莫桑比克等非洲前线国家反对种族主义、维护国家主权和领土完整、支持纳米比亚人民争取独立的斗争，得到全世界所有主持正义的国家和人民的同情和支持。中国政府和人民将一如既往，坚定地站在非洲国家和人民一边，坚决支持他们的正义斗争。

以上这段新闻报道具有较强的逻辑性，不需要感情的渲染，只需要做正常的语言表述即可，语速适中，自然呼吸，正常换气。

二、快吸慢呼

一般情况下，我们受到惊吓时会倒吸一口气，几乎喊出来，就在这种状态下暂停，几秒钟后仿佛有一股外部的力量向后推压，感到在小腹与这股外来的力量的对抗中，气息徐徐向着上齿根的背后发送。这时横膈膜有力地起着支持作用。

多么平坦，多么宽阔，无边无际的原野，从眼前向四面八方伸展开去，伸展开去，直到那渺茫的尽头，远与天接。望着你，怎能不心旷神怡，豁然开朗！你啊，襟怀坦荡，气度恢宏的草原。

在"怎能不心旷神怡"前快速吸气，缓慢呼气，在呼气的同时以较慢的速度朗诵；在"豁然开朗！"前同样快速吸气，然后以横膈膜支撑气息，平稳而缓慢地边呼气边朗诵。

三、慢吸慢呼

慢吸慢呼是气息训练中最常用的方法。想象用"闻花"的方法将气息慢慢吸收到肺叶下部，这时的胸廓，是自然而不是人为地向前、向上抬起，而肋肌，包括腰部同时向四周扩张，保持状态。这种吸气要求自然放松，平稳柔和地进行。气不要吸得过多，容易使身体僵硬，声音不流畅。呼气时，以叹气的方式边呼气边说话。

《日出》中，最后结束时，陈白露吃了安眠药后。哀伤地说："这—么—年—轻，这—么—美。"

这句话是陈白露在绝望与哀伤中的表达，缓慢地吸气，然后在缓慢的叹息中说出，更能展现人物悲凉的情绪。

四、急吸急呼

要想体会急吸急呼，可以想象在炎热的夏天，狗伸出舌头"哈嗞哈嗞"地喘气。就是在很短的时间内，通过口、鼻迅速把气息急而深入地吸到肺叶下部，使呼吸器官快速扩张，随后借助横膈膜和腹肌的力量迅速收缩，有弹性地控制气息，使每一次呼气都很准确，时值强弱恰到好处。

电影《小花》中，小花迅速跑回家，对哥哥说："哥哥！不好了……抓壮丁的来了。快……快跑！"

此处用这种急吸急呼的方式，可以反映出人物极度紧张的状态。

五、偷气

偷气就是用鼻、口同时轻快地吸入少量气息。要求迅速地使呼吸肌肉松弛，然后又紧张起来。偷气时不要大开口，不要发出声，只是轻轻地用嘴角间隙和鼻孔把空气吸入。所谓"偷气"也就是不使人发现演讲者换气的动作。因此，偷气时要做到忙中取气，急而不喘，要抓住合适的机会偷气。

曹禺的《日出》第四幕李石清痛骂潘月亭："我没有债，我没有成千成万的债。我没有人逼着我要钱，我没有眼看着钱到了手，又叫人抢走。潘经理，你可怜可怜你自己吧。"

这段话大量运用了偷气的方式，这样的处理可以使语言表达更连贯。

六、倒吸气

在演讲或朗诵中，当表现意外、震惊、诧异等情绪时，通常可以运用倒吸气的方法。演讲者根据内容所要表达的情绪强度，采用不同强度的倒吸气。具体方法是，在表现意外、震惊、诧异等情绪时，可以根据要表现的强度，先倒吸一口气，然后才开口说话。

莎士比亚的《哈姆雷特》中，第三幕第四场中，哈姆雷特对王后说："来，来，坐下，不要动；我要把一面镜子放在你的面前，让你看一看你自己的灵魂。"

王后说："你要干什么呀？你不是要杀我吗？救命！救命！"

在这段对话中，当王后听到哈姆雷特对自己说的话后，感到非常诧异，也很害怕。因此王后说话之前，会先倒吸一口气，然后才说话，以表现王后内心的恐惧。

[技能与训练]

1.气息训练

（1）"闻花"吸气。这是一种心情愉悦又特别认真和用心的状态，是一种既放松又兴奋的感觉。在这种感觉下的具体吸气方法是上身完全放松，腰很舒服地向外松开，随即胸部也有舒张感，体内空间增大使气息很自然地吸进去。这样的吸气自然、柔和而且深入，没有吸气时的抽气声和僵硬的动作，在吸气后自然缓解。

（2）"惊讶"吸气。这是利用人在惊讶时生理做出的快速反应，使全身肌肉立刻收缩，使腔体在短时间内迅速扩张，达到快速吸气的目的。这种下意识地打开腔体的感觉正是演讲发声时表现激动昂扬情绪所需要的感觉。这种突发性的扩张运动，可以使气息吸得快又吸得深，能锻炼呼吸器官的快速灵活性。

（3）"半打哈欠"呼吸。当人们在犯困时会不由自主地"打哈欠"，这时呼吸器官的各个腔体会大为张开，气息会自然地倒流到各腔体之中。"半打哈欠"就是不张大嘴地打哈欠，进行最后一刻的感觉和胸腹联合呼吸时吸气最后一刻的感觉相近。

2.演讲时常见的呼吸弊病

（1）吸气过多。气吸得过多会造成胸部紧张、僵硬、堵塞，气息不能流动，由于胸部的压力过大，腹部肌肉失去弹性，一张口气息又一下子全泄了。吸的气息太多，会造成声音不均匀。

（2）气息浅。有许多人用上胸式呼吸，这会使声音单薄、细弱，吸气的时候抬肩膀、抬胸，造成横膈膜不能下降，气息聚集在肺叶上部，上部虚弱，腰周边的肌肉无法协助呼吸运动。这种不健康的呼吸方法大都出现在女生中。

（3）漏气。主要原因有两个方面：一种是发声方法有问题，声带闭合不全，声音空洞；另一个原因就是反复提到的呼吸肌肉群的能力不足。

（4）吸气有声音。呼吸时有声音是常见的错误，原因是吸气时口没有张开或者喉管收缩，导致喉咙扩张空间不全，气息进入时摩擦某些肌肉产生杂音，语速较快、换气较快时尤其明显。改变这种状况需要多体会用鼻子吸气时喉咙松弛的状态。在演讲中，一般不允许呼吸时发出声音，但当运用"倒吸气"技巧时，则可以夸张地呼吸，以增强情绪的表达。

第二单元　演讲的用声

[训练目标]

学习并掌握演讲的用声技巧、表达技巧、语势、节奏和语气等知识；同时通过正确的技能训练方法熟练地运用这些知识。

任务1　声音的共鸣

[知识与案例]

对于演讲者而言，要会正确运用声音，以声音的魅力去感染听众。用声首先要会发声，以气息为依托，振动声带，合理运用共鸣发出的声音才是具有可塑性的声音，与此同时，结合用声的各种技巧，便能表现出具有丰富情感的魅力之声。

共鸣控制

日常生活中，人们对音质的好坏一般都不会太在意，但语言艺术工作者却对其有严格的要求。要让广大的听众在接收信息的同时获得审美享受，这就要为他们提供清晰流畅的字音，以及动听的声音。共鸣控制的作用就是扩大声音、美化音色，使语言艺术工作者可以在不同的语境条件下，充分调节自己的音量，改善声音色彩，减轻声带的压力，保证嗓音健康。

所谓共鸣，就是气息在口腔、鼻腔、胸腔中相互碰撞而产生声音的统一性。共鸣腔一般分为三处：头腔、口腔和胸腔（图2）。头腔指硬腭、软腭以上的部分（包括鼻腔），这部分属于高频泛音区，它使声音高亢、响亮；口腔指硬腭以下、胸腔以上的各共鸣腔体（含咽腔），这部分属于中频泛音区，它使声音丰满、圆润、庄重；胸腔指喉部以下部分，这部分属于低频泛音区，它使声音浑厚、低沉。人们说话或演讲一般是以口腔共鸣为主，以胸腔共鸣为基础，略带鼻腔共鸣。要想获得理想的音质，就必须使喉腔、咽腔、口腔、鼻腔、胸腔共同协调工作。

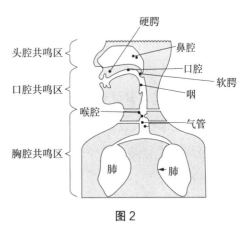

图2

（一）共鸣方式

艺术语言多采用以口腔共鸣为主，以胸腔共鸣为基础的声道共鸣方式。

1.声道共鸣

声道由发音器官构成，像一个由风箱、管子、阀门和腔体组成的空气装置，肺就是个活动的风箱，气管可看作是管子，声带、双唇、舌、软腭都像是一个个可活动的部门。而腔体有胸腔、喉腔、咽腔、口腔、鼻腔等。当作为"风箱"的肺受到挤压时，气流通过气管这个"管子"到达喉头。喉头就像一个可上下活动的"塞子"，喉内的声带就是第一道"阀门"在气流的作用下振动发声，或者不振动发声只控制气流的强弱。而喉上面咽腔、口腔、鼻腔在双唇、舌、软腭这三道阀门的控制下，分别对喉产生的声音中的某一频率起共鸣加强作用，并形成网络共振体系，进行协同，多层次的共鸣，使原来的喉音发生变化，得到扩大和美化。

2. 口腔共鸣

口腔是人类语言构成的重要场所，是形成语言最主要的共鸣腔。清晰、圆润的字音是咬字器官吐字后经过口腔共鸣而产生的。口腔主要提供泛音共鸣，如果能够出色地运用它，那么字音的清晰、饱满，音色的明亮、圆润就有了保障。但也要注意，口腔不要开得太大，口腔共鸣并非越强越好，要适度，不然会使泛音贫乏，字音模糊不清，从而产生"音包字"现象，影响字音的清晰度。语言艺术工作者对口腔共鸣的运用要灵活，要根据节目的形式、内容、对象、场合进行变化，调节共鸣的比重。比如，播新闻与主持节目，沉重的内容和欢快的内容，成人节目和少儿节目对声音色彩的运用显然都是不同的，在口腔共鸣的运用上也就应该有差别。

3. 胸腔共鸣

胸腔共鸣也叫"低音共鸣"，它起"基音"的作用，决定发音的音高。其特点为浑厚、结实、有力。在日常工作中，播音工作者一般都采用自然声区（即中间偏低一点）来播音，因为这部分共鸣作为"底座"，声音就不会虚、飘，会显得扎实、圆润、宽厚一些。对于女声来说，声音偏高者居多，尤其需要加强胸腔共鸣，使单薄的声音增加一些色彩。但是要注意胸腔共鸣的运用也要适度，胸声过多会使声音发闷，影响字音的清晰度。

（二）共鸣控制的感觉

由于艺术语言发声采用的是声道共鸣的方式，从感觉上有一根弹性声音柱，从小腹拉出来经胸部垂直向上又经口咽部转而向前，沿着上腭的中纵线流动，"挂"于硬腭出口前部，透出口外。

这时候脊背直而舒展，颈前部肌肉放松，保持咽管通畅。胸部放松，吸气不太多，太多气不好控制，容易感到胸口憋，声音出不来，不利于胸腔共鸣的调节。胸部放松的时候能感觉到胸部的振动感，声音像从胸部响点透出来。

当声束经口咽出来的时候，要适当打开后槽牙，感觉上下牙没咬在一起，下颌能灵活地运用，这样才能通畅地到达口腔，并沿着上腭中纵线前行，向硬腭前部流动冲击，使声音挂在硬腭穹隆处，再流出口外，声音听着明朗、润泽，发音也省力。但是共鸣要调节好，首先要调节好气息，气息控制直接影响共鸣的运用。比如，高泛音共鸣需要小腹对气息的控制较紧，加强气息的密度和压力，低音共鸣虽然也需要一定的气量，但小腹的控制却可以稍松弛。中音共鸣虽较省气，但也需要一定的密度和流量。因此，要调节共鸣，就要先调节好气息，气息调节顺畅时，共鸣往往较充分。

[技能与训练]

1. 完成以下训练，以 4 人为一小组，每天坚持练习 20 分钟，并录像。

2. 根据录像资料和现场训练，小组成员进行自评互评，并提出自己对训练中不足之处的解决方法。

3. 练习内容

（1）胸腔共鸣练习

第一，用高、中、低三个声区来发出各韵母"a""o""e""i""u""ü"并延长，体会上下贯通的共鸣状态。发音时把手放在胸前，体会不同声区胸腔共鸣的强弱。

第二，发上声字来体会胸腔振动的感觉，发慢一些。如米"mǐ"，吕"lǚ"。

第三，发"hèi""hà"的音，由低到高一声声弹发，体会声音从胸部发出，胸部响点随着声音高低的弹发而上下移动。

（2）口腔共鸣练习

第一，发"a""i"的音，感觉气流逐渐集中到硬腭前部，从听觉上感到声音越来越集中、圆润、响亮。

第二，打开牙关，反复发韵母"ai""ei""ao""ou"的音，体会声束沿上腭前行，"挂"在硬腭前部的感觉。或者用"飞"这个音来体会硬腭发响的感觉。反复发"飞"，能感到气息集中打到硬腭的响点，越发声越集中越响亮，可以逐渐体会气息与共鸣之间不可分的关系，从而把握共鸣的变化，并且用于各类节目。

第三，发较短促的音，如"bo""bi""bu""pa""pi""pu""ma""mi""mu"，使声束打到硬腭前部，这时鼻腔也有微弱的振动，可体会一下微量的鼻共鸣。"ba""ma"两个音用中声区短促发时，胸腔、口腔、鼻腔的共鸣结合得非常好，可反复练习，试着体会。

（3）音高变化的共鸣练习

第一，拔音练习，由最低拔向最高发"a""i"，体会共鸣状态的变化。

第二，绕音练习，发"o""i"音由低至高螺旋形上升，再由高至低螺旋形下降。

第三，用阶梯式由低到高、由高到低的方法发数字一到七的音，从音高变化中体会共鸣的变化。从中声区开始，一、二（二比一高）、三（三比二高），一直到七；从中声区开始，一、二（二比一低）、三（三比二低），一直到七，有的人可能发不到七，只要能体会共鸣的变化即可。

训练注意事项

①由于艺术语言要求声音纯正，音色优美，所以声带的运动情况及音响要求就不同于生活语言，它要求使用适合本音的共鸣腔。共鸣腔要是超出了本音的范围，音色就会改变本音，就会走样，如果只增加声带的紧张度，而共鸣腔仍保持自然发音状态，增加嗓子的负担，音色就不好。正确的方法是，共鸣腔的运用一般要比生活语言扩大一些，只要共鸣腔的大小能对声带的调节起作用，两者配合恰当，发声的效果就好。

②在发音过程中，口腔开合的大小与声带松紧的配合要恰当。一般发高音时，声带的紧张度随声音的提高而增加，气流的冲击力也加强了，口腔的开度更要随着声音的上升而逐渐扩大，这样才能提高发音效率。如果口腔的开度小就不能适应高音的共鸣，反而阻碍气流的通畅。在发低音时，声带较松弛，闭合不紧，挡气作用不强。如果不适当地收缩口腔，保持口腔肌肉的均衡紧张来控制气流，气流就会无节制地出去，声音就会松散，难以得到共鸣，所以无论发高音还是低音，共鸣腔的肌肉都要保持均衡紧张状态。

③每个音的共鸣都有自己的特殊方式，这个方式是舌头高低伸缩变化形成发音时，每个元音都有特定的"舌高点"，"舌高点"在前，前腔就小于后腔，共鸣后的声音偏前，而"舌高点"在后，后腔就小于前腔，共鸣后的声音偏后。要使高音清晰，就要使发音部位准确，"舌高点"明显、突出。因此，口腔中舌头的位置决定了共鸣腔的状态，有什么样的共鸣状态，就会发出什么样的声音。发音靠后的人，口腔开度要适当收缩，使"舌高尖"略往前移。

任务2　音调变化训练

[知识与案例]

音调是指口头表达时声调高低的变化。说话时要求能根据表情达意的需要掌握音调高低升降、抑扬顿挫的变化；听话时要求能对发话人的音调、语气做出灵敏的反应。

一、声音的高低

（1）高共鸣，主要用于高亢、兴奋的情绪。表现时，音调较高（高音），共鸣以鼻腔共鸣为主，颧肌提起。

例："在毛泽东时代，祖国的人民，多么幸福，祖国的江山多么壮丽。"（高亢、声强、兴奋）

（2）中共鸣，以口腔共鸣为主。发声时，唇齿贴近，提高声音明亮度，同时嘴角略微上抬。

例："可是，我们怎么能忘记过去的苦难，怎么能忘记毛主席带领我们跨过的千山万水。"（凝重、音调下一个台阶）

（3）低共鸣，以胸腔共鸣为主。以较低的声音发声，声音不要过亮，感觉声音从胸腔发出，音色浑厚。

例："黑暗的旧中国，地，是黑沉沉的地，天，是黑沉沉的天，灾难深重的人民呵！你身上带着沉重的锁链，头上压着三座大山。"（压抑、再下台阶）

二、声音的强弱

声音的强弱变化取决于发声时发音器官肌肉紧张用力的程度、气流强弱的程度不同和音波振幅的大小不同。肌肉紧张用力，气流增强，音波振幅大，声音就强；反之，肌肉松弛，气流虚弱，音波振幅小，声音就微弱。所以，掌握声音强弱发声变化，关键在于对气息力度的控制。气息力度的加强，除扩展胸腔，膈肌下降，同时必须增强小腹肌肉收缩，顶气的力量，即传统的"气取丹田"。而单纯靠喉头肌肉的紧张去求得声音强弱变化的做法，是有害的，也是不可取的。

例1："亲爱的同志呵！你可记得，在那战火纷飞的黎明，在那风雪弥漫的夜晚，我们是怎样的向往呵，向往着胜利的一天。"（声轻、抒情、稍慢，较弱）

例2："（中强）（放）这一天终于来到了！看哪，（较快）人人挂着喜悦的眼泪，个个兴高采烈，流水发出欢笑，山岗也显得年轻，（声弱）（收）他们在倾听、倾听着毛主席那震撼世界的声音；（声强）（放）中华人民共和国诞生了（更强）！！人民从此站起来了！"

三、声音的长短（快慢）

声音的长短也就是语速的快慢变化，它取决于音波持续时间的长短。一个音的音波持续的时间越长，可以说明语言进行的速度越慢；反之，则语言进行的速度越快。

演讲、朗诵内容中的每个词、每个句子以及每个段落，都有它的长短（快慢）之别，这就自然形成语言的时而快速急促，时而悠徐缓慢的速度变化。

例1：工农兵们奋勇前进，大革命汹涌澎湃。（语速快、激情）

例2：突然间，天空出现了乌云，大地卷起了狂风——蒋介石背叛了革命，大屠杀开始了。（语速渐慢—慢、沉痛）

例3：但是，人民是杀不绝的，革命是扑不灭的，共产党人是吓不倒的，他们从地下爬起来，揩干净身上的血迹，掩埋好同伴的尸首，他们又开始战斗了！（语速渐快—快、坚强、有力）

四、声音的色彩

每个人由于发声器官的生理条件不同，而有其独特的音色。除声带的长短、厚薄不同以外，每个人的共鸣腔有其不同的形状和特性，从而产生一定类型的共鸣作用，形成一个人的声音个性。

在培养演讲技巧时，应有意识地训练演讲者掌握共鸣腔的调节变化，从而产生不同的声音色彩，使演讲更加丰富、更加具有层次感。声音的色彩有明与暗、刚与柔、虚与实等多种表现形式。

1. 明与暗

（1）明的色彩，表现开朗、兴奋、愉快、年轻、活泼等色彩。发声时共鸣多在口腔中高部，颧肌提起，声音集中、有力靠前，气息较强，与发声相关的肌肉控制较强。

例：滚滚的黄河水，全国人民都仰望你啊，革命的摇篮——延安。你像灯塔一样，吸引着千百万不愿做奴隶的人们，你是抗日斗争的中心，领导着全国人民战斗到胜利的一天。（轻快、明朗、抒情）

（2）暗的色彩，通常表现悲哀、抑郁、失望等情感。共鸣位置多在胸腔，以低共鸣为主。注意面部两颊要放松，声音较散，声音位置靠后。气息深而缓，对与发声有关的筋肉控制得相对较松。

例："我和高干事轻轻走过去，只见军长老泪纵横，大滴大滴的泪珠洒落在他的胸前……"

2. 刚与柔

（1）刚的色彩，主要表现为激动、凛然、决心、气愤、刚毅等色彩。声音结实而有力，音量常较大，中低部共鸣，声带闭合有力，气息强，筋肉紧。

例：过去的已经过去，但未来却在我们手中。在我们追逐中国梦的今天，还能让这些悲剧重演吗？不，绝不！

（2）柔的色彩，通常表现为亲切、温柔、抒情、甜美等情绪。发声时，多用中、低部共鸣，音色偏暗，音量较小，但不等于虚。声带轻松，气长声徐，以情动人。

例：每当葫芦丝吹响的时候，美丽的晚霞把傣乡秀美的凤尾竹和大青树抹上了一层金辉。劳动归来的傣乡人走在乡间小路上。当夜色笼罩着傣家村的时候，那竹林深处的葫芦丝吹得更甜、更脆、更美。

3. 虚与实

（1）实的声音，发声时声门紧闭，声音结实、有力；

例："听！炮声，是解放军的炮声！"

（2）虚的声音，这种声音色彩的表现最重要的是气多声少。发轻声时（也叫耳语），声带几乎不振动。

例："啊？里面有人。"

4. 厚与薄

（1）厚的声音，以胸腔共鸣为主，用声靠后，用气较深，胸音强，深沉，庄重。

例：《红岩》

齐："华子良同志。"

华："老齐同志。"

（2）薄的声音，共鸣点稍高，用声靠前，气息较浅。有年轻、稚嫩之感。

例："干吗不理我？"

"我忙着呢！"

五、声音的美化

虽然声音的厚薄是天生的，但作为演讲者，为了使自己的演讲更富层次感，经常需要改变自己的音色，以丰富自己的语言表达能力。这种声音上的造型，通常也叫作声音的美化或声音的化妆。

六、语气色彩的表达

爱的感情一般是"气徐声柔"的。

憎的感情一般是"气足声硬"的。

悲的感情一般是"气沉声缓"的。

喜的感情一般是"气满声高"的。

惧的感情一般是"气提声凝"的。

欲的感情一般是"气多声放"的（好多钱哪）。

急的感情一般是"气短声促"的（快跑快跑）。

冷的感情一般是"气少声平"的（我爱莫能助）。

怒的感情一般是"气精声重"的（滚出去）。

疑的感情一般是"气细声黏"的（你是——共产党）。

[技能与训练]

1. 运用声音的高低、强弱、长短、色彩等技巧，朗读下列演讲稿。

2. 以 4 人为一小组，互相朗读，并录像，根据录像和现场朗读情况进行自评、互评。

3. 演讲内容：

（1）《最后一次演讲》（闻一多）。

（2）《要为自由而战斗》（卓别林）。

（3）《我也是义和团》（马克·吐温）。

（4）《警告中国两万万女同胞》（秋瑾）。

任务 3　表达技巧训练

[知识与案例]

一、停连

停，即停顿；连，即连贯。无论是正常说话还是在演讲中，声音既有连贯，又有停顿。在生活中，人们不可能一直连续不断地说话，需要在不同的地方停顿，这种停顿是自然的、无意识的；同时，这种停顿与连贯是随着人们的思维活动、感情起伏、自然呼吸状态的需要而产生的。

通常，书面语言用标点符号来标示停顿与连贯，但是，标点符号包括不了生活语言、演讲内容的全部停顿与连贯，更包括不了千变万化的停顿给声音语言带来的丰富表现力。因此，演讲语言的停顿与连贯，必须是演讲者在深刻理解体验演讲内容的基础上，根据演讲的需要，有意识地精心推敲设计处理形成的。

（一）停连的位置

1. 区分性停连

例 1：最贵的一张∧值五百英镑。

例 2：最贵的∧一张值五百英镑。

以上两个例子从书面语言上来看是没有中间停顿的，需要演讲者自己去设计，而不同的停顿则有不同的效果。例 1 是说一张画最贵，卖到五百英镑；例 2 是说最贵的有好几张，每一张都可卖到五百英镑。

例 3：我和哥哥拿着叔叔帮我们做的风筝，高高兴兴地来到广场。

可以看出，例 3 中有标点符号表示停顿和连接，演讲者既可以根据书面语言中的标点符号去进行停连的表达，也可以在此基础上自己再进行设计。

2. 呼应性停连

例 1：我们必须强调∧学习马克思主义理论的重要性。

例 2：我们必须强调∧学习马克思主义是放之四海而皆准的真理。

3. 并列性停连

例：一个春天，太阳∧暖暖地照着，海∧在很远的地方奔腾怒吼，绿叶∧在树枝上飒飒地响。

4. 分合性停连

例 1：五位战士屹立在狼牙山顶峰，望着∧人民群众和部队主力∧远去的方向。

例 2：这些石狮子，有的母与子相拥嬉戏，有的交头接耳似在交流，有的像倾听水声，∧千态万状，惟妙惟肖。

5. 强调性停连

例 1：自古称作天堑的长江，终于被我们∧征服了。

例 2：森林爷爷的脚伸在很深很深的泥土里，任凭风魔王怎么摇，他还是∧稳稳地站着。

6. 判断性停连

例 1：我们∧是∧中国人；

例 2：我们∧爱∧我们的∧祖国。

这里包含着一个短暂的反应过程，读出一个词或一个词组，使声音稍为拖长，停顿一下的刹那间，随着教师的手指，又去看后面那个词或词组，接着读出这个词或词组。

7. 转换性停连

例：早晨出发时，天气晴朗暖和，∧没想到中午突然刮起了暴风，下起了大雪，气温急剧下降。

8. 生理性停连

例：她吓昏了，转身向着丈夫说："我……我……我丢了∧佛来思节夫人的∧项链了。"

假如一口气说下来，不容易表达出那种恐惧的心情和丢失项链的严重性，因此，需要增加停顿，以突出显示女主人公的恐惧心理和丢失项链的严重性。

9. 回味性停连

例：年轻时读向秀的《思旧赋》，很怪他为什么刚开头却又煞了尾。然而，现在∧我明白了。

以上这段话，如果完全按标点朗读，就总觉得文中的意味不足以表露出来。如果我们在"现在"之后安排一个较长的停顿，把"然而"与"现在"连接起来，可能就容易表露一些。因为"现在"之后给听者留了回味的余地，由《思旧赋》想到"吟罢低眉无写处"的法西斯文化专制主义的统治，引发出对黑暗现实的满腔义愤。

10. 灵活性停连

例：我已经说过：我向来是不惮以最坏的恶意来推测中国人的。但这回却很有几点出乎我的意料之外。一是∧当局者竟会这样凶残，一是流言家∧竟至如此之下劣，一是∧中国的女性∧临难∧竟能如是之从容。

以上这种停顿表现出了对流言家的轻蔑。

（二）停连的一般处理

1. 完成句

例1：我∧终于鼓起了勇气，迈着大步，向着部队∧前进的方向走去。（急收）

例2：小兴安岭∧是一座∧巨大的宝库，也是一座∧美丽的大花园。（缓收）

例3：我们∧不怕死，我们有∧牺牲的精神！我们∧随时像王先生一样，前脚跨出大门，后脚∧就不准备再跨进大门！（强收）

例4：我∧排队等候，趴在小船里，出了洞。（弱收）

例5：让暴风雨∧来吧。（高收）

例6：天∧很热，人∧很累，心∧很冷。（低收）

2. 未完成句

例1：暴风雨，暴风雨就要来了。（停前扬收）

例2：天很热，人很累，心很冷。（停前徐收）

例3：车里∧很安静，谁∧也没说话。（停后缓起）

例4：海燕∧叫喊着，飞翔着。（停后突起）

例5：我们的战士，我感觉∧他们是最可爱的人。（停而紧连）

例6：这过程∧虽然很辛苦，但∧比起那些在事故中∧逝去的生命来说，又算得了什么呢？（停而缓连）

二、重音

重音是指一句话中重要的、应该强调的词。强调的方法是多样的，不能单纯理解为重读。从思想逻辑上看，一个句子里只有一个主要的逻辑重音。它决定着这个句子的主要意思，是最应该强调的词。重音服从于语言行动，它是交流思想的重要手段之一。因此，在演讲中，演讲者需要根据演讲内容的意思，结合自己对文字内容的理解和感受，设计处理重音。

（一）重音

1. 并列性重音

例：武隆的山真奇啊，……武隆的山真俊啊，……武隆的山真险啊……

2. 对比性重音

例：反动派，你看见一个倒下去，可也看得见千百个继起的。

3. 呼应性重音

例1：猎人追不上狼，就问东郭先生："你看见一只狼没有？它往哪里跑了。"东郭先生犹豫了一下，说"我没有看见狼。这儿岔道多，它也许从岔道逃走了。"（问答式呼应）

例2：……只行了半日路，倒打死三个人！（对比性呼应）

4. 递进性重音

例：竹叶烧了，还有竹枝；竹枝断了，还有竹鞭，竹鞭砍了，还有深埋在地下的竹根。

5. 转折性重音

例：孔雀虽很美丽，可是也很骄傲。

6. 强调性重音

例：我们是中国人，所以说中国话。

7. 比喻性重音

例：河里连一滴水也没有了，河中心的泥土也裂成乌龟壳似的。

8. 拟声性重音

例1：雨，哗哗地下着，一直下着。

例2：风，呼呼地刮着，一直刮着。

9. 肯定性重音

例1：她微笑着说："是啊，什么时候才能不丢碗呢？"

例2：原来他喜欢的并不是真龙。

10. 反义性重音

例：一直以来他都认为自己是太阳，光热无穷，只是给予，不想取得。

（二）重音的表达方法

凡重音，一定要在非重音的环境中存在。一般初学朗读的人，受过去重音的解释的局限，往往单纯注意重音的表达，而忽视非重音的表达，忽视重音与非重音的联系，因此，常常孤立地表达重音，使重音的突出显得生硬、干巴，非重音也显得暗淡。

1. 强中加强法

例1：中国人民革命军事博物馆里，有一个粗瓷大碗，是赵一曼用过的。

例2：2个小时后，整个庄上的敌人全被肃清了。（弱中加强）

在表现重音时，唇舌稍微用力；在表现非重音时，唇舌较为松弛。

2. 低中见高法

例：——让暴风雨来得更猛烈些吧！

3. 实中转虚法

所谓实声即响亮实在的声音，虚声是指声轻气多的声音。

例1：月光轻柔地照进来，茅屋里的一切好像披上了银纱，显得格外清幽。

例2：松树要求于人的可谓少矣。

4. 快中显慢法

例：天安门广场上，花堆成了山，人汇成了海。……爸爸脱下帽子，妈妈摘下了头巾。他们低下头，向周爷爷默哀。

在这段语言表达中，"山"和"海"的韵腹 ɑ 要延长。

5. 连中有停法

在重音前，或者在重音后，或者在重音前后安排或长或短的停顿，会使重音的分量加重。

例1：两个铁球同时着了地。（重音未必重读）

例2：再见了，亲人！我的心永远跟你们在一起。

与这五种方法相对应的方法：强中变弱法，高中见低法，慢中加快法，虚中转实法，停中有连法。

三、语势

1. 波峰类

这种语势起始于波腰，行至波峰，终止于波腰。状如水波，中是波峰（为重点）。（图3）

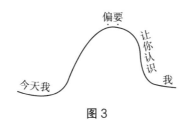

图 3

2. 波谷类

这种语势状如波谷，重音可在波谷或波腰。也状如水波，中是波谷。（图 4）

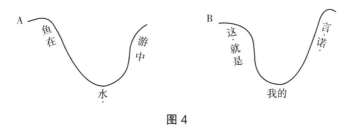

图 4

3. 上山类

这种语势如上山，盘旋而上，步步登高，气势上行。（图 5）

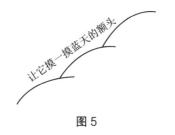

图 5

4. 下山类

这种语势状如下山，曲折而行，顺势而下，气势下行。（图 6）

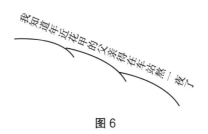

图 6

5. 半起类

这种语势上至山腰，气提声止。（图 7）

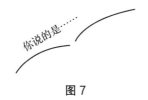

图 7

以上介绍了五种语势的基本形态，它们既有横向的延续与停连，又有纵向的高低起伏，还有句子的重心，能够较好地依据具体的思想情感、不同人、不尽相同的表达方式显露其具体语句的声音形式。但也应注意，不要用这五种语势去硬套，它们往往交织在一起，形成波澜起伏的语流。

可能有人会讲，自己在表达中觉得内心情感到位，可是听起来还是很平。这恐怕是语势幅度拉得不开、不充分所致，它给人听觉上的刺激还不够，需要增强对比幅度。

语言表达若想不平，有表现力，还应注意在表达中，语句的头不应同一起点，即同一声高，或同一强弱、长短。也就是说，每句话的头要根据表达的需要，有的可高起，有的可低起，有的可强起，有的可弱起……不应相同，否则，表达显平，也没有表现力。句尾也不应回归同一落点。

总之，语句的起点、落点及语势的选择、变化等，要依全篇基调和具体语句的思想情感及用声幅度等条件来灵活处理。这样，才能改变语言表达缺乏表现力的现象。

还特别要注意杜绝每句话语尾习惯性下滑的现象，因为，这既缺乏表现力，又容易形成哭腔。

四、节奏训练

节奏是指在音乐中交替出现的有规律的强弱、长短现象。表现在语言声音上，就是高低、快慢、强弱、明暗等元素不断变化和重复出现。也就是抑扬顿挫，轻重缓急，波澜起伏，循环往复。

例：读大象就慢，读猴子就快。

伸手救人，紧张而急切，

伸手戏水，轻松而欢快。

1. 节奏的六种类型

（1）轻快型，上扬多而下行少，语言多而力度较小。

例：哇，│你真厉害！念大学时的牛仔裤居然还能穿啊？！

（2）凝重型，平稳。

例：她│不时│停下来，│注视着│死者的眼睛。│她觉得│刘毛妹│是怨恨她│不愿意看她。

（3）低沉型，下山势。

例：│不如│一死，│倒还│干净。

（4）高亢型，上山势。

例：你，｜真没有想到，｜你比蝎子还毒，｜你比豺狼还狠！

（5）舒缓型，多上扬少下坠，声音平缓轻长。

例：｜我｜缓缓｜走近｜池边，｜一股｜淡淡的香气，｜沁人｜心脾。

（6）紧张型，语势多上扬少下行。

例：让他听去吧！我谁也不怕，｜我已经离开家，再也不回去。

2. 节奏的使用方法

欲扬先抑，欲抑先扬；欲慢先快，欲快先慢；欲重先轻，欲轻先重；欲明先暗，欲暗先明。

3. 节奏转换的条件

声音——高低、强弱、明暗、长短等；气息——长短、深浅、快慢、强弱、提松等；咬字——扁圆、松紧等。

4. 节奏转换的类型

扬转抑，快转慢，明转暗，实转虚。

5. 节奏转换的方法

突转，渐转，大转，小转。

五、语气与语调

语是有声语言，气是支撑有声语言的气息状态。语、气之间的关系是音随意转，气随情动，因情用气，以情带声，以气托声，以声传情。

语调就是语言具有的声音色彩。语气丰富多彩，决定了语调的千变万化。

例1：萧伯纳说："说'是'有50种方法，说'不是'有500种方法。"

例2：1952年10月，最激烈的上甘岭战役打响了。

例3：1931年深秋，王若飞同志在包头不幸被捕。

比较以上几个例句，可以发现，它们有的句式相近，但语调却不同，甚至相反。

（1）升调，前低后高，语势上升。一般用来表示疑问、反问、惊异等语气。

例：你说咱们这个地方，是来的人多，还是走的人多？

（2）降调，前高后低，语势渐降。一般用于陈述句、感叹句、祈使句，表示肯定、坚决、赞美、祝福等感情。

例：这是多么长，多么可怕的一场噩梦啊！

（3）平调。语势平稳舒缓，没有明显的升降变化，用于不带特殊感情的陈述和说明，还可表示庄严、悲痛、冷淡等感情。

例：上午10点，焦裕禄的追悼会结束了。

（4）曲调。全句语调弯曲，或先升后降，或先降后升，往往把句中需要突出的词语拖长念，这种语调常用来表示讽刺、厌恶、反语、意在言外等语气。

例1：现在的小学生可真秀气啊。（高—低—高）

例2：我什么都没看见。（低—高—低）

[技能与训练]

1. 音高的训练

以4人为一小组进行下面两句话的音高训练，讨论这两句话如何进行音高处理更恰当。

①科学需要我们，我们更需要科学。

②希望是附属于存在的，有存在便有希望，有希望更有光明。

2. 声音的美化训练

牢记口诀，并以4人为一小组，每天互相督促进行声带按摩练习。

①口诀：低调门，软起音，强喷弹，嘴别懒。

②声带的按摩。仰起头小声发"啊"音（蛤蟆音）。

3. 声音层次变化训练

以4人为一小组进行下面几句话的声音训练，要求要有层次变化，同时录像，并进行讨论、自评、互评。

为了你们，也为了我们，我真希望这几个问题能有肯定的回答！要是我的任务不如此之繁重，我的担子不如此沉重，该多好！

（注意：声音层层递进的训练也就是上行阶梯形的训练，随着层层递进，要求音量逐渐提高。类似声乐中上行音阶练习。声音逐步下降的训练，随着步步下降，要求音量逐渐减弱与音高的逐渐降低，也类似声乐中下行音阶的练习。）

综合实践活动

结合本章所学的演讲用气和用声的方法，流畅地演绎以下这篇演讲稿。

最后一次讲演

——闻一多

这几天，大家晓得，在昆明∧出现了历史上∧最卑劣最无耻的事情！李先生究竟犯了什么罪，竟遭此毒手？他只不过用笔∧写写文章，用嘴∧说说话，而他所写的，所说的，（急吸急呼）都无非是一个没有失掉良心的中国人的话！大家都有一支笔，有一张嘴，（急吸急呼）有什么理由拿出来讲啊！有事实拿出来说啊！（语调上扬）为什么要打要杀，而且又不敢光明正大的来打来杀，而偷偷摸摸的∧来暗杀！这成什么话？（语调上扬）

今天，这里有没有特务？你站出来！是好汉的∧站出来！你出来讲！（偷气）凭什么要杀死李先生？杀死了人，又不敢承认，（偷气）还要诬蔑人，说什么"桃色事件"，说什么共产党杀共产党，无耻啊！无耻啊！这是某集团的无耻，恰是李先生的光荣！李先生在昆明被暗杀，是李先生留给昆明的光荣！（偷气）也是昆明人的光荣！

去年"一二·一"昆明青年学生为了反对内战，遭受屠杀，（语气沉重）那算是青年的一代∧献出了他们∧最宝贵的生命！现在∧李先生为了争取民主和平∧而遭受了反动派的暗杀，我们骄傲一点说，这算是像我这样大年纪的一代，我们的老战友，献出了∧最宝贵的生命！这两桩事发生在昆明，这算是昆明∧无限的光荣！

反动派暗杀李先生的消息传出以后，大家听了都悲愤痛恨。我心里想，这些无耻的东西，不知他们是怎么想法，他们的心理是什么状态，他们的心怎样长的！其实简单，他们这样疯狂的来制造恐怖，正是他们自己在慌啊！在害怕啊！所以他们制造恐怖，其实是他们自己在恐怖啊！特务们，你们想想，（偷气）你们还有几天？你们完了，快完了！你们以为打伤几个，杀死几个∧就可以了事，就可以把人民吓倒了吗？其实广大的人民是打不尽的，杀不完的！要是这样可以的话，世界上∧早没有人了。

你们杀死一个李公朴，（急吸急呼）会有千百万个李公朴站起来！你们将失去千百万的人民！你们看着我们人少，没有力量？告诉你们，我们的力量大得很，强得很！看今天来的这些人∧都是我们的人，都是我们的力量！此外∧还有广大的市民！我们有这个信心：人民的力量∧是要胜利的，真理∧永远是要胜利的，真理∧是永远存在的。历史上∧没有一个反人民的势力不被人民毁灭的！希特勒、墨索里尼，（偷气）不都在人民之前倒下去了吗？翻开历史看看，你们还站得住几天！你们完了，快了！快完了！我们的光明∧就要出现了。我们看，光明∧就在我们眼前，（偷气）而现在∧正是黎明之前∧那个最黑暗的时候。我们有力量∧打破这个黑暗，争到光明！（语气强烈）我们的光明，恰是反动派的末日！

现在∧司徒雷登出任美驻华大使，司徒雷登是中国人民的朋友，是教育家，他生长在中国，受的美国教育。他住在中国的时间比住在美国的时间长，他就如一个中国的留学生一样，从前在北平时，也常见面。他是一位和蔼可亲的学者，是真正知道中国人民的要求的，这不是说司徒雷登有三头六臂，能替中国人民解决一切，而是说美国人民的舆论抬头，美国∧才有这转变。

李先生的血∧不会白流的！李先生赔上了这条性命，我们∧要换来一个代价。"一二·一"四烈士倒下了，年青的战士们的血∧换来了政治协商会议的召开；现在∧李先生倒下了，他的血∧要换取政协会议的重开！我们∧有这个信心！

"一二·一"是昆明的光荣，是云南人民的光荣。云南有光荣的历史，远的如护国，这不用说了，近的如"一二·一"，都属于云南人民的。我们要发扬云南光荣的历史！

反动派挑拨离间，卑鄙无耻，你们看见联大走了，学生放暑假了，便以为我们没有力量了吗？特务们！你们看见今天到会的一千多青年，又握起手来了，我们昆明的青年∧决不会让你们这样蛮横下去的！

反动派，你看见一个倒下去，可也看得见千百个继起的！

正义∧是杀不完的，因为真理∧永远存在！

历史∧赋予昆明的任务∧是争取民主和平，我们昆明的青年∧必须完成这任务！

我们不怕死，我们有牺牲的精神！我们随时像李先生一样，前脚跨出大门，后脚∧就不准备再跨进大门！

（选自人教版《语文》七年级下册）

拓展素材

第三章 演讲稿的撰写
——主题标题与材料

一场成功的演讲离不开一篇优秀的演讲稿，而演讲稿的质量与价值关键在于主题是否正确深刻，可以说主题决定了演讲的价值。想要讲好主题，就要把握好材料的取舍，没有相应的材料和内容来准确表达，就支撑不了主题，也就无所谓主题了，同时演讲的标题在一定程度上是由演讲主题浓缩而成的。

第一单元 剖析和提炼

[训练目标]

1. 对演讲主题进行有效的提炼。

2. 把握好材料的取舍，浓缩标题。

任务 1 剖析分解

[知识与案例]

五彩缤纷的世界包罗万象，我们的精力和时间是有限的，所以我们无法把所有问题都弄得清清楚楚、明明白白，当然更不可能短时间内成为某个领域的专家。因此，为了避免"大而全"，我们需要对主题进行提炼，把主题细化成某一个具体的观点，提炼表达，以小见大，既不脱离主题范围，又能见解独到，不落窠臼。

一、全盘把握

所谓提炼主题，就像我们写材料作文时，要先对材料进行解读提炼，确定论点方向后再进行撰写。那为什么演讲要先提炼主题呢？在现实生活中，演讲比赛往往会有一个固定的主题，如"中华魂"演讲比赛、"劳动美"演讲比赛、"好老师"演讲比赛等。除此之外，其他各类演讲也会因为场合、性质不同，有着不同主题的限制。比如在运动会开幕式上，我们不会对科技的发展侃侃而谈；在部队阅兵式上，也不会大谈如何当一名好教师。一般来说，我们遇到的演讲主题范围相对宽泛。如"中华魂"演讲比赛，"中华魂"的内涵及其衍生是非常广泛的，如果直接以"中华魂"为主题进行演讲，那我们的演讲稿，往往会落入泛泛而谈、"假大空"的局面。

但需要注意的是，不管怎么提炼，我们的观点首先要正确，积极向上，有益于人们进步，有利于社会向前发展。演讲是一种宣传工具，如果演讲稿的观点失去了正确性，演讲便没有了意义和价值，弄不好还会把听众引向歧途。例如，一位企业家在学校演讲时，极力主张"成才靠机遇，发财靠关系"，在学生中造成了很不好的影响。而另一位演讲者则提出了不同见解，"机遇总是钟情于有准备的人，打铁趁热虽是良计，把铁打热尤为良策，成功总属于不懈奋斗的人"。他的观点给了大家很大的鼓励，极受听众欢迎。因此，写演讲稿时一定要对客观事物准确把握，不可带有主观随意性。要大力宣扬真、善、美，鞭挞假、恶、丑，匡扶正气，弘扬正义，坚决杜绝那些颓废、消极甚至反动的思想在听众中传播。

二、精准剖析

在立意正确的大前提下，提炼主题首先是对主题进行剖析。（剖析说到底就是一个思维的过程，关于思维模式的锻炼请参考本书第四章的相关内容。）如全国优秀大学生主题演讲比赛，如果我们不加剖析，先入为主地为优秀大学生确立"成绩优异"这唯一标准，那么这个演讲比赛就失去了意义，双一流大学的同学们可以直接拿冠军了。所以我们剖析主题，就是要还原主题的本质，进行深层次的解读。

某医院举行以医改为主题的演讲比赛，说到医改，很多人就只会想到药品价格，好像除了改价格之外就没有什么好讲的。为什么会出现这种情况？答案无非只有一个，对主题没有剖析，没有"吃透"。下面，让我们一起试着来分析医改这个主题。

表面上医改最直接的结果就是价格的变化，可让我们细想一下，为什么要医改？谁来医改？医改的结果是什么？从中我们可以梳理出线索：医改是为了人民群众，是党和国家心系人民群众的体现。既然医改的目的是更好地为人民群众服务，那么医改就不仅是片面地改价格，还要改服务、改思想、改理念、改作风。通过这样的剖析，医改这个主题就大有可讲了。

我们来看看下面的例子：

"北漂"人不漂

谢　艺

今年是我来北京的第十年，我还记得 2005 年大年初四，我坐了十三个小时的火车硬座来北京。一出北京站，"哇，进城了呀，这就是大城市啊，首都"，看什么都是新鲜的。可我回想起这十年来，当初那个想把父母接到北京一起住，在北京扎根的梦想即将实现了，就连我身边很多朋友都说："谢艺，你在北京都算混得好了，你看房也买了，车也买了。"所以说最近我就在想，你说房和车就那么重要吗？就像咱们过年一样，这七大姑八大姨一坐下来就问："你买房了吗？你买车了吗？"我就翻个大白眼，我就纳闷了，你说他们怎么就不问问我在北京过得好不好，过得快不快乐，开不开心呢？是，我们大家伙儿都习惯用什么房呀、车呀这些物质标准来衡量我们在这个大城市混得行不行，好像我们有了房有了车，就不是北漂一样。其实我从一开始就不喜欢"漂"这个字，因为我不是漂过来的，我相信我们在场的所有人也都不是漂过来的，咱们又不是沙尘暴，对不对？其实我觉得很正常，这是一个不能用房和车来衡量的标准，它只是一个奋斗目标。就像我刚来北京那会儿，我当群众演员，一天五十块钱，吃饱了不饿能生存下去那就是我的目标；再后来北京冬天冷，我就想买个像样点的羽绒服穿上，那也是我的目标啊；再后来我就想从地下室搬出来，有一个属于自己的屋子，那就是我们的目标。早上拎着那个大编织袋去动物园扫货，给人家嘎嘎砍价，每天换三趟公交车去跑剧组我都不觉得累，我们是脚踏实地地冲过来的，房和车真的有那么重要吗？

我觉得每个人在不同阶段都有一个目标，所以如果说你有这个目标，那你就不是漂在这个城市的，因为我们是脚踏实地的，我们明白我们为什么要每天起床，为什么去拼搏。可如果你没有这些目标，你没有一个奋斗的目标，你没有了那股子愿意再拼搏一把的冲动，就算你有了房有了车，你依旧是漂着的。所以很多人都说"我们把青春献给了身后这个陌生而又繁华的城市"。其实我想说，不是我们把青春献给了城市，而是这座城市把青春留给了我。

（选自《超级演说家》）

通常说到"北漂",就会联想起累与辛苦,漂泊与无奈。而这篇案例却充满了乐观主义,批判了荒谬的唯金钱论和唯物质论,同时将奋斗作为主旋律,尤其最后一句"这座城市把青春留给了我",更是神来之笔。

[技能与训练]

1. 以"做合格大学生"为主题,提炼出至少两个观点。
2. 以"无悔青春"为主题,提炼出至少两个观点。

任务 2   提炼升华

[知识与案例]

经过对主题的剖析分解后,我们接着就要谈一谈到底该如何选择主题的"突破口",进行提炼和升华。

一、提炼主题

一篇演讲稿,总要向听众亮明演讲者的态度和看法,即提倡什么,反对什么,演讲稿如果没有独到深刻的思想内涵,就如同橱窗里的模特,虽然"楚楚",却不"动人"。需要注意的是要想让演讲稿有真情实感,情真意切,我们最好是选择讲自己熟悉的事或者身边发生的事。毕竟古人常说"读万卷书,行万里路""纸上得来终觉浅,绝知此事要躬行"。

对于文章,独创很重要,演讲也是一样。新颖、独到的话,会让听众茅塞顿开,醍醐灌顶。在一次演讲赛中,一位残疾人士在演讲中讲道:"人们常说贝多芬扼住了命运的咽喉,但我偏不,我要与命运共舞,将命运带给我的磨难当作礼物!"他的这段话让听众产生了强烈的共鸣,不少人从此把这句话当成自己的座右铭。

由自身出发的主题比较容易有独到性,除此之外使主题新颖的方法还有很多,可以老话新说、破旧立新、由此及彼等,都能让人耳目一新。关于创新的相关知识,请参考本书第五章的内容。

在一次"中国梦"的演讲比赛中,一些人就大谈特谈,从长江说到黄河,从鸦片战争说到解放战争,一般化的立意让听众感到困乏。而一位幼儿园老师在演讲中把内涵向深处更进了一步，"我的中国梦就是当一名好老师，帮助每一位学生实现自己的梦想，让他们的梦想汇聚成中国梦"。她的这一观点如夏天里的一阵凉风吹进了听众的心里。

由自身出发的主题，容易感受深刻，主题不深刻，就会使人感到平淡无味。如上面的例子，这位幼儿园老师将演讲的立意做到了"新"与"深"，起到了非常好的效果。

我们的主题还应该具有时代性，观点要跟上时代的节拍，不要陈词滥调。所以除了自己熟悉的事，我们也可以选择用极具时代感的热点新闻来作为突破。如一位演讲者在《传承》中讲道：

放眼世界，苏格兰的风笛，日本的歌舞伎传承不息。

反观国内，快餐文化充斥了市场，低俗文艺占领了舞台；网络小说取代了四大名著的古风雅韵；粗言鄙语掩埋了礼仪之邦的千古美誉。阳春白雪的传统文艺也无可奈何地向金钱低头，向庸俗靠拢。

面对如此严峻的现实，我们难道不应该明道理、辨方向、守底线吗？

上面的例子，就选用了当代各国的文化现象作为对比，颇具时代感，让人深思警醒。

综合上面的案例，我们一起来看看"改革开放四十年"的主题演讲。说到改革开放，重点自然要突出变迁与改变，可这四十年里，中国发生了翻天覆地的变化，日新月异，变化无处不在，从油灯到电灯，从黑白电视到平板电脑，从小贩到无人超市……对于有着岁月积累、丰富人生经验的成年人来说，根据从自身出发的原则，这个主题自然有不少可以说的。可对于年轻人来说，阅历尚浅，该怎么办？其实可以根据所学专业或者从事的行业来确定突破口。如建筑系的同学可以说说中国的桥梁发展，外卖小哥可以说说订单的故事……甚至我们还可以用大家都熟悉的手机作为突破口，来体现四十年来中国的通信变化。同理，来自农村的朋友，还可以谈谈家乡的变化，交通、经济、扶贫政策等。当然，我们熟悉的事物可能不止一个，如某位建筑系的同学同时又是一名贫困生，除了可以写中国桥梁变迁，还可以写精准扶贫，甚至合二为一。总之，我们要精心选择突破口，如同下面的例子一样：

2015年夏天，我第一次去泰国旅游，热闹的曼谷街头让我兴奋。忽然一阵巨响，还没反应过来，我就被人流撞倒在地，耳边不断传来惊叫声和哭喊声。同团的队友边跑边喊："有炸弹，快跑！"什么？炸弹？我这才回过神来，看见几个工作人员拿着喇叭在疏散人群，很多人不顾警察的指挥，拼命向外跑。幸好同团的山东大哥，紧紧拉着我随着人群夺路狂奔。街上的商铺都关了门，旅行车也不知去向，我们只好坐巴士回到了住地。现在回想起来，那短短的几分钟，漫长得如同一个世纪。回到宾馆的我，仍然惊魂未定，从导游那里得知，是四面佛庙发生了爆炸案，当时离我们就两条街。宾馆服务员关切地问：

"你们遇上爆炸了？"我垂头丧气地点了点头。"我们也是刚刚从电视里看到的，对不起，让你们受惊了。"我惊愕地问："你们的国家经常发生这种事情吗？"她无奈地看着我："有什么办法呢！"她低下了头，呆呆地站在柜台里，脸上写满了忧虑。"我们还是第一次遇到，觉得有点不可思议，我们国家几乎不会发生这种事情。"服务员抬起头来，看着我，很羡慕地说："你们中国人真幸运哪！"她的话让我突然感觉到作为中国人很自豪。我们国家和谐、安全的环境，稳定的生活，引来了世界上那些动荡地区乃至发达国家多少羡慕的目光！

第一次出国旅游便这样草草结束。回到重庆，看着长江，听着家乡话，再想想曼谷的惊魂一刻，我特别珍惜今天的幸福生活。过去，从电视里看到暴恐袭击，不过就是一条新闻，没想到距离我这么近。我们不是生活在一个和平的年代，我们只是生活在一个和平的中国！

（2018"中华魂"重庆市演讲比赛一等奖　演讲者：任乃帅，有改动）

从这个案例看出，演讲者作为一名大学生，并没有以自己的专业及日常生活作为突破口，而是选取了其出国旅游时的一件具有代表性的偶发事件，并从中引发出"我们不是生活在一个和平的年代，我们只是生活在一个和平的中国！"的感叹。虽然说的是和平的中国，但仔细想想，和平的中国又何尝不是改革开放成果的体现呢？

在上面的案例中，作者通过对话的形式，将现实事例进行了对比，从而彰显了主题，而"和平的中国"一句又再次将主题升华，歌颂了改革开放的伟大成就。升华，是指演讲者在叙述事例的基础上，运用凝练的语言，从典型事迹中概括出深刻的道理，把事理的议论提升到一个人生哲理的高度，给听众以心灵的陶冶和思想的启迪。由此可见，演讲者从平凡小事中体悟了伟大的真理，通过这样的议论，就把对日常事务的感受提升到了生命意义的哲理高度来理解，既深化了演讲的主题思想，又让听众从事理的升华中认识了人生的价值，从而产生思想的共振和情感的共鸣。

二、升华主题

升华演讲主题的主要方式有以下几种：

（1）由点及面的扩展：演讲中的事实材料是灵活多样的，诸如一次亲身经历、一则小故事、一段人物描写，甚至人物的只言片语等，这些个别却又典型的材料，往往就能成为升华演讲主题的"点"。由对"这一个"事实的叙述推及包含"这一类"的全部或部分事实内涵的概括，就是由点及面的扩展演讲主题的技巧。

最近有这样一个新闻，一个县小学的副班长兼语文科代表，拥有检查作业、监督背书的权力。他多次以检查别人作业、学习进度为由，收受其他学生的"贿赂"几万元。小朋友所在班级只有七个人，他上网上学，有专门的孩子骑自行车接送，他要来的钱，有专门的孩子替他保管……让我们想一想，为什么会出现这样的情况，说到底，学校的"腐败"行为，还是由我们成人造成的。我们的一言一行、一举一动，都会有意无意地影响着孩子，让孩子模仿。朋友们，反腐倡廉，还任重道远啊，我们不光要严于律己，更要让错误的价值观远离我们的孩子。

演讲者以新闻材料为基点，然后高屋建瓴，联想到学生腐败的源头，让单一事例所体现的思想意义得到扩展、升华。演讲时就能引起听众的警觉，产生强大的感召力。

（2）由表及里的升华：有些蕴含着深层意义的事实材料，不经点化，听众也许不能一下子透彻理解演讲者所要表达的主旨，而一旦经过演讲者的揭示和点化，就如同在沙砾中发掘出闪亮的金子，在贝壳里发现晶莹的珍珠，有所感悟，有所深思。这种由外表行动或客观事实的叙述，升华为内在思想或深层含义的表达方法，就是由表及里深化主题的技巧。

例如："现在网上有这一种套路，说什么可以由导师带领赚钱，投资十几块，五分钟就能赚五百块，一个月下来就能买车买房。于是不少人趋之若鹜，最终被骗。当然明眼人都能看出来这是一个骗局，说上当的人都是好逸恶劳，贪图便宜。但真的就只有这个原因吗？我看未必。还是有一些人持着怀疑的态度，但为什么最后却上当了呢？很简单，一开始只需投十几块钱，十几块不过是小钱，丢了就丢了，不过万一是真的呢？那不就错过一个发财的机会吗？于是，在这种侥幸心理的带动下，不少聪明人飞蛾扑火，上当受骗。"

作者这里对一个典型材料进行了由表及里的剖析，揭示出在社会大量披露各种骗局的前提下，还有不少人被骗的原因，深化了演讲的主题，唤起了听众的自我反思。

（3）由此及彼的引申式升华：在演讲中，有时也可以以某一典型事件或自然现象作触发点和媒介来加以引申，联系到另一类相关事物和事理，以此来升华演讲的主题。这种由此及彼的引申式升华主题的方法，通过形象化的渲染，不仅可以启迪听众的智慧和洞察力，还可以创设充满哲理美的境界和氛围。

例如，一位大学生对同学们演讲时，他这样讲道："掩耳盗铃"的故事，大家都听过，相信所有人都会认为故事中的晋国人是个自作聪明的傻子。可现在在校园里，有部分同学，上课时玩手机，下课后在寝室玩电脑游戏，哪里有在上学读书。当然，在旁人看来，对，我们是大学生，但这又何尝不是"掩耳盗铃"呢？

这位同学在演讲中对"掩耳盗铃"的成语故事进行了由此及彼的引申，形象地阐发了上学读书不能自欺欺人，升华了演讲的主题，使演讲具有一种隽永的感召力。

我们撰写演讲稿，一定要以主题为中心，一切为主题服务。除了上述的升华方式，我们还可以在演讲稿中通过设置主题词、主题段的方式强调主题。

[技能与训练]

以"读大学的意义"为主题，选出下面你所喜欢的点，并阐明缘由。

（1）学习知识

（2）改造三观

（3）积累人脉

第二单元　选取材料

[训练目标]

1. 根据演讲的主题进行材料的搜集选取。

2. 能较好地掌握材料的搜集选取的原则。

任务1　针对性选材

[知识与案例]

提炼好的主题其实跟演讲材料是分不开的。材料用于支撑我们演讲的观点，可以说材料够不够好，够不够经典，直接决定了一篇演讲的好坏。材料搜集得越多，准备得越充分，我们的思路就会越清晰，甚至在材料搜集的过程中，往往会因为思路更加开阔，从而推翻原有的主题提炼结果，重新对主题进行更好的提炼。

可常见的材料这么多，真人真事、历史资料、名人名言、哲理故事、热点新闻等，并不是每个材料都合适我们演讲的主题或者能起到好的推动作用。如不少朋友很喜欢引用名人名言，如"不以规矩，不能成方圆"等，虽然让人信服，但却容易陷入俗套。演讲者一开口，听众便大概知道接下来会听到什么内容，让演讲效果大打折扣。

所以我们搜集选取材料也要进行有效分析，选择具有针对性的材料，做到有的放矢，力求达到好的演讲效果。

一、针对主题进行选材

我们一定要围绕主题去思考，凡是与主题关联不紧密的材料，不管多好，都要舍弃。例如在反腐座谈会上的演讲，因为腐败本质上是无法控制自己的欲望。那么我们可以通过台湾已故散文家林清玄的一个故事来展开：

我的一个画家朋友养过一只美丽的巴西星龟。这只星龟来自巴西，被装在大箱子里足足三个月不吃不喝不见阳光，但它活了下来。朋友说这个龟不错，早上吃一根香蕉，晚上吃一根香蕉，特别好养。可是有一次朋友出门办画展要离开近两个星期，留下足够的香蕉放在大龟旁边就走了。两个星期后朋友回家，发现巴西星龟竟然死了！经解剖，原来乌龟把两串香蕉一天就吃完了，撑死了。

（改编自林清玄《东营演讲录》）

通过这个故事，引申出不少贪官在位卑权轻的时候可以经历风雨，可在位高权重后，面对欲望，最终却倒下了。

林清玄在一场演讲中，还提到下面这个故事，我们可以拿来阐述不能为了讲形式而脱离生活。

我曾经隐居三年，打坐，思考人生的意义。但有三件事情使我重新回归。一是有天下山买菜，在肉摊前被误认为是肉摊老板，心中大怒，没想到来到水果摊前又被误认是水果摊老板。二是在寺庙里看到一个妇女在虔诚地拜佛，脸上的神色就像菩萨一样柔和。我就想看看她是怎么拜的，可是一个孩子跑过来叫她"妈妈"，妇女不理，孩子又叫"妈妈"，妇女回头训斥："干什么啊！"哇！她一下子从菩萨变成了天王。孩子说："给我点钱买冰。"妇女这下变成了夜叉："没看见我在拜佛啊！你不会等一下跟我讲啊！"孩子却说："等一下拜佛，佛又不跑掉，可是等下买冰，卖冰的就跑了。"那时候我突然明白，"禅"就是那么简单，"禅"的字形不就是"单纯的表示"的意思吗？三是师父叫我烧佛经，当我含着眼泪将佛经烧掉时，我在熊熊烈火中看到三个字"林清玄"。自此，闭关结束。

我们选择材料时，还需要注意到从正反两个方向去选择。如陈亦权在《把狼关进羊圈里》中说道：有个犹太人把一大批羊引入西伯利亚，准备做羊的生意。但是，这里的冬天异常寒冷，羊都一动不动地挤在一起取暖，还是冻死了一些羊。有一天，他让猎人捕来了一只狼，关进了羊圈里，人们说他疯了。可是，他让人做了一条狭长的栅栏，让狼在羊圈旁追赶羊群，羊群看到狼后便拼命在羊圈里奔跑，结果，这些羊安全地度过了严冬。就这样，犹太人在这儿做了一笔羊的大生意。有时候，最能帮助我们成长的不是我们的朋友，而是我们的对手。

（《思维与智慧》2018 年第 12 期）

这个案例中见解独到的"点"是"对手帮助我们成长"。人们的惯性思维总认为，只有朋友才能帮助自己很好地成长。而本文中却揭示了"对手帮助我们滋生内在动力，提高自身能力，进而立稳脚跟"的见解。这样演讲，以生动的叙述讲出特别见解，从而揭示和升华主题，给人过耳难忘的深刻启迪。

最后需要注意的是，在搜集材料时，不要以偏概全，要多思考，多挖掘材料的意义。

二、针对演讲场合进行选材

2007 年 10 月 28 日晚，第四届鲁迅文学奖颁奖典礼，在鲁迅先生的故乡——浙江绍兴举行。中国作家协会主席铁凝有感而发，热情致辞。她在演讲中这样讲道，一踏入鲁迅先生的故里，我就真切地感到文学的气场、气韵生动起来，鲜活起来。鲁迅先生的风骨，穿越了七十年的时光，在这个庄重而清明的夜晚，与我们每个人的内心相对。云山苍苍，江水泱泱；先生之风，山高水长……鲁迅文学奖给作家带来的，不仅是荣誉，更重要的是责任。我们相聚在这里，就是要继承鲁迅精神，积极履行人类灵魂工程师的职责。继承鲁迅精神，就是要像鲁迅先生那样心怀广大，致力于文学对社会现实的关怀与担当；就是要像鲁迅先生那样，用极富创造性的艺术形式表现一个时代、一个民族的精神品貌。因此，对我们来说，今天在这里，不是终点，而是一个新的起点。

铁凝首先真切地抒发了自己"一踏入鲁迅先生的故里"的内心感受，接着诚挚地表达了对中国文学工作者的"满怀敬意"，继而深刻地阐述了文学的价值和鲁迅文学奖的意义，最后明确地指出了鲁迅文学奖给作家带来的"责任"，并号召大家"继承鲁迅精神"，从"新的起点"向前迈进。这些针对性很强的情理和事理材料，不仅切合了颁奖典礼的特定场合，而且突出了鲁迅文学奖的活动主题，给现场听众以思想的启发和精神的激励。

三、针对听众进行选材

不同的听众存在着职业、文化程度、年龄等的差异，为了更好的演讲效果，我们要根据听众的不同来进行材料的选取。比如在演讲中常常会使用一些名人轶事、史传典故等，在面对文化水平不高的听众时，我们要避免一些比较生僻的材料，尽量选用一些广为人知、家喻户晓的材料。如在一次开学典礼上，校长大谈苏联某位名人的事迹，可下面的学生却对该名人一无所知。于是出现了台上口若悬河、唇焦口燥，台下呵欠连天、噪声不断的尴尬局面。这就是因为年龄的差异而产生的效果，如果将苏联名人换成创办苹果的乔布斯或者创办小米手机的雷军，相信会是另外一番景象。

评书不死
苗　霖

今年3月2号中国著名的评书表演艺术家袁阔成先生突然离世，震惊了整个曲艺界，但又让评书重新回到了人们的视野当中，四千万微博关注，可是没过几天又复归沉寂了。被大家所熟知的评书艺术家单田芳八十一岁，田连元七十四岁，刘兰芳七十一岁，而所谓的后起之秀呢？屈指可数，在多种娱乐形式的挤压下，评书渐渐脱离了大众的视野。然而只有评书吗？很多边缘的传统艺术也是一样！只有在大家离去之时，一些大师离开的时候，人们才会重新想起它们，但是很快又忘却了。这些本来就纤弱的传统艺术如果不加以浇灌，将被时代的车轮重重碾压，碾成打印机的铅粉，在教科书上、在宣传册上，书写曾经的辉煌。我不希望传统艺术像那易碎的、精致的瓷器，只能放在博物馆里进行参观而不能赏玩。我不希望传统艺术只是人们心血来潮的一次性消费，我更不希望……

刚才黑灯那一刹那我哭了，并不是因为我的演讲被打断了，而是因为我想到了很多，难道我讲传统艺术它就要黑灯，这是天意吗？小的时候，我学评书遭遇了很多同学的冷眼。尤其是我高中的时候，和很多学播音的孩子们一块儿在培训班里，他们觉得我就是个异类，学播音你学什么评书，评书有什么了不起的呀，谁还学呀，神经病！我特别不服他们，我每天早上五点起来开始练声，练两个小时，练即兴评书，我当时的普通话特别烂，全是山东味，但我一直没有放弃。我就要证明给大家看，评书它一定会有市场，传统艺术一定不会没落。我坚持了一年左右的时间，最终以专业第一名的成绩考入了中国传媒大学播音主持艺术学院。有人说你要放弃评书，应该和主持人一样，像播音那样说话自然一点，但我偏不要！我觉得这是我的特点，我爱评书。我虽然不信邪，但我也相信天意，刚才黑灯是天意，但是几十分钟之后亮灯也是天意，黑暗总是暂时的。

（选自《超级演说家》）

上面的案例中，虽然"90后"对评书的认知基本上是陌生的，但对于其他听众，尤其是四位评委来说，则是属于童年的记忆。特别是文中列举了几位听众熟知的评书艺术家的年龄，以及评书艺术的现状，让人唏嘘不已，引发了现场听众对评书的集体回忆及共鸣。总之，有针对性地选用材料，时刻把听众的愿望、想法、利益放在心上，才能使演讲吸引听众。

[技能与训练]

1. 小张军训完毕后要进行汇报演讲，就该主题搜集筛选相应材料。

2. 小李在渣滓洞参观后，要做心得体会演讲，就此进行材料搜集。

3. 分析下列案例中选材的出发点。

2007 年 4 月 5 日，著名女作家毕淑敏的心理励志小说《女心理师》的首发式在北京市监狱举行。其间，重庆出版集团向监狱捐赠了《女心理师》和《忧郁》等心理书籍，此举的目的是唤起公众对心理话题，尤其是对特殊人群心理健康问题的关注。面对众多服刑人员，毕淑敏发表了题为《世界上最大的勇气莫过于相信奇迹》的演讲：心理是身体的奇迹，人获得幸福与否取决于心理是否健康。曾有一家报社做过一个调查：谁是世界上最幸福的人。结果最幸福的人依次为：给孩子刚洗完澡，怀抱婴儿微笑的母亲；刚给病人做完手术，目送病人出院的医生；在沙滩上筑起沙堡，看着成果的孩子；写完小说最后一个字，画上句号的作家。看完这个消息，我有深入骨髓的悲哀。这些幸福，我几乎都曾拥有，但自己却感觉不到，是幸福盲。因此，幸福关键在于我们发现幸福的目光，在于内在的把握、永恒的感情和灵魂的拯救。

任务 2 材料的真实性

[知识与案例]

材料真实，演讲才能有说服力，我们一定要讲究材料的真实性。

一、自己的故事或者身边的故事

妈妈去世后，留下了 8 岁的我和两个不懂事的弟弟妹妹。爸爸为了养活我们，去建筑队卖苦力。有一天，爸爸从正在修建的房子上掉了下来，建筑队把他送回家就不管了。爸爸的伤很重，躺在床上一动不能动。那时我已经会煮粥，一天三顿就是我煮粥给弟弟妹妹喝。他们吃不饱就哭闹，我没别的办法，就打他们。爸爸的伤得不到医治，越来越重，他躺在床上看着乱糟糟的一家子，满眼都是绝望。有一天，他把我叫到跟前，说道："家里有个煮鸡蛋，床底下有瓶蜜，你们把煮鸡蛋蘸蜜吃了吧，把蜜给我也倒一碗！"我那时已经懂些事，知道家里根本没蜜，床底下只有一瓶农药。我哭着说："爸爸，那不是蜜，是农药，吃了会死人！"爸爸是个铁打一般的汉子，却突然呜呜地哭了起来，像个无助的孩子！

（姚远《能够让你铭记的材料必然能打动听众》《演讲与口才》2019年第6期，有改动）

讲故事能很好地感召观众，吸引听众的注意力，而最好的故事，无疑是演讲者自己的故事或者身边的故事。演讲者自身的经历是演讲中最好的材料。尤其是那些刻骨铭心的经历，那些每当你闭上眼睛就时时在脑海中浮现的经历，那些即便过了很久，你提起来依然忍不住热泪盈眶的经历，恰恰是演讲中最经典的材料。因为自己的故事亲切自然，一来能让演讲者更加投入，二来能够让观众真实感受到故事的真情，毕竟故事的主人公就在现场，怎不让人感怀呢？拿自己的经历作演讲的材料，比起一味地去引经据典、旁征博引，效果要好很多。因为那些从书本、报刊、文献中搜集的材料，与演讲者自身所见所闻、所感所悟相比，毕竟少了真切，少了鲜活。其实，听众更愿意与演讲者"零距离"交流。打开自己的心扉，把自己最刻骨铭心的故事讲给你的听众，你的演讲也会拥有震撼人心的力量。

但是要注意，讲自己的故事，那就必须是实实在在发生在"我"身上的故事。真实是一个演讲者应该具备的基本素质，只有真实地讲自己的故事，才能表达真诚的情感，最终，才能更好地为演讲内容服务。

二、其他材料的选取也要注意识别真伪

在如今的网络时代，很多假消息、假史料、假新闻层出不穷，希望大家多多注意识别。如我们熟知的"卧冰求鲤"这个故事：王祥字休征，琅邪人。性至孝。早丧亲，继母朱氏不慈，数谮之。由是失爱于父，每使扫除牛下。父母有疾，衣不解带。母常欲生鱼，时天寒冰冻，祥解衣，将剖冰求之。冰忽自解，双鲤跃出，持之而归。母又思黄雀炙，复有黄雀数十入其幕，复以供母。乡里惊叹，以为孝感所致焉。

——《搜神记》卷十一

这个故事太有名了，但如果我们仔细一想，这个故事的逻辑性根本无法成立，一个虚假的故事显然无法作为材料来支撑我们的主题。

[技能与训练]

选出下文中你最喜欢的语句，并阐述缘由。

出发，遇见新的自己

曾　侃

时间倒退到十年之前，在2005年的春天，我当时的身份是一名足球守门员，但是因

为天分有限没能够走上职业赛场，出来念书了。而在2008年春天的时候，我学的是国际贸易，毕业后成了一名保险的推销员，从运动装换到了西装，每天穿着这身西装站在银行的门口推销理财产品，而那会儿我也在学校里做一些校园活动的主持，有一天早晨刷牙的时候，我忽然想到：这会成为我未来的风景吗？

于是，我就从卖保险变成了卖自己，给各大报社投简历，但是往往都会被拒。幸好宁波一家报社收留我，所以我可以一边工作一边考研，准备考中国传媒大学的播音专业，但是现实会比我的身材骨感很多，我拿到那个第一次考研的成绩单时就傻了，专业课的那一门出镜课是只有二十分，也就相当于老师给你的形象和前途判了一个"死刑"。我拿到这个以后就去了宁波的三江口的桥上，我不是去跳桥而是去自嘲，我在想别人的脸就算长得很圆，他也是像大白一样，白白胖胖像个贡丸，但是我的脸皮肤不好，很黑、坑坑洼洼的，最多是一颗巧克力。我说服了爸妈也说服了我自己，还要说服我的女朋友去北京去北漂，而我自己所有的锐气在我下了火车的一刹那也没了。因为我发现有着三千万人的北京没有一个人我认识，我只能住地下室，没有工作、没有工资，只有一点点自己卖保险和踢球的积蓄。在传媒大学播音系的课堂上去蹭课听、去自习。那年中秋节的时候，我站在中国传媒大学门口的天桥上面，一千多公里以外是我自己没办法回去的家乡，我跟我妈说中秋节快乐，然后挂掉电话，哭着回去整理自己的心情。因为觉得很有挫败感，同龄人已经开始工作、结婚、生娃，等等。胖没有关系，二百二十斤没有关系，我自己每天跑十公里减肥，普通话不好也没有关系，跟着《新闻联播》，他说一句我念一句，慢慢地纠正。那年专业课终于过了，将近满分，但是没想到的是英语只考了三十八分。好了，现在工作没有了，女朋友也没有了，梦想似乎也没有了。我爸妈非常反对我考第三次，他们说你绝对不可能！我说爸妈这个不可能吗，我现在就做一件不可能的事好吗，我现在就从家里跑出去，如果我能够一口气跑到钱塘江大桥，再跑回来，我就再试一次。说完这句话，我就从家里面一口气跑出去了，二十多公里一口气跑完，回到家喘得跟狗一样，然后收拾东西再去北京。非常幸运的是这一次考上了，而且很幸运的是通过了一次选拔，进了中央电视台的新闻频道，去做实习的播音员。我从来没有想到过，当年每天跟着《新闻联播》去练普通话的自己真的有机会进入新闻频道。而在去年的这个时候是我人生当中第一次直播，我记得很清楚，当时脑子里面一片空白，赶紧说话："各位好，这里是中央电视台新闻频道，欢迎走进这一时段的《新闻直播间》。"然后我自己下了直播以后，我去了大裤衩（央视大楼）的三十八楼，那会儿太阳刚刚从东面升起来，然后脚下的北京刚刚醒来。我忽然反应过来，我现在是站在这边看着北京。但是四年之前，我是拖着行李在下面仰望着这里，二百米的距离可望但是绝对不可及。

我忽然感觉很后怕，如果这三年当中的任何一天我想放弃就真的放弃了，我会在哪里呢？而现在我非常庆幸，卖保险的经历教给了我如何去给自己打气，当守门员教会了我怎么去给自己鼓励，而且我庆幸的是在二十多岁的时候用三年的时间去追寻一个梦，而不是在三十岁的时候去追悔一个梦。所以我特别希望我们包括我自己能够在今后，可能在有一天，忽然就感谢自己，感谢当初跨出的第一步，感谢自己对梦想的义无反顾，感谢自己奋斗后的逆袭，也希望能够更感谢那个从来就没有一秒钟想过放弃的自己。

（选自《超级演说家》）

任务3　材料的典型性

[知识与案例]

在演讲过程中讲述的故事，必须要具有典型性。

一、自身故事的典型性

对一个人来说，成长的经历多，故事也多，尽管自己的故事与演讲主题有关，但如果故事太平淡，大家都经历过，就不具有典型性和代表性，你的故事讲得再好，也不能引起更大的共鸣，这样的故事就没有意义。

正义的温度

林正疆

在律师的职业生涯中有个年轻人让我一直难以忘怀。第一次看到他是在九年前，那年他十六岁因为偷窃而被起诉，之后我和这个年轻人结下了不解之缘，从一开始九年前的偷窃案到后来八年前的诈骗案，最后五年前他成了抢劫犯。我从一开始认为年轻人难免犯错到后来苦口婆心劝他要好好改过，到了他第三次犯罪我终于动怒。我严厉地对他说："你为什么总是不学好，你以为你在打电动玩具，把犯罪当成是关卡破了一关再挑战下一关吗？"他吓了一跳，有点尴尬地说："林律师你会帮我解决这次的官司，对不对？"我笑了笑对他说："那可未必！我对你非常失望，我可以不接你的案子。"年轻人有点着急，对我说："这样对我不公平。"我又笑了笑，对他说："你的所作所为对你妈妈难道就公平吗？她这么担心你，为什么你总是要让她失望？"年轻人突然愣了一会儿，他的眼神变得空洞又失落。他说："就算我有勇气改过，可是也没人有勇气接受我，我犯过罪再回到学校就像是个异类。我想好好做人，可是学校里谁的东西不见了，老师同学就怀疑是我拿的，我说不是，他们就逼我打开书包让他们搜，搜不到东西不但没人跟我道歉反而还在我背后议论纷纷。邻居家里遭小偷，警察也跑来我家问是不是我干的。家人总是骂我，说我给家里丢脸，是个不孝子，毕业后出社会连一份像样的工作都找不到。林律师，我的脸上好像被刺了'不是好人'四个大字，永远都翻不了身！最讽刺的是，当我跟那些以前一起共同犯案的朋友混在一起的时候，我反而感觉比较轻松，因为至少他们没有看不起我。"听他说完，我的心里感觉到一阵刺痛，想再说些什么，年轻人却摇了摇头对我说："林律师我想通了，监狱才是我应该去的地方，这次就不麻烦你了，我直接认罪。"说完他深深一鞠躬离开了事务所。

转眼间过了几年，不久前我接到他的来信，他在信上说林律师我快要出狱了，前些日子监狱的辅导员教我们唱一首英文歌，歌词是美国的一个真实故事：从前美国有一个曾经犯了错的人在即将出狱时写信给他的老婆，他说如果你仍然愿意接纳我的话，就请在镇上最大的那棵树上系上一条黄丝带。如果我没有看到那条黄丝带，代表你已经不再等我，那么我会安静地离开。后来他出狱回家坐在公交车上，他把这件事情告诉司机以及其他乘客，请他们帮帮忙看看树上有没有黄丝带，因为他没有勇气抬起头来目睹被爱人放弃的事实。后来车子慢慢经过那棵大树，忽然间全车的人都欢呼起来，原来妻子原谅了他，在树上系了满满的黄丝带。林律师，我也好希望有人可以为我系上代表宽恕与接纳的黄丝带，我不想再让你失望。出狱之后，我想先当个街头表演艺人。存够了钱，我就去很远的地方，或许在那里别人不知道我的过去，我可以不用被当成个异类，可以重新开始。看完他的信，我有无限的感慨，九年来看着他从一个青春飞扬的少年转变成一个落寞苍白的青年。我想，如果在十六岁的那一年，有人曾经对他伸出一双温暖信任的手，那么，或许这个年轻人会有完全不一样的人生。

（选自《超级演说家》）

相信作为律师的演讲者，在其职业生涯里，应该碰见过很多不同的案例，碰见过很多浪子回头的人。但他为什么会选取这个年轻人的材料呢？想来对于误入歧途的年轻人来说，温度是最为重要的。

二、新闻的典型性

热点新闻等也有着典型性的区分。在下面的例子中，演讲者以大学生受害者的新闻为蓝本选择了材料：

李文星，一名东北大学2016届毕业生。他在互联网招聘平台"BOSS直聘"陷入招聘骗局，误入传销组织。7月14日，李文星的尸体在天津静海区被发现。

为什么会发生这样的悲剧？我想我们不应该一面倒地去苛责这些年轻学子的智商，反而是时候反思一下我们的高校教育了……

这几年传销屡禁不止，各色人等纷纷被骗甚至被害，一般人按固定的思维模式会认为参加传销的人往往是智商不高、学历不高、收入不高的底层人群。但演讲者偏偏以大学生受害者为例，引申出对高校教育的思考，让听众耳目一新。

三、其他材料的典型性

其他材料无论是历史故事，还是名人事迹等，都建议首选典型性材料。如演讲主题为勤学，虽然历史上勤学的故事比比皆是，但最为经典的譬如有祖逖闻鸡起舞，司马光睡警枕，等等。但最终选择哪个材料，还是要结合能否升华主题来选择。

[技能与训练]

1. 针对"劳动美"主题，进行材料搜集。
2. 针对"工匠精神"主题，进行材料搜集。

第三单元　拟制标题

[训练目标]

1. 掌握拟制标题的基本原则。
2. 了解常见标题的几种类型。

任务 1　原则与类型

[知识与案例]

一篇文章最先让读者看见的是标题，一篇演讲稿最先让听众听到的也是标题。标题对演讲稿起到了画龙点睛的作用，关系到演讲开始能否抓住听众的欣赏心理，吸引听众，并自然地引出演讲内容。演讲稿标题拟制得好，不但可以引起听众的注意，吸引听众听讲，而且还能起到概括文章的思想内容，突出演讲的中心论题，明确演讲所要讨论的特殊对象或所涉及的特定场合及其范围等作用。因此，我们应该注重演讲稿标题的拟制，努力使之先声夺人。

同其他文章一样，演讲稿的标题可以在正文动笔之前拟定，然后按题行文；也可在行文之后，统筹全文；还可以边写边拟题。

一、拟制标题的原则

（一）明朗性

所谓明朗，就是要内容明朗，让人一听就懂。首先因为演讲稿的标题不是给人看的，而是讲给人听的。由于字的谐音，有些词我们能一"看"就明白，但是听起来就不一定了。如空军部队举行关于"空军的意义"的演讲赛，一位演讲者初赛的标题是《制空》。因为语意含蓄，并且"制空"和"滞空"同音，听众陷入了困惑之中，决赛时改成《鹰击长空》就明朗多了。

听众只能靠"音"推义，而不能像读文学作品的文题那样"揣摩""寻味"，所以关于标题的拟制，我们一定要注意不要有歧义，同时一定要顺口，好的标题，应该读着上口，听着顺耳。同学们可以在拟好标题后，先试着大声读几遍，看看是否顺口，听起来是否响亮。例如《我愿做一块砖》是一位工人演讲的题目，虽然比喻贴切，也合文意，但读起来却显得费劲，不是很适合作演讲题目。

其次，我们的标题要浅显，不要故作深奥。比如一些晦涩、别扭的题目《学习管窥》《大学生的沟堑》《水晶球》，这样的题目往往让人摸不着头脑，自然就失去了听的兴趣。在一次学校的演讲比赛中，一位同学讲述了参加技能比赛的同学通宵达旦备战的故事，演讲者在讲这一事迹时，用了《人不寐，将军白发征夫泪》作题，就很让人费解。

最后，我们拟制标题一定不要冗长。好的标题应该简洁、干净，这样才容易被人记住。比如一篇关于先进党员优秀事迹的演讲稿，最开始的题目是《鞠躬尽瘁，死而后已，听听共产党人的故事》，后来被改成《松木湾的身影》，这样一来，就显得优美动听了。

（二）适应性

演讲稿的题目光"好听"还不行，还要注意三个适应。一是要适应演讲内容，不能文不对题。比如，在"读好书"的主题演讲会上，一位选手的题目是《读书的乐趣》，然而他的内容却写了一位图书管理员的先进事迹，标题和内容完全脱节。我们还需要注意的是，就算题目适应了演讲内容，但是还不够，在适应的基础上，我们还要做到精准。如《读书》《理想》《中国梦》等，这样宽泛的题目让听众根本捕捉不到演讲的范围和内容，也不会愿意听下去。二是要适应听众，也就是要看听众的知识层次、思想水平和兴趣状况。一位演讲者在向小学生讲述优秀警察的事迹时，把《一位警察的故事》改为了《我们身边的"铠甲勇士"》就很合小学生同学们的口味。三是适应演讲者，即题目要和演讲者的身份、职业协调，不能夸夸其谈，随心所欲地选择那些与自己身份根本不相称的题目。一位受到国家资助才能读大学的贫困生可以用《要珍惜你的大学生活》的题目演讲，而普通同学用此题说服力就相对弱了很多。

（三）新颖性

在医院举办的以医改为主题的演讲赛上，听众对《为人民服务》《论医改》《做个有温度的天使》等演讲标题没什么反响，而一位参赛者的《春风度过玉门关》的题目，却引起了人们的兴趣，大家原本低着的头都抬了起来，我想这就是新鲜的魅力。标题出新的方法是多种多样的：可以用比喻句，如一位老师演讲时用《爱——开启学生心门的钥匙》作题就很有诗意；也可巧用时尚语，一位同学在演讲赛上的题目是《将勤奋进行到底》很是新潮。我们还可以用倒装句和反问句等，如《壮哉，中国》《让我怎能不努力？》等题目都设计得很别致，具有较强的吸引力和感染力。

当然，新颖并不是故弄玄虚，哗众取宠，更不是借以"吓"人，如《谁丑谁光荣》，这样的标题只能引起听众的反感。

二、演讲稿标题的类型

（1）亮明观点型。即在标题中把演讲者的观点显示出来。如《在困难面前要做胜利者》《决不向偏见低头》《讲台，我永远的依托》《路，就在脚下》《活着，真好》《钱不是万能的》《中国电影的明天》《勤俭节约由我做起》等题目均表达了演讲者在不同问题上的看法。这类标题在形式上一般都是陈述句，其作用是使听众一听标题就能对演讲者的观点了然，并留下深刻印象。

（2）概括内容型。此类标题是用浓缩的语言概括演讲的主要内容。如《德才学识与真善美》《人生的价值》《成功三要素》《理想、现实与祖国》等标题都是概括内容型，形式上大多是一个并列或偏正短语。这类题目虽不能产生诱人效果，但却能让听众对演讲的要点和范围有大体了解。

（3）设置悬念型。即故意在标题中设立疑问，启发听众思索。如《真正的幸福在哪里？》《什么是男子汉风度？》《将来我们喝什么？》《求职中要注意哪些问题？》等，都是设置悬念型，其语言形式上大多使用设问句，这类题目往往能吊起听众的胃口，刺激听众倾听"下面分解"。

另外，还有一种标示时、地型。如《在庆祝五四运动 90 周年大会上的讲话》《在库里申科烈士墓前的演说》及在颁奖大会或答谢大会上的发言等都属于这类。它是一种特殊题型：一是标题与演讲内容无关，只是在"演讲"或"讲话"前加上时间、地点、会议名称等修饰成分；二是大多出于伟人和名家之口，一般人不宜用；三是标题只是写在稿上，讲时只说正文不报题，否则就会闹出笑话。

选择一个好题目并非一件容易的事，需要长期锤炼，反复琢磨，久而久之就会找到规律。

在一次关于"五一"的主题演讲中，演讲者作为一名特教中心的老师，讲述了她与一位有才华却又有不少问题的学生的故事，她动情地讲道："为了让婷婷能安心地学习，我四方奔走，基本解决了孩子家里的难题。功夫不负有心人，轻装上阵的婷婷在 2017 年勇夺全国首届聋人柔力球个人项目桂冠。同年，婷婷与健康人同台竞技，斩获个人花式自编柔力球亚军。在领奖台上，婷婷激动比画着，我知道，她想对我说：我们是最美的！……"

这篇演讲稿的题目最开始定为《劳动美》，但是显得比较宽泛，所以又改为《无声世界的有声梦想》。可"有声梦想"一词又显得晦涩，于是又改为《用我的劳动成就你的梦想》，但是还不够简洁有力，最后这篇演讲稿定名为《劳动创造奇迹》。

[技能与训练]

1. 以"如何学习"为主题，拟制出至少三个标题。

2. 给下面的演讲稿加上合适的标题。

说到中华美德，我们总会想到抚慰留守的儿童，拯救伤痛的病患，关爱空巢的老人。我们传承着中国伟大的民族美德，这个世界因为爱而美好。作为一名幼儿教师，我用心爱着孩子们，也被孩子们爱着。可我哪里知道，在这世上还有一群被遗忘的孩子。

那是 2011 年 3 月 28 日，我与同事们第一次来到万州特教中心。当我带着礼物，走向孩子们时，愣住了，我从来没想到，会有这样一群特殊的孩子，会带着胆怯的眼神看着我。我竟然不知道该如何与他们交流，如何与他们相处。

突然，有人拍了我一下，回头一看，一个个子高高的男孩子，看上去十多岁的模样，流着鼻涕傻笑着。忽然，他猛地把手伸到了我面前。啊，我本能地退了一步。没想到，这孩子见我退后竟呜呜地哭了起来。一时间，我竟不知所措。"别怕，这是培智班的强强，他没有恶意。"特教中心的易兴红老师走了过来，抱住了他，此时的强强把手摊开，一朵黄色的小花掉落在地上。"你看，这孩子是想把花给你，他很喜欢你呢。别看他个子高，其实思维跟三岁的孩子差不多。因此，他妈妈离开了家，再没回去。所以他看见年轻的女子都以为是妈妈。"

此时，初为人母的我，陷入了深深的自责。朋友们，相信你们不会忘记曾经为了照顾自己生病的孩子所度过的那些不眠之夜。而这些孩子呢，他们虽然有些缺陷，但是他们的内心更加渴望着被爱。我小小的无意也许伤害了一颗纯真的心灵。带着愧疚，我走上前去，可强强却胆怯往后退了。"别怕，孩子"，我拾起那朵小花戴在了头上，"好看吗？"强强停了下来，呆呆地站着。我温柔地抱住了他。强强一番轻微的挣扎后，我耳边传来了他喃喃的声音：妈妈，妈妈。那一刻，我无比地心疼和怜悯，不由自主地轻轻地应着：孩子，妈妈爱你，我们都爱你。

爱没有死角，爱没有遗忘。爱不是虚荣，爱不是口号，爱是来自我们灵魂深处的温暖。这群特殊的孩子们虽然被上帝遗忘，但他们依然是我们的天使。不久后，特教中心的孩子们来到我园过六一节，强强认出了我，飞奔而来，给了我一个热情的拥抱，我们俩开心地笑着。我永远忘不了那天，电幼成了欢笑的海洋，那天，电幼成了特教孩子们另一个温暖的家。每个梦想都值得灌溉，每个孩子都应该被宠爱。

朋友们，这是一个美好的年代，这是一个追梦的年代。请伸出你们的手，让我们携手同行吧。让我们用美德照耀世间，用爱心播撒真情，去关爱祖国的孩子，去建设美好的明天，去实现伟大的民族复兴。

综合实践活动

1. 以"五四"为主题，分小组进行主题提炼，材料选取，并拟制相应标题。

2. 运用本章学习的技巧对演讲稿进行解读。

精心耕耘，格桑花开

朋友：你到过藏族地区吗？你见过格桑花吗？我没到过藏区，但是我却见过格桑花，那是21名像格桑花一样绽放的藏族孩子。

2014年10月，我校接收了21名来自青海玉树地震灾区的藏族学生，我被安排担任他们的班主任。看着一个个面庞黝黑、笑容腼腆的大个子，我信心满满，一定会让这21朵雪域高原的格桑花傲然绽放。

我几乎天天和他们在一起，周末和节假日也陪伴着他们，走遍南川的大街小巷，我慢慢地进入了他们的心里。可没想到的是，这些孩子由于风俗和习惯不同，遇事考虑简单，解决问题直接、粗暴，一个突发事件让我措手不及。

一个周末，我接到派出所电话，闹武曲周等藏族学生把别人饭馆砸了。原来，中午吃饭的时候，因为隔壁桌的菜都上齐了，他们的菜还迟迟未上，闹武曲周他们便和服务员理论了起来，因为沟通问题，孩子们一着急，说了几句藏语，服务员还以为在骂她，便还以颜色，而孩子们则认为汉人瞧不起他们，几句争吵后便动起手来。了解具体经过后，我耐心地给几个孩子解释，让他们道歉，"不，老师，我们没错，您不公平，您是汉人，当然帮着汉人说话"，说完，他们便丢下我走了。此后，他们对我和同学们有着明显的排斥，甚至和我争吵过几次，他们固执的思维习惯让我无数次想要放弃，可作为老师，我怎能放弃他们！

一天，闹武曲周没来上课，没人知道他去哪里了。我焦急地寻找，最后发现他脸色苍白地躲在寝室顶楼的角落里哭泣。看见我，曲周一把扑在我身上："老师，奶奶去世了，我想回家，我要回家。"我知道，从小失去妈妈的曲周，在地震时又失去了爸爸。他和奶奶两人相依为命，奶奶是他在异乡求学的唯一动力。可回家的路途有1300多公里，已经来不及送奶奶最后一程了。看着无助的曲周，怎么办呢？孩子们告诉我，按照藏俗，亲人会在晚上聚在一起为逝者念经超度。于是，我便四处奔走，总算凑齐了念经所需的物品。晚自习时，我带着藏族孩子们来到曲周的寝室，一起为他奶奶念经超度。我整夜陪着他们坐在地上，虽然一句话听不懂，但也默默地为曲周奶奶祈福。第二天早上离开寝室的时候，我眼前一黑，什么都不知道了……当我再次睁开眼睛时，21双眼睛欣喜地看着我，"老师，您终于醒了。"

此后，他们转变了，教室里，他们勤奋学习；实训室里，他们刻苦训练；体育场上，他们挥汗如雨……我们的心又贴在了一起。

毕业晚会上，望着这21朵美丽的格桑花，我脸上洋溢着满满的幸福：班级连续两年获得学校优秀班集体；普措达杰获得重庆中职学生技能大赛一等奖；扎西索南、卢英辉、阿瑟曲松、格旺考上了大学；其他的孩子也都收获满满。在火车站离别时，闹武曲周冲过来紧紧地拥抱我，在我耳畔低语"妈妈，扎西德勒"，那一霎，我哽咽了……

现在，我依然是玉树班的班主任，我和我所在的重庆市最美教师团队一起坚持习近平总书记提出的四有好老师标准，为维护和促进汉藏民族团结不懈努力，用我们真诚的爱浇灌这些美丽的格桑花。

拓展素材

第四章　演讲稿的撰写
——思维、结构与表达技巧

演讲的成功与否很大程度取决于演讲稿的优劣。要写好演讲稿须锻炼思维，提高思维品质；理清演讲稿的写作思路，精心构思；把握好演讲稿的结构，写好开头和结尾；正确选用切入角度和表达技巧等，通过多方面反复的训练，达到写出新颖精巧、结构完整、有一定特色的演讲稿的目的，为上台正式演讲奠定坚实的基础。

第一单元　锻炼思维，理清思路

[训练目标]

1. 掌握演讲稿写作中常见的几种思维方式。
2. 运用一种或多种思维方式完成写作。
3. 了解并理清演讲稿的思路。
4. 理清自己的思路，试写开阔活跃、清晰缜密的演讲稿。

任务　锻炼思维，理清写作思路

[知识与案例]

叶圣陶先生指出："作者思有路，遵路识斯真。"（《语文教学二十韵》）他又说："思路，是个比喻的说法，把一番话一篇文章比作思想走的一条路。"（《认真学习语文》）那么，思路是怎么回事，写作演讲稿又将怎样理清思路，让演讲稿开阔活跃、清晰缜密呢？

一、何谓思路

所谓思路，就是指思想的线索和脉络。作者的思路是他对客观事物怎样观察、理解、认识的反映。作者用文字把自己的思路反映出来，就是文章的结构。

作者总是按照自己的思路来写演讲稿。以陆定一《老山界》为例，作者的思路大体上是这样的：他首先想到部队决定爬山，然后想到沿着山沟上走，想到在转弯处发现一间房子及自己进去向瑶民宣传的情况；然后想到部队夜里爬山的情景——排成"之"字形的火把，马爬陡壁的困顿，就地睡觉时的情形；然后想到黎明后在登山途中做宣传鼓动工作及快到山顶时看到医务人员搀扶伤员等情形；想到在山顶产生立个纪念碑的想法和一口气跑到宿营地的情况。显然，作者写文章前回忆思索的顺序是和作者爬山的顺序一致的，而文章的结构所反映的正是这一顺序。

二、思路的特点

思路，"思"而有"路"，表明思路是有条理性、规律性的。人们认识事物总是由浅入深，由此及彼，由表及里的。这种由浅入深、由表及里的过程就是人们认识客观事物条理性、规律性的反映。

演讲稿是对客观事物的反映，而客观事物是错综复杂的，要想反映恰当必须反复观察，反复研究。演讲稿结构严谨是作者思想细密周严的反映。对事物间的联系和事物的内在联系了解清楚了，在这个基础上安排的结构，才会是谨严清晰的。

三、锻炼思维和理清思路

语言交流的实质是思想和思维的交流碰撞，要写出好的演讲稿，须重视思维的锻炼和思路的理清。

（一）演讲稿的思维锻炼

1. 追本溯源思维法

先看下面这篇题为《中国梦，我的梦》的演讲稿：

中国，一个伟大的国家；华夏，一个强大的民族。五千年的历史，五千年的文明。中国，是什么让你有如此强大的生命力？这就是梦想！每个中华儿女的梦想汇聚在一起，就形成了永不停息的中国梦……

从炎黄文明，到伟大的"五四"爱国运动，中国走过了多少的风雨，闯过了多少的难关。屈原用他的赤诚之心谱写了《离骚》；岳飞用他的戎马一生维护了民族尊严；文天祥用他的生命诠释了"人生自古谁无死，留取丹心照汗青"。多少人把自己宝贵的生命献给了国家和民族，只因为心中有一个坚定的中国梦——把沉睡中的东方巨龙唤醒！

近代以来，……

今天的中国，已经让世人刮目相看。无与伦比的北京奥运会，为中国赢得世界最响亮的掌声；满载着国人希望的"嫦娥二号"，畅游在神秘莫测的宇宙之中；开创新征程的"十八大"，发出了振聋发聩中国梦的宣言。……

我震撼于历史的中国梦，激励于近代的中国梦，更会全心全意投身于今天中国梦的实现。

这篇演讲稿辞藻华丽，引经据典，抚今追昔，不可谓不精彩，但给人的感觉却是通篇泛泛而谈，难以打动人心。如果仅从现象上谈一件事，难以有精辟的见解，有时甚至难免失之肤浅。"中国梦"的最大特点就是把国家、民族和个人作为一个命运的共同体，把国家利益、民族利益和每个人的具体利益都紧紧地联系在一起。总之，"中国梦"是我们共同的梦想。所以如果我们从"中国梦，我的梦"这一角度出发，从自身出发，把自己（个人）融入伟大的中国梦之中，才会显得更加有血有肉。

2. 逆向倒转思维法

逆向倒转思维法，就是"反过来想一想，变肯定为否定，或变否定为肯定；变正面为反面，或变反面为正面"。所谓逆向不是简单的表面的逆向，不是别人说东，我就说西。逆向倒转是从逆向中提炼出独到的、科学合理的、耳目一新的观点，真正做到"语不惊人死不休"。

三国时期的诸葛亮一生鞠躬尽瘁死而后已，享年54岁。如果我们用逆向倒转思维法来思考，如果诸葛亮不是上到国家大事、下到军粮发放等事事躬亲的话，那么他或许不会去世得那么早，三国的结局或许就会不同。

3. 纵横交错思维法

要想有新鲜的话题或者新鲜的观点，不人云亦云，可以通过纵横交错思维法来实现创新。所谓"纵横交错思维法"，就是分别从纵、横两个方向或方面来思考问题。

当我们对一个问题有了多方面的了解和思考后，也就备下了多个话题或者观点看法，在谈论中就不至于重复别人的东西，而会谈出新鲜感。

例如：战国时期，秦国的薛谭向本国人秦青学习唱歌，还没有学完秦青的技艺，就自以为完全掌握了，便告辞回家。秦青没有挽留，第二天，在城郊的大路旁为薛谭饯行。席间，秦青按着节拍，慷慨悲歌。歌声振动林木，高入云霄，好像连浮动的白云也在驻足聆听。此时，薛谭羞得面红耳赤，自感不足，连忙上前向老师道歉，要求留下来继续学习。秦青笑笑，留他继续学习。此后，薛谭再也不敢提回家的事，直到学成为止。

假如你要就此事发表感想，运用纵横交错思维法该怎么提炼观点呢？一是从横向来思考，把薛谭和秦青作比较，可以看出薛谭自以为是，最终碰壁，受到教训，以此归纳出观点，任何人都不能骄傲；可以从秦青歌声之妙，说明他技艺高超，从中可引出学无止境的观点。二是从纵向去思考，分别从薛谭和秦青二人的表现作分析，薛谭先是自满，后来认错，一心向学，说明他勇于认错并知错能改；对秦青前后的行动作一纵向思索，又可以发现，秦青对薛谭的错误不作简单的训斥，不搞笼统的批评，而是因势利导，以自己的歌声启示对方，使之深受教育，这里包含了一种宽容精神和一种教育方法。

同一材料，用纵向、横向和纵横交错等思维方式多向思考，就会对事物或问题作出全面深刻的分析，观点也会更丰富、更多维，演讲就更生动、更有力度。

4.攻其一点思维法

自从习总书记提出"中国梦"，全国各行各业纷纷响应：强国梦、强军梦、体育强国梦、中国航天梦、中国航母梦、重庆梦、学校梦，等等。同时"中国梦"的思想内涵极其丰富，如五个"坚持有"、"四个自信"等，在写作演讲稿时如果我们漫无边际，样样都想突破都想抓住，结果往往是什么都突破不了。

思考问题要有突破口，有主攻方向。特别是在比赛性演讲中，由于时长有限，这就要求我们必须有所取舍。

所谓攻其一点思维法，就是要使思考的精力和着力点高度集中、浓缩，抓住主要矛盾，实行"重点进攻，各个击破"的策略。这就如人们常说的一个道理：与其伤其十指，不如断其一指；与其出击五指，不如收缩五指出击一拳更有效果。

当对整篇演讲稿无法驾驭时，与其茫然无绪而烦躁不安，还不如选择演讲中的某一重点，或中心论点，或主要论据，或基本结构，或开头收尾……总之，选出一个攻克的重点。暂时不作面面俱到的思索，而是凝神于某一点，或查资料，或找实例，或比较分析，全力以赴攻克它。攻克某一点，再集中思索另一点，直到各个击破，顺利完成全篇演讲稿的写作工作。

攻其一点思维法就是在无法驾驭大的问题时，转而将其引到自己熟悉和擅长的方面，从一个小的切入点谈深谈透，同样可以赢得喝彩。

（二）理清演讲稿的思路

我们要多锻炼思路，使自己的思路开阔活跃，清晰缜密。接触一个事物，一个问题，要从多方面去思考。不但要从纵的方面、横的方面、深的方面想，而且还要想它的正面、侧面、反面。比如一件事，纵的方面就是怎样发生，怎样发展，怎样结束；横的方面是和这件事有关的事；深的方面是这件事所蕴含的意义；正的方面是它的好处、积极影响；反的方面是它存在的问题，消极影响。要想思路开阔，必须善于联想、想象。

例如，有同学根据《路》这个题目想到了很多。首先，想到交通往来的路（公路、铁路、山路、水路；农村的泥路、城市的柏油路；平坦的路、崎岖的路……）；其次，想到工人、解放军战士筑路（工人顶烈日、冒严寒铺设柏油路，解放军战士翻山越岭，开山、架桥，铺设铁路……）；再次，想到人生道路、政治道路、社会道路（革命的路，不正确的路，胜利的路、失败的路，历史的路、未来的路，自己成长的路……）；最后，想到不同的人对道路的选择（爱平稳安定的人循前人道路前进，爱冒险挺进的人用自己的血汗开辟一条新路……）。

[技能与训练]

1. 用"追本溯源思维法"对下面的问题进行思考：

为什么有的同学不分场合，绝大多数时间都在玩手机游戏？

2. 用"逆向倒转思维法"对下面的问题进行思考：

人们常说："开卷有益，看书有益。"但是，仔细一推敲，这种说法也不完全正确。

3. 用"纵横交错思维法"对下面的问题进行思考：

面对淘宝的压力，许多实体店纷纷倒闭，有人甚至提出"淘宝不死，中国经济不兴"的口号。

4. 要让演讲稿的思路开阔活跃，清晰缜密，就要从多方面去思考。请看下面两个题目，说说你能想到哪些内容。

（1）春雨

（2）在新时代路上

5. 学习了上面关于演讲稿思路的知识，你觉得以下面短语为题目的三篇演讲稿，该如何来展开写作的思路。

（1）寻梦，追梦，圆梦

（2）我有一个小小的心愿

（3）让更多的人快乐

第二单元　精心构思，把握结构

[训练目标]

1. 养成构思的习惯。

2. 掌握演讲稿的结构。

3. 根据演讲稿的内容恰当地安排层次、段落、过渡、照应等。

4. 试写出构思精巧、结构合理的演讲稿。

任务1　演讲稿的构思

[知识与案例]

所谓构思，是在正式写作之前的一个步骤，俗称"打腹稿"，它是指从积累材料，确定主题和文体之后，包括如何提炼和表现主题，选用材料，到安排结构，拟制提纲结束，起草正文之前的一段思维活动。它包含确定中心、选取材料、安排结构等。演讲稿动笔写作之前必须经历认真构思的过程。

一、演讲稿构思的特点

（一）客观性

演讲稿构思的客观性就是指所搜集的材料，不管是从有目的有计划的调查中得到，还是从生活经历中的观察和体验而得到，都是客观存在。演讲稿构思，必须建立在对客观而又全面的材料进行分析的坚实基础之上。

（二）创造性

创造性是演讲稿构思的灵魂所在，是最显著的特性。任何文章包括演讲稿，都是一种或大或小的创造。演讲稿构思的创造，有大中小三级。最高级的创造是原创，即个性化、独创性都极强的创造。中级即一般的创造是创新，这是在既有主题意蕴上的改造和革新。

最简单的创造是新颖，是在形式上或者某些次要方面与众不同。

（三）总体性

这是演讲稿构思的气魄所在。演讲稿构思，一是要对整个演讲稿进行思考，二是将演讲内容放到本国和世界的宏观背景中思考。以抽象思维为主导，逐步进入显意识和潜意识的心灵大宇宙去引爆灵感。

（四）指导性

这是演讲稿构思的功效所在。构思主要是对演讲稿写作活动起到指导、观照的作用。演讲稿构思的成果——中心或主旨将成为整个活动的核心，并不断"现身"。

二、演讲稿构思的步骤

（一）材料选取的基本要求

第一，选取的材料要真实。选材要从实际生活出发，选取自己最熟悉，感受最深，最能反映事物本质意义的材料，只有真实的材料才能被读者接受和认可。第二，选取的材料要新颖。所谓新颖，就是选取的材料要别致，不能俗。当然，新颖的材料也不是追求稀奇古怪的事情和曲折离奇的情节，而是要选取那些有特色的，能给人带来新的感受的材料。第三，材料要典型、具体。选取的材料须是那些最能反映事物本质、最能打动人心又最能表现演讲稿中心的材料，力争做到少而精，以一当十，这是指的"典型"；选取材料"具体"，是指要让事实说话，用真实说服人，打动人。

（二）确立中心

演讲稿的材料选好之后，我们如何把它们串起来呢？这就需要一个中心。中心思想是演讲稿（文章）的灵魂，也是它成败的关键所在。

确定演讲稿的中心有"四要"：一要正确、健康。"正确、健康"指演讲稿的中心思想必须是正确的、健康的、积极向上的，只有这样的中心思想才能让听众吸取某种经验教训，或受到启发，或受到感染，给人以精神上的鼓舞，提供正能量。二要明确而集中。一篇演讲稿告诉别人一件相对完整的事情即可，赞成什么、反对什么都要有明确的态度，不能贪多求全，更不要"胡子眉毛一把抓"。三要新颖别致。"新颖别致"即要对所选材料精心设计，巧妙安排，不能随心所欲，想到哪儿说到哪。确定的中心要有新意，要与众不同，要给人眼前一亮的感觉，要善于从平凡的人和事中提炼出不平凡的主题思想。四要深刻、真挚。"深刻"是指演讲稿的中心要有一定的深度，不能过于肤浅，要能透过现象看到本质。"真挚"是指确定的中心要能抒发自己的真情实感，要结合自己的体验，写真话，抒真情。

（三）拟好提纲

构思得差不多了，还要想想：先写什么、后写什么，分几个层次来写，哪些地方详写、哪些地方略写，怎样过渡、如何衔接，等等。然后把它们暂时"凝固"在纸上（避免遗忘，也便于修改调整），就是提纲。

演讲稿的提纲一般分为两种形式：一是标题式提纲。即用简洁的文字标出各段的写作要点。其特点为文字简洁，列起来速度快。二是要点式提纲。这种提纲比较详细，它既要表明演讲稿的中心，又要写出演讲稿的大致内容和先后顺序及其层次安排，同时，还要交代出演讲稿的详略及其衔接过渡。

总之，我们的构思要富于变化，既出乎意外，但又合情合理。这样，我们才能写出一篇又一篇好的演讲稿。

[技能与训练]

写演讲稿段落时，要注意围绕段落中心组织句子。请你以《故乡，那一片绿》或《浓厚的母爱》为题，写一个片段。思路要开阔，中心要明确。

任务 2　演讲稿的结构安排

[知识与案例]

作者用文字把自己的思路反映出来，就是文章的结构，也叫谋篇布局。如果说演讲稿的内在机理体现在思维、思路和构思上，那么，它的外部表现形态即文本呈现形式，就是通过结构来表现和实现的。

一、结构是表现主题主旨的重要手段

安排结构就是要把材料恰当地安装到主题的"轴心"上，把材料组织成一个紧密的统一体。作者之所以这样安排结构，完全是根据表达主题的需要。

二、演讲稿结构的基本内容

我们写演讲稿布局谋篇时总是先考虑安排层次、划分段落，然后再考虑开头、结尾和过渡、照应的。下面分别加以介绍。

（一）层次与段落

1.层次

所谓层次，是指内容的先后次序，也就是文章展开的步骤。层次，就是我们读文章、分析文章时常说的"意义段""逻辑段"。它是客观事物发展的阶段性和人的思维发展的进程在文章中的反映。

安排层次要从事物的内部联系着眼。常见的层次结构形式有如下五种：

第一种，递进式结构。各层意思之间是一层进一层，层层深入的关系。先将演讲主旨进行分析解剖，然后逐层进行论述和证明，从而形成剥笋式的论证步骤。即提出论题后，或由浅入深，由现象到本质地分析；或由感性认识到理性认识，由片面到全面地分析。例如，《为了孩子的明天》的开头提出当前学生"高分低能"的事实后，分三层论述。第一层分析出现这种现象的外部和内部原因；第二层论述过分追求分数对孩子们的种种危害；第三层指出将学生从"苦海"中解救出来的具体措施。再如陶铸《崇高的理想》一文，也属于递进式结构（图1）。

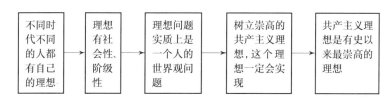

图1

第二种，并列式结构。各层意思之间是并列关系。从几方面并列地展开论证或说明一个问题，多角度地、充分地进行论证。并列式的各层次之间的地位是平等的，位置可以互相调换。例如《青春是什么》主体部分采用四个小标题"青春是一粒种子""青春是一轮朝日""青春是一部著作""青春是一个乐章"，进行论述，条理清楚，说理充分。

第三种，总分式或分总式结构。先总起来说，然后分开说，第一层和以后几层的关系就是总分关系；或者，前几层先分开说，最后再总起来说，前几层和最后一层的关系就是分总关系。如毛泽东《放下包袱，开动机器》一文，先总提"为了争取新的胜利，要在党的干部中间提倡放下包袱和开动机器"，然后分开，第二层讲"放下包袱"，第三层讲"开动机器"。

第四种，比较式结构。对同类类比或正反对比的材料进行论证。通过相近的或相反的材料的佐证，使听众理解、接受自己的观点。例如《诚信，做人之本》一文，从诚信者如何步入成功，失信者如何走向失败正反两个方面进行论述，给人以很大启发。

第五种，连贯式结构。按事情发展的经过和时间的先后次序安排层次，各层意思之间的关系是连贯关系。如前面陆定一的《老山界》就是用这种形式安排层次结构的。

上述五种层次结构形式，前四种多用于议论性演讲稿，后一种多用于记叙性演讲稿。

这几种层次结构的形式，有时也可以结合起来使用。如，在一些比较长的演讲稿中，大层次按一种结构形式安排，而在大层次中安排小层次时，则可以采用另一种结构形式安排。

2. 段落

段落，是指自然段。在形式上，它有明显的标志，一段开头要空两个字的位置，另起一段时要换行。段落是文章最基本的构成单位。段落代表作者思路发展的一个步骤。如果一个层次的内容比较单纯，只要一个段落就可表现，这时层次和段落在形式上就一致了。如果一个层次的内容比较丰富、复杂，则要用几个段落来表现。

安排结构时，作者既要根据表达主题的需要安排好层次，注意层次之间的联系，又要注意安排好段落，注意段与段之间的联系，还要注意安排好句子，注意句子与句子之间的联系。在段落里，所有的句子都是围绕着段落的中心意思组织起来的。

分段要注意单一性和完整性。所谓单一性是指每段只说一个中心意思。所谓完整性，是指要将这一中心意思说完全，说透彻。

另外，起特殊作用的段落，在意义上可以不考虑单一性和完整性。如过渡段。

此外，有时为了强调，一个词组、一个句子也可单独成段。之所以单独成段是为了表示强调。如毛泽东《反对本本主义》第一部分的结尾：

"要不得！

要不得！

注重调查！

反对瞎说！"

（二）过渡与照应

1. 过渡

过渡起承上启下作用，使前后相邻的两层意思和段落上下连贯、前后衔接，让听众的思路顺利地由前者过渡到后者，不至于感到中间有什么空隙。

（1）演讲稿过渡有以下几种情形：

第一，内容发生转换时需要过渡。

无论是在地点转移或时间转换，还是事件转换时，为了使听众的思路能跟上作者的思路，往往需要过渡。如《正月十八吃元宵》，写了两次吃元宵。一次是三十年前吃元宵，一次是三十年后吃元宵。作者用"一转眼三十年过去了"来过渡，就自然而然由第一次吃元宵引向第二次吃元宵了。另外在论述的问题发生转换时也要过渡。如以毛泽东《论反对日本帝国主义的策略》第一部分中"目前政治形势的特点"为例，文中就用了"目前的形势是怎样的呢"，"现在，我们来看一看中国各个阶级怎样来回答这个问题"，"让我再讲一点历史"，"同志们，现在让我们把问题转到另一点"，"同志们，这个问题的正面，已经说完了。让我再来说一说它的反面……"，"现在我们来说中国民族革命营垒里的情形"，"讲到长征，请问有什么意义呢"，"主力红军如此，南方各省的游击战争怎么样呢"等语句过渡。

第二，表达方式或表现方法发生变动时需要过渡。

由议论抒情到叙述描写时要过渡。如魏巍《谁是最可爱的人》，以抒情、议论开头，转入具体叙述、描写之前，用"让我还是来说一段故事吧"作为过渡，然后才记叙松骨峰战斗。

由概括说明到具体叙述时要过渡。如方志敏《清贫》，开头概括说明为了革命自己十余年来坚持过着朴素的生活，然后用"如果有人问我身边有没有一些积蓄，那我可以告诉你一件趣事"过渡，由此转入具体的叙述。

论述问题，由总到分，或由分到总时也需要过渡。如毛泽东《反对自由主义》，开头从总的方面批判了自由主义，指出自由主义的种种危害，然后用"自由主义有各种表现"来过渡，下边列举自由主义的各种表现。

（2）演讲稿过渡的常见方法：

第一，用关联词语或转折词语过渡。如用"因此""总之""由此可见"或"但是""然而""可是""相反地"等词语表示过渡。表示过渡的词语一般放在段落的开头。

第二，用句子过渡。在层次或段落之间，安排一个起承上启下作用的句子，表示过渡。这个句子叫过渡句。过渡句一般放在后段的开头，也有的放在前段结尾。

第三，用段落过渡。在层次或段落之间，安排一个起承上启下作用的段落，表示过渡。这个段落叫过渡段。

2. 照应

照应也叫呼应，是指上下文或前后文的相互呼应。前面提到的问题，后面要有着落，或后面讲到的内容，前面要有所交代或暗示。照应，能帮助听众理解演讲稿的脉络和层次之间的内在联系，同时，又可以使演讲稿的结构严谨。

常见的照应方法有以下三种：

第一，开头与结尾相照应。开头和结尾如能遥相呼应，可给人以首尾圆合、结构严谨的感觉。如茅盾《白杨礼赞》，开头写："白杨树实在不是平凡的，我赞美白杨树！"结尾写："让那些看不起民众、贱视民众、顽固的倒退的人们去赞美那贵族化的楠木（那也是直挺秀颀的），去鄙视这极常见、极易生长的白杨吧，但是我要高声赞美白杨树！"首尾呼应，不仅使结构显得更加严密、紧凑，而且主题也显得更加突出、鲜明。

第二，内容与标题照应。如《红旗》这篇演讲稿，开头写第一次见到红旗的情况，与标题作了照应；以后写入党时上级派来的同志用红色的香烟盒画了党旗，党旗在自己的心里生根了，再次与标题作了照应；最后写解放后，红旗汇成了海洋，又一次与标题作了照应。文章从开头到结尾数次与标题照应，加深了印象，突出了主题。

第三，行文中处处照应。用这种方法可以使结构更为紧凑，主题更为突出、鲜明。如毛岸青、邵华《我们爱韶山的红杜鹃》：

"乡亲们怀着深厚的情谊，连同韶山的泥土，送给我们一棵盛开的红杜鹃。""我们爱韶山的杜鹃象烈火，'星星之火，可以燎原'。""我们爱韶山的杜鹃象朝霞，故乡人民至今都把我们亲爱的妈妈杨开慧叫做'霞姑'。""我们爱韶山的杜鹃象鲜血，千千万万烈士的鲜血洒满祖国的河山。""我们爱韶山的杜鹃遍地开放，缅怀光荣的往昔，展望前程一片辉煌灿烂。""我们爱韶山的红杜鹃……"

很明显，全文开头与结尾、段落之间、内容与标题，处处照应，因而使主题鲜明突出，结构十分紧凑。

[技能与训练]

1. 段落是构成文章的基本单位。试分析《记一辆纺车》的第九段中，句与句之间的关系：

①为了交流经验，互相提高，纺线也展开竞赛。②三五十辆或者百几十辆纺车搬在一起，在同一个时间里比纺线的数量和质量。③成绩好的有奖励，譬如奖一辆纺车，奖毛巾、肥皂、笔记本之类。④那是很光荣的。⑤更光荣是被称为纺毛突击手、纺纱突击手。⑥竞赛，有的时候在礼堂，有的时候在窑洞前边，更有的时候在山根河边的坪坝上。⑦在坪坝上竞赛的那种场面最壮阔，"沙场秋点兵"或者能有那种气派？⑧不，阵容相近，热闹不够。⑨那是盛大的节日里赛会的场面。⑩只要想想，天地是厂房，深谷是车间，幕天席地，群山环拱，怕世界上还没有哪个地方哪一种轻工业生产有那样的规模哩。⑪你看，整齐的纺车行列，精神饱满的纺手队伍，一声号令，百车飞鸣，别的不说，只那嗡嗡的响声就有点像飞机场上机群起飞，扬子江边船只拔锚。⑫那哪是竞赛，那是万马奔腾，在共同完成一项战斗任务。⑬因此竞赛结束，无论是纺得多的还是纺得比较少的，得奖的还是没有得奖的，大家都感受到胜利的快乐。

填空：第①句点出本段主要写的是_____。第②句说明_____。第③④⑤句写_____，_____。第⑥句写_____。第⑦⑧⑨⑩⑪句写_____。第⑫⑬句，作者进一步把竞赛比喻为共同完成一项战斗任务，从而揭示竞赛的意义。

2. 请按下面的标题，各编写一份演讲稿提纲。

（1）即将逝去的青春

（2）我的职业梦想

第三单元　演讲稿开头和结尾

[训练目标]

1. 掌握演讲稿开头的几种方式：开门见山、亮出主旨式；叙述事实、交代背景式；提出问题、发人深思式；引用警句，引出下文式。

2. 掌握演讲稿结尾的几种方式：或归纳，或升华，或希望，或号召，收拢全篇，卒章显志，干脆利落，简洁有力。

3. 能恰当地选用演讲稿的常见方式来写作开头和结尾。

任务 1　写好演讲稿的开头

[知识与案例]

演讲稿的开头处于结构的显要地位，是全篇钩玄提要、定调子的地方，是演讲者和听众之间的引桥。

一、演讲稿开头的重要作用

俗话说，"万事开头难"，"良好的开头是成功的一半"。演讲稿的开头，也叫开场白，它犹如戏剧开头的"镇场"，在全篇中占据重要的地位。演讲者要全力以赴写好开头。

二、演讲稿开头的主要方式

（一）开门见山式

即亮出主旨式的开头。这种开头不绕弯子，直奔主题，开宗明义地提出自己的观点。如方志敏《清贫》就用这种方法开头："我从事革命斗争，已经十余年了。在这长期的奋斗中，我一向是过着朴素的生活，从没有奢侈过。经手的款项，总在数百万元；但为革命而筹集的金钱，是一点一滴的用之于革命事业。这在国方的伟人们看来，颇似奇迹，或认为夸张；而矜持不苟，舍己为公，却是每个共产党员具备的美德。"这个开头既点明了主题，又说明了目的。

（二）叙述事实，交代背景式开头

开头向听众报告新近发生的事实，容易引起人们的注意，吸引听众注意力。如1941年7月3日斯大林广播演说的开头："希特勒从德国6月22日向我们祖国发动的背信弃义的军事进攻，正在继续着。虽然红军进行了英勇的抵抗，虽然敌人的精锐师团和他们的精锐空军部队已被击溃，被埋葬在战场上，但是敌人又从前线调来了生力军，继续向前闯进……我们的祖国面临着严重的危险。"

（三）提出问题，发人深思式开头

通过提问，引导听众思考问题，并由此造成悬念，引起听众对未知答案的期待。如曲啸的《人生·理想·追求》是这样开头的："一个人应该怎样对待自己青春的时光呢？我想在这里同大家谈谈我的情况。"

（四）引用警句（或名言、诗词），引出下文式开头

引用内涵深刻、发人深省的警句，引出下面的内容来。如某大学生演讲稿《我的思考与奋起》，开头就很精彩："一个人如果一辈子都不曾混乱过，那么他从来就没有思考过。"又如《人贵有志》的开头："一个人要有志气。法国生物学家巴斯德在18岁时写过一段名言。他说：工作随着志向走，成功随着工作来！这是一条规律。立志、工作、成功是人类活动的三大要素。……"

（五）讲故事、笑话式开头

运用故事、笑话开头能吸引听众。如《为了悲剧不再重演》的开头："去年12月，《青海日报》披露了这样一个事实：一个年仅9岁的小学四年级学生夏雯，因为期末考试两门功课成绩低于90分，竟被母亲活活打死。……"

（六）自我介绍式开头

如某大学生《我的选择》的开头："我叫汤焱，三点水的'汤'，三个火的'焱'，一见我这名字的人都惊讶我为什么如此水火不相容。是啊，我这个人就是好动，难求安静。因此，我考大学时选择了舞蹈专业。"

（七）提问式开头

运用此法有利于引起听众的注意，有利于演讲者控制演讲气氛。加里宁在《苏维埃国家的全部希望》中的开头："青年的特征究竟是什么呢？共青团员与普通成年人——譬如说——与我比较起来，究竟有什么区别呢？……"

（八）新闻式开头

新闻的特点是"新"，讲一则新闻可以吸引听众的注意。如罗斯福的一次演讲是这样开头的："昨天，1941年12月7日——一个遗臭万年的日子，美利坚合众国遭到了日本

帝国海空军部队的突然和蓄谋的进攻。"

（九）抒情式开头

渲染气氛，以情感人，使听众迅速受到情绪感染，注意聆听演讲内容。多采用排比、比喻、比拟等修辞手法，形象生动，引人入胜。

例如，《我是夜幕的一颗星》的开头："水兵喜欢把自己比作追波逐浪的海燕，飞行员喜欢把自己比作搏击长空的雄鹰，而我们警卫战士却喜欢把自己比作夜幕上闪亮的星。不是吗？在皓月当空，万籁俱寂的夜晚，疲劳的人们已进入梦乡，祖国大地的每个角落里不都闪烁着警卫战士一双双警惕的眼睛吗？它就像天上的星星一样，不知困倦地注视着大地，搜寻着每一个可疑的目标……"

其他还有展示物件式、数字说明式、修辞格式、猜谜语式、悬念式，等等。

总之，演讲稿无论采用什么方式的开头，都要做到先声夺人，富于吸引力。良好的开头如瑞士作家温克勒讲的，有两项作用：一是建立演讲者与听者的同感；二是如字意所释，打开场面，引入正题。

[技能与训练]

1. 下面是一些演讲稿的开头，阅读后请说出它们分别采用了什么写作方法。

（1）李清照在唱什么？我相信她不是在唱"凄凄惨惨戚戚"的秋天，她在感怀春光，春太美，太绚烂；她在伤怀夏日，夏太烈，太决绝；她在痛苦冬天，冬太冷，太彻骨。所有的所有，带去她先前的安定与快乐。只有秋天，配合她凄冷的心情，告诉她这世上，另有一季，可作她人生的注脚。

（2）好像从我记事起，爷爷就一直是忙碌的。他背着锄头出去侍弄他的农田、土地；他在园子里种菜，栽果树；他去给人家帮一点力所能及的忙……很健康很快乐很自在地活着。奶奶呢，就在家里喂她的那群鸡，吆喝着两只狗，洗干净爷爷的衣裳，一边等着爷爷多年不变的"命令"："老婆子，在干什么？快煎茶吃！"奶奶就放下手中的活计，假装埋怨地说："这么快就回来休息啦。"然后很认真地去为爷爷煎茶，端送到爷爷手中，与他坐着一边喝茶一边闲谈。

（3）"坦然面对，笑对人生"，乐观、坚强，是热爱生命的人们所共有的"人之常情"。年轻的军官把失去亲人的痛苦，化作与死神赛跑抢救幸存者的动力；泥泞的山路上，他背着白发苍苍的老人，向安全的港湾停靠。年轻的女警官把嗷嗷待哺的孩子托付给家人，在瓦砾中抱起战胜了震魔的小生命，甘甜的乳汁绽放了天真的花蕾。"最美丽的警察"，这是人们给她的最好的评语。

（4）青春是用意志的血滴和拼搏的汗水酿成的琼浆——历久弥香；青春是用不凋的希望和不灭的向往编织的彩虹——绚丽辉煌；青春是用永恒的执着和顽强的韧劲筑起的一道铜墙铁壁——固若金汤。

2.谈谈你对以下几种开头的看法。

（1）"大家让我来讲几句，本来我不想讲，一定要讲就讲吧。"

（2）"同志们，我没什么准备，实在说不出什么。既然让我讲，只好随便讲点，说错了请大家原谅。"

（3）"同志们，这几天实在太忙，始终抽不出时间，加上身体欠安，恐怕讲不好，请大家原谅。"

任务2 写好演讲稿的结尾

[知识与案例]

一、写好演讲稿结尾的重要性

俗话说：编筐编篓，重在收口。演讲稿的结尾是演讲内容的自然收束，是演讲稿的有机组成部分。成功的结尾或揭示主题，或启示未来，鼓舞斗志，或抒发感情，或增强演讲的感染力，或富有哲理，引人深思。

古人讲，文章要"龙头""猪肚""豹尾"，即要求写的文章开头要引人入胜，中间要内容丰富，结尾要简洁有力。演讲稿的结尾应该感情充沛，意味深长，给人以振奋以鼓舞，给人以无穷的思考和无尽的遐想。

初写演讲稿在结尾时常犯的毛病有要么草草收兵，要么画蛇添足，要么贴用陈词滥调的套话。那么，怎样结尾才比较好呢？

二、演讲稿结尾的主要方式

（一）总结要点，或小结全篇内容，或对演讲观点加以强调

例如邓小平《军队要整顿》的结尾："今天就是同大家见个面。军队究竟怎么搞法，这个问题以后还要议。但是我想，刚才说的军队要整顿，要安定团结，要落实政策，这些原则是不会错的。为了做到这些，我们要增强党性，消除派性，加强纪律性，提高工作效

率。希望我们总参谋部所有的干部，本着这样的精神团结起来，把工作做好。"

这个结尾扼要地把演讲的内容进行了总结，一是提醒，二是强调，使听众加深了印象。

（二）展望未来，鼓舞斗志

如《加强道德修养　追逐我们的中国梦》的结尾："雄关漫道真如铁，而今迈步从头越"！未来的路依旧很长，未来的路布满荆棘！作为新时代的青年，我们要有一颗坚定的心，不畏艰难，不惧流言，相信心中的信仰，来迎接"长风破浪会有时"的将来。在追逐中国梦的征程中，我们要以道德为集结号，发出新时代青年的最强音，为自己代言！

这个结尾给人以信心和鼓舞，让人看到了希望和前途。

（三）发出充满激情的号召

如陶铸《松树的风格》的结尾："具有这种风格的人是越来越多了。这样的人越多，我们的革命和建设也就会越快。我希望每个人都能像松树一样具有坚强的意志和崇高的品质；我希望每一个人都成为具有共产主义风格的人。"

又如郭沫若《科学的春天》的结尾："春分刚刚过去，清明即将到来。'日出江花红胜火，春来江水绿如蓝'。这是革命的春天，这是人民的春天，这是科学的春天！让我们张开双臂，热烈地拥抱这个春天吧！"

这样的结尾热情洋溢，使人振奋激昂，具有很大的鼓动力量。

（四）选用名言警句来结尾

例如周恩来的《在上海鲁迅逝世十周年纪念会上的演说》的结尾："鲁迅先生曾说：'横眉冷对千夫指，俯首甘为孺子牛。'这是鲁迅先生的方向，也是鲁迅先生之立场。在人民面前，鲁迅先生痛恨的是反动派，对于反动派，所谓之千夫指，我们是只有横眉冷对的，不怕的。我们要以眼还眼，以牙还牙。假如是对人民，我们要如对孺子一样地为他们做牛的。要诚诚恳恳、老老实实为人民服务。我们要有所恨，有所怒，有所爱，有所为。过去历史上有多少暴君、皇帝、独裁者，都一个个地倒下去了。但是历史上的多少奴隶、被压迫者、农民还是牢牢地站住的，而且长大下去。人民的世纪到了，所以应该像头牛一样努力奋斗，团结一致，为人民服务而死。鲁迅和闻一多，都是我们的榜样。"

这个结尾用鲁迅的著名诗句给演讲的论点强有力的证明，进一步深化了主题，把演讲推向新的高潮。

此外，还有利用幽默作结束，或用发人深思、耐人回味的问句作结尾，或发出希望愿望，或做出决定和警告来结束，等等。

总之，结尾或归纳，或升华，或希望，或号召，方式很多。好的结尾应收拢全篇，卒章显志，干脆利落，简洁有力，切忌画蛇添足，节外生枝。演讲稿好的结尾，是演讲的一个终点，也是启发听众思维思考的起点之一，可收到言有尽而意无穷的效果。

[技能与训练]

1. 下面这篇演讲稿没有开头结尾，请根据它的内容给添上开头和结尾。

学然后知不足

……

然而，我们也常常看到有更多的人，在取得成绩之后，去寻找自己的不足，抓住一切机会，孜孜不倦地学习，不断开拓自己的知识领域。他们越学越感到自己知识的不足。这就是"学然后知不足"。

众所周知，学习是一个知识不断积累的过程，这个过程永远不会有完结的时候。"活到老，学到老"，"学习，学习，再学习"，说的都是这个道理。所以，在知识面前采取谦虚的态度是非常必要的。近代科学巨匠牛顿，在取得巨大的成功之后，曾说过：他只不过是在科学的海边拾到了一块贝壳。这个说法一方面固然是出于谦虚，但另一方面也正是说明即使是伟大的牛顿，他毕生作出的贡献，也只是整个科学领域的个别学科，个别学科的个别课题，还有更多的领域，更多的知识，他未曾触及。这就足以证明知识的海洋是何等广阔了。我们常常把浩瀚的知识比喻为海洋。其实，大自然的海洋无论它多么浩瀚，终究是有边的，而知识的海洋是广阔无垠，永远找不到边际的。"学海无涯"说的就是这个道理。所以，对待知识，我们是永远不应该知足的。诺贝尔奖获得者杨振宁，根据他自己切身的经验，认为在成才的道路上必须"博—专—博"才行。就是说：只有在广博的知识的基础上才能专，才能在某一方面作出成绩；而在作出成绩之后，必须继续博采众长，学习更广博的知识，才能进一步取得进步。

"学然后知不足"，还有层意思说，我们不应满足于前人积累的知识，还须去探索未知的世界，去创新立说。要知道任何人取得的任何杰出的成就，都只能是下一个目标的起点，都只能是继续前人成就的起步之处。牛顿在前人的基础上创立了经典力学，爱因斯坦在经典力学的基础上又创立了相对论力学，而今天，现代物理学在这个基础上正孕育着新的突破。这就像在崇山峻岭中攀登一样，当你登上了一个山头向下看时，好像很高了，但向上看，你会发现还有更高的山峰在等待着你去攀登。自然界是有最高的山峰的，而科学是绝对没有顶峰的。只要永远不知足，不满足于现状，向前看，往上攀，就一定会有新的突破。所以那些只有半桶水而晃荡、懂了一点就自以为了不起的人，其结果必定裹足不前，故步自封。

......

2.下面这篇演讲稿没有结尾，请你从后面的四段文字中选出一段作结尾，并说说选这一段作为结尾的理由。

我们的"雄鹰"上天了

八月二十日，这是多么难忘的一天啊！

一大早，我们就来到南郊机场的大草坪上，进行遥控模型飞机的飞行训练。试飞前的准备工作开始了，有的同学调整机翼与水平尾翼间的角度，有的检查操纵系统的灵活性能，有的给油箱加油，有的启动发动机……此时此刻，大家的心里都像绷紧了弦的箭，一触即发。

一切就绪，只听得一声"放"，遥控模型飞机顿时徐徐离开地面，凌空直上。我们一双双眼睛紧盯着远去的飞机。不多时，一个料想不到的情况发生了：飞机突然向左一拐，像被磁铁吸住一样，向地面下沉。这时我们的心也像悬在空中的飞机那样，大家恨不能追上去托住下沉的飞机。一刹那飞机的左翼尖擦着地面，翻了个筋斗躺在草坪上了。

第一次飞行失败了。我们的心里就像打翻了五味瓶，酸、甜、苦、辣、咸，说不上是什么滋味。在我们心情异常沉重的时候，领队说："不要气馁，先分析一下失败的原因吧。"于是同学们围聚在一处，你一言、我一语地议论起来了。最后找出了原因，主要是操纵方法不对，不能按住电钮不放，而应该一按一放，才能保证飞机的正常飞行。

总结了失败的经验后，我们重整旗鼓，换上了备用机翼，开始了第二次飞行。这时太阳已经升高，阳光耀眼，操纵员手拿无线电操纵器，睁大双眼，仰望蓝天，追逐着空中的目标……"雄鹰"冲破长空，马达声渐渐消失。苍穹中隐隐约约只见一个白点。操纵器发出的电波信号，像一条无形的线，把飞机牢牢地控制着。操纵员沉着地按着电钮打了个左舵，"雄鹰"转过了方向，顶风飞了回来，由远而近，在我们头顶上盘旋一周，便开始了特技表演。这时，我们都屏息注目，心弦绷得紧紧的，好像在接受考验似的。只见蓝天白云下，矫健的"雄鹰"先飞了个水平"∞"字，又来了个四叶玫瑰线……一会儿，它螺旋下降，五十米，三十米，二十米……在接近地面的时候，又来了个鹞子翻身，猛地窜向上空，自由地飞翔……

（1）事情虽然过去了几周了，然而我老忘不了它。这件事给我留下了深刻印象。

（2）最后，飞机慢慢地盘旋下降，徐徐地滑入跑道，平稳着陆了。顿时，绿色的草坪上，发出一片呼唤声：我们的"雄鹰"上天了。

（3）这件事告诉我们：有志者事竟成。失败了不气馁，只要坚持试验，最后一定能获得成功。

（4）飞吧，飞吧，载着我们青年人的希望在蓝天翱翔吧！

3. 请根据下面的题目，用不同的方法各拟三个开头和结尾。

（1）谈理想

（2）我的中国梦

（3）我为明天准备了什么

第四单元　演讲稿的多角度切入与表达技巧

[训练目标]

1. 掌握多角度写作演讲稿的常用方法。

2. 掌握记叙、描写、说明、议论、抒情等表达方式。

3. 能选用恰当的切入角度写作演讲稿。

4. 能根据内容需要选用多种表达方式写作演讲稿。

任务1　演讲稿的多角度切入

[知识与案例]

一、什么是演讲稿的多角度切入

演讲稿写作的切入角度，是指演讲稿的立足点、着眼点和出发点，它关系到整个演讲确立主题、选择材料和选用表达方式等诸多方面。选取一个"刁钻"的角度，是成功演讲的有效"突破口"。

二、演讲稿写作多角度切入的主要方法

（一）挖掘本质式切入

对于每一篇演讲稿的主题，我们要学会剖析、挖掘和升华。无论是讲人、说事还是论

理，都不能停留于表面，而是要由表及里、由浅入深地挖掘其最本质特征，以揭示主旨为目的去选择和确立角度。

例如奥巴马《你好，芝加哥》："……她出生的那个时代奴隶制度刚刚结束；那时路上没有汽车，天上也没有飞机；当时像她这样的人由于两个原因不能投票——一是她是女性，另一个原因是她的肤色。

……

当三十年代的沙尘暴和大萧条引发人们的绝望之情时，她看到一个国家用罗斯福新政、新就业机会以及对新目标的共同追求战胜恐慌。是的，我们能做到。

当炸弹袭击了我们的海港、独裁专制威胁到全世界，她见证了美国一代人的伟大崛起，见证了一个民主国家被拯救。是的，我们能做到。"

他以一位106岁老人的一生为切入角度，来见证美国百年荣辱沧桑，来证明奴隶制时代、经济大萧条时期、第二次世界大战期间，美国人民都能在心痛中充满希望，在挣扎中取得进步，战胜一切困难，最终胜利。奥巴马也凭借此次演讲获取了大多数美国人的好感和认同。

（二）利用事物特征式切入

每一事物，其特征往往不是单一的，这就意味着由事物本身的特征所引发出来的切入点会有很多。演讲者要学会利用事物与演讲主题极为契合的某一特征作为触发点，作为论理抒情的突破口，并使二者紧密结合。既使切入角度新颖，又使演讲稿主旨更加鲜明。

例如《泥土的联想》："或许，你不会留意，因为它是那样地默默无闻，终生只知奉献，不计个人得失。尽管人们不愿意正视它，对它的事业嗤之以鼻，但它仍然甘当花木的培养者，视培养花木为己任为乐事……

我常想，我们护士这个职业，不正是具有泥土的这种崇高品格吗？……"

作者以"泥土为花木提供养分"这一特征为切入角度，与护士在工作岗位上默默奉献结合起来，从而使得演讲的主题与材料更加契合，主旨也更加鲜明起来。

（三）取巧式切入

在选择和确定材料的角度时，既要能抓住事物的特征，反映客观事物的本质，还要能够表情达意，阐明主旨，使演讲具有更好的说服力和感染力。在选取角度时学会取巧，就可以帮助我们出奇制胜。

美国内战之后，艾伦与功勋卓著的老上司陶克将军竞选国会议员。在竞选演讲中，为了唤起选民的信任，陶克说："诸位同胞，就在17年前的昨天晚上，我曾带兵在茶辛山与敌人激战，经过激烈的血战后，我在山上的树丛里睡了一个晚上。如果大家没有忘记那次艰苦卓绝的战斗，请在选举中，也不要忘记那些吃尽苦头、风餐露宿而屡建战功的人。"

艾伦则顺水推舟，他接着陶克的话讲道："同胞们，陶克将军说得不错，他确实在那次战争中立下了奇功。我当时是他手下的一个无名小卒，替他出生入死，冲锋陷阵。这还不算，当他在树丛中安睡时，我还抬着武器，站在荒野上，饱尝了寒风冷露的味儿来保护他。凡身为将军，睡觉时需要哨兵守卫的，请选陶克将军。若也是哨兵，需为酣睡的将军守卫的，请选艾伦。"

双方都以"风餐露宿的那次战斗"为自己的功勋，取信于民。但艾伦则是沿着陶克将军的思维向前推进了一点：将军虽然辛苦，总还可以在树丛中安睡，而自己则要放哨保卫他。其角度显得巧而刁，新而奇。果然，大多数选民会倾向于普通士兵出身的艾伦而非陶克将军。

[技能与训练]

下面这篇演讲稿在角度切入和材料选用上都有问题，阅读时请注意标字母处，想一想该怎样修改。

各位同胞：

1985 年，上海某单位派遣了一个考察团浩浩荡荡奔赴法国，其重要使命，则是考察法国的豆腐生产。难道他们不知豆腐——以大豆为原料的豆腐，乃是我们的国粹？无独有偶，次年 5 月，就在我们的豆腐考察团万里迢迢取回"豆腐真经"的泰晤士河畔（A），同样派出了一个考察团来到我们这个东方古国，其中一项重要任务，竟然是考察具有一千七百多年制作历史的中国豆腐！玩笑！一个沉重的玩笑！

这就是近年来在中国大地上如同瘟疫般流行的民族自卑心态，各位要是稍微关注一下你的周围，就不难发现，崇洋之风盛行到何等可悲的程度！明明是国产商品，却偏偏贴上个外国的或带外国味儿的商标，这种现象我们还见得少吗？（B）

民族自卑心态对"外国月亮"的盲目崇拜，还不仅仅局限在上述一系列商品现象中，时下又兴起了一桩颇为走俏的买卖——免费推销外国人的"最高指示"。各位如果有兴致，不妨听听：

外国人说，中国人懒惰丑陋；外国人说，中国人虚伪自私；外国人说，中国人喜欢做奴隶；外国人说，中国人喜欢搞内耗，"窝里斗"；外国人说，中国人没有人权意识；外国人说，中国人不讲卫生；外国人说，中国人只有一副冷面孔；外国人说，中国人没有商品观念；外国人说，中国人不珍惜时间……（C）我说这些，并不是提倡以天朝自居，更不愿喋喋不休地唠叨四大发明而坐吃祖先老本。（D）屈辱的历史责令我们：中国不但要有所发明，更应该有所发展、有所创造、有所前进。正是基于此，中国共产党才崛起在新世纪之初，才浴血于屠刀之下，才推翻了三座大山，才高举起改革开放之旗，才奋扬国威于世界！同志们，我们头顶上的月亮正熠熠发光，正普照全球，请看——仅用世界5%（E）的耕地，却解决了世界25%（F）的人口的吃饭问题，由此而为人类生存做出了巨大贡献的是谁？是中国人！在短暂的发展中，一举打破了超级大国的核垄断，维护了世界和平；今天又以"亚洲一号"的成功发射而把中国的国际信誉推向宇宙太空的又是谁？还是中国人！

……

大量雄辩的事实足以证明：中国，不但有骄傲的昨天，更有自豪的今天；中国不但可以面无愧色地屹立于世界民族之林，而且也有能力，也有信心为全人类的发展贡献出自己的力量！（G）

应当承认，目前，我们许多方面还比较落后，看起来似乎可悲，但并不是最可悲的，因为落后者毕竟还有追上去的机会和可能。只有丢失了自尊心、自信心才是最可悲的。一旦丢失了这两件东西，就连要追上去的企求和勇气都没有了，落后也就成了一种可悲的永恒。但这不属于中国！

同志们，请看看我们头顶上的月亮吧！她曾给中国和世界的昨天留下了光辉，也给中国和世界的今天增添了风采。如果，我们心中永远永远高悬这样一轮明月，那么我们的自尊心、自信心定会百倍增强！我们追上去的勇气和决心定会百倍增强！当然，我们不能只做一名袖手旁观的赏月者，13亿华夏儿女就是13亿颗闪亮的星星，只有众星捧月，中国，这一轮皎洁的圆月才会更加壮美，光照人寰！

我再次提议——同胞们，请看看我们头顶上的月亮！

（1）该演讲稿有材料不准确之处。（A）处不该是"泰晤士河"，而应是法国的"＿＿＿＿"；（E）处应为＿＿%；（F）处应为＿＿%。

（2）（B）（D）两处只有空议论，而缺乏具体的实例，属于材料不够。

（B）处拟修改为：

_____

_____ 。

（D）处拟修改为：

_____

_____ 。

（3）前文曾引用了外国人对中国人的歪曲和侮辱，为了与之照应，并说明推销外国"最高指示"的人偏执一词，（G）处也应补充一些外国人对中国人表示敬佩的例子。

（G）处拟修改为：

_____

_____

_____

_____ 。

（4）（C）处不必罗列太多材料，违反了"必要"的原则，并且材料都是"单摆浮搁"，缺乏必要的分析，因此，（C）处应删去冗赘的例子，补充必要的分析。

（C）处拟修改为：

_____

_____

_____

_____ 。

注：此修改示例，根据周光宁的演说稿《请看看我们头顶的月亮》（选自赵大鹏．应用文写作［M］．北京：语文出版社，2006.）

任务2　选用恰当的表达方式和表达技巧

[知识与案例]

一、常用的表达方式及其主要功能

表述特定内容所使用的特定的语言方法和手段叫作表达方式。现代写作学中表达方式有以下五种：记叙（叙述）、描写、抒情、议论、说明。

记叙，是写作中最基本、最常见的一种表达方式，它是作者对人物的经历和事件的发展变化过程以及场景、空间的转换所作的叙说和交代，在记人写事类文章中应用较为广泛。

描写，是把描写对象的状貌、情态描绘出来（包括心理描写、语言描写、动作描写、神态描写、外貌描写、环境描写等），再现给读者的一种表达方式。它是记叙类文章特别是文学创作中主要的表达方式之一。描写的手法运用得好，能逼真传神、生动形象，使读者（听众）如见其人、如闻其声、如临其境，从中受到强烈的艺术感染。

抒情，就是抒发和表现作者的感情。具体指以形式化的话语组织，象征性地表现个人内心情感的一类活动，它与叙事相对，具有主观性、个性化和诗意化等特征。抒情是个性与社会性的辩证统一，也是情感释放与情感构造、审美创造的辩证统一。它是抒情文体中的主要表达方式，在一般的文学作品和记叙类文章中，也常常作为重要的辅助表达手段。

议论，就是作者对某个议论对象发表见解和看法，以表明自己的观点和态度。它的作用在于使文章鲜明、深刻，具有较强的哲理性和理论深度。它在议论类文章中（大多数演讲稿）是主要表达方式；在一般记叙文、说明文或文学作品中，也常被当作辅助表达手段。

说明，是用简明扼要的文字，把事物的形状、性质、特征、成因、关系、功用等解说清楚的表达方式。被解说的对象，有的是实体的事物，如山川、江河、植物、文具、建筑、器物等；有的是抽象的道理，如思想、意识、修养、观点、概念、原理、技术等。

这五种表达方式，作为一切文章的形式要素，一定要为内容表达服务。一定的内容采用不同的表达方式来写作，可产生不同的效果，这就是所谓的表达功能。

二、演讲稿的表达方式

（一）侧重于议论式的演讲稿

议论即是一种以评析、论理的为主要表述法的写作方法。由提出问题、分析论证和得出结论三部分组成。一般只提一个问题，得出一个结论，而议论方式则多种多样。其结构顺序一般是问题在前，分析论证在中，作出结论在后。

（二）侧重于叙述式的演讲稿

叙述式即是将人物活动或事情的前后经过直接交代出来，主要以新颖、有趣味、富有情感来打动听众，不明显分出问题、论证和结论等各部分，主旨于叙述中显露；所叙述的几件事情或以时间为序，或以空间为序，从激发听众兴趣的目的出发进行安排。

（三）夹叙夹议式的演讲稿

夹叙夹议即是一面叙述某一件事，一面又对这件事进行分析、评论。叙是议的基础，议是叙的深化。一般说来，议的文字不宜太长，用语应精辟、凝练。

夹叙夹议可以是先议后叙，这时的议论往往出现在篇首，主要作用是提示和点题。也可以先叙后议，这时的议论往往出现在文章或一段文字的结尾，其作用是总结全文，或深化主题，或画龙点睛，或启迪思维等。还可以是边叙边议，即边叙述事实，边进行议论，议论以发表对所叙事实的观点。

大部分演讲稿多用议论式或夹叙夹议式表达方式。

三、演讲稿的表达技巧

要写好演讲稿，除了要掌握上一章和下一章的主要内容外，还要掌握本章前面的有关内容，如思路的清晰，结构的匠心，恰当安排开头主体和结尾，选用精准切入角度等，此外，在表达技巧上还应讲究虚实结合、点面结合、叙议结合，等等。

[技能与训练]

1. 演讲稿的段落，有一个思想中心，也有开头、中间和结尾，也要运用叙述、描写、抒情、议论等手法。请给下面的题目分别确定中心思想，然后写作演讲稿片段。写作时最好将叙述、描写、议论、抒情几种手法都用上。

（1）我的童年

（2）逝去的岁月

（3）大山似的父爱

2. 下面这篇演讲稿有一些问题，请在标题和主题都不变的前提下加以修改。

位卑未敢忘忧国

在中华民族源远流长的历史长河中，华夏儿女的爱国颂歌一直经久不衰。尽管不同时代的爱国志士，有许多处于社会的底层，成为难以实现报国之志的"位卑者"。然而，他们那"先天下之忧而忧，后天下之乐而乐"的思想却光彩照人。

南宋时期，伟大的爱国诗人陆游，临终前留下的《示儿》诗，是他的遗嘱，更是他向人们唱出的激昂悲壮的爱国强音，诗人写道："死去原知万事空，但悲不见九州同。王师北定中原日，家祭无忘告乃翁。"

读起陆游这洋溢着强烈爱国激情的诗篇，我的思想受到很大的震动。我扪心自问：在平凡的工作中，我怎样才能负起一个"位卑者"的职责呢？陆游的豪迈诗篇和他毕生的爱国言行给了我很好的解答。

南宋时期，金人南侵。南宋小朝廷偏安江左，屈膝求和。大好河山惨遭荼毒，人民生活在水深火热之中。陆游——这位伟大的爱国诗人，怀着"一身报国有万死"的雄心壮志，积极参加了抗金、收复失地的斗争。可是，不图复国的南宋小朝廷却不容诗人的抗战活动，致使诗人报国无门，"心在天山"，却"身老沧州"。但即使这样，诗人那从小立下的"上马击狂胡，下马草军书"的理想却从未熄灭。"鬓虽残，心未死。"他不甘心只是做一个诗人，去吟风弄月，而是始终以效死沙场、为国立功为人生最大的光荣，直到82岁时，还"一闻战鼓意气生，犹能为国平燕赵"，"位卑未敢忘忧国"。

这是多么令人敬佩的"位卑者"的形象，多么令人鼓舞的爱国精神。

是的，爱国，爱我们古老而智慧的民族，这应该成为每个中国人的崇高愿望，更应该是青年一代的神圣职责！我们位虽"卑"，报国不能忘。只有把爱国之情化作脚踏实地的忘我劳动，在"位卑"的岗位上如春蚕吐丝，丝尽方休，像老牛拉犁，力竭始住，真正担负起时代赋予的神圣使命，才能无愧做960万平方公里土地上的一个公民！"位卑未敢忘忧国"，但愿每个华夏儿女都这样想，这样说，这样做！

修改提示：这篇演讲稿如果是一篇读诗随笔或者读史札记，还可以。但是如果是一篇演讲稿，就显得材料过于单薄。文章一开始提到"中华民族源远流长的历史"，起笔很"大"，但主体内容却只写了陆游一个人，未免虎头蛇身，不能相配。因此修改时要着重补充生动的材料。补充材料要注意安排好详与略，不宜厚古薄今，同时要注意准确无误，作具体分析。

综合实践活动

1. 请从下面题目中任选一个确定主题，写作约 500 字的演讲稿，一周后在班上参加演讲比赛并互评。

（1）人生各自精彩

（2）关于求职的思考

2. 分四个小组，每组从下面每三个题目中选择 1 个，或自拟题目，完成一篇演讲稿的撰写。组内交流后再全班交流。

（1）有一种温暖叫感动

（2）坚守心灵的一方沃土

（3）给快乐找个理由

（4）心底无私天地宽

（5）放飞梦想，展翅翱翔

（6）生活从"心"开始

（7）善待自己，呵护希望

（8）失败面前挺起胸膛

（9）培养积极心态，感悟责任人生

（10）继承中华传统文化，从身边做起

（11）中国梦，我的梦

（12）己所不欲，勿施于人

拓展素材

第五章　演讲稿的撰写
——锤炼语言　写出新意

　　拥有卓越的口才是每个人心中的梦想和不懈追求的方向，更是建立良好人际关系走向成功的通行证。大文豪蒙田也说过："语言是一种工具，通过它，我们的意愿和思想就得到交流，它是我们灵魂的解释者。"展现口才的一种重要形式就是演讲。演讲有其自身语言上的特点与要求，本任务着重对演讲稿撰写过程中的语言技巧即演讲语言的句式特点、修辞的运用以及如何使演讲稿写出新意等几个方面加以介绍和训练，让大家通过对演讲稿的语言进行锤炼，使演讲稿更加精彩、更加打动人心。

第一单元　锤炼语言

[训练目标]

　　1. 掌握演讲稿中演讲语体色彩、常用句式、常用修辞手法的相关知识与技能。

　　2. 学会在具体的演讲中恰当地锤炼语言。

任务 1　演讲的句式特点

[知识与案例]

　　作为主要以有声语言来达意抒情的演讲语言，不仅要准确精练、通俗易懂、生动形象，还十分讲究节奏韵律之美。精彩的演讲，其语言形式虽不同于诗文，但其表现出的音韵美，却如和谐的乐曲一样，有着动人的魅力，完全可和诗文一争高低。

怎样才能使演讲语言收到音韵美的效果呢？俗话说："一句话，百样说。"其方法很多，但最主要也最易掌握的还是句式的调换和搭配。采用不同的句式，可以收到不同的音韵美效果。

一、长句与短句

从句子的长短来说，一般情况下，短句比长句更适于口语表达。短句短小精悍、干脆利落、明快活泼、节奏感强；长句结构复杂，修饰成分和连带成分多，用得多了，不仅讲起来费劲，还容易使语意支离破碎，听众也不易把握和理解。在演讲中，一般不宜使用长句。然而长句也有长句的好处，它容易把内容表达得周详而充实，把各种关系表达得准确而严密。如果根据演讲内容的需要，在短句中恰当地加上一两个长句，既可使内容表达得具体，感情表达得充沛，又可形成音韵的参差美。

不要夸大我们互相理解的程度，不要无所顾忌地向我袒露你的缺点，不要轻言你的伤口。这并非虚伪，因为爱情需要崇拜，而脆弱的人性一般承受不了绝对的真实，世界上又没有任何人堪称完美。

（佚名《请给我一个距离》）

这段演讲中，几个短句加上一个结构复杂的长句。短句节奏明快，干净有力；而长句语意充实，语流舒缓。

二、整句与散句

不同的句式有不同的表达功能。整句匀称，排列工整，讲起来朗朗上口，听起来顺耳悦心；散句自由，结构灵活，讲起来不受束缚，听起来亲切自然。但是如果整个演讲都用整句，或一"散"到底，都会显得单调呆板、枯燥乏味，不会收到好的效果。反之，如果把整句和散句结合起来交错使用，灵活搭配，就会使语言的韵律、节奏变化多姿，产生一种"大珠小珠落玉盘"的整齐错落美。

春分刚刚过去，清明即将到来。"日出江花红胜火，春来江水绿如蓝。"这是革命的春天，这是人民的春天，这是科学的春天！让我们张开双臂，热烈地拥抱这个春天吧！

（郭沫若《科学的春天》）

这段话的前四句，是两组对偶句，句子匀称，对仗整齐，音韵和谐，有一种击节拍案的整齐美。中间三句是排比句，增强了演讲气势。最后用两个散句收束，好像在"齐步走"的队列中变化出自由的舞步一样，给人一种新鲜感。全段把整散句式巧妙搭配，参差变化，既防止了行文呆板，又不致使语言如"漫坡放羊"过于松散。

三、祈使句

祈使句是表示请求、命令、劝告、祝愿或建议的句子。在演讲中，演讲者为增强语气、发出号召，常常使用祈使句。

我们都在追梦，追国家富强之梦，追民族振兴之梦，追人民幸福之梦啊！

朋友们，行动起来吧，用我们辛勤的劳动，用我们执着的追求，用我们智慧的创造，去追逐我们伟大的中国梦！

（蔡小君《追梦，用最美的站立》）

这段演讲中，前一段整散结合，富有节奏感和韵律感。后一段运用祈使句，向听众发出号召，具有很强的鼓动性，很好地调动了听众的情绪。

四、口语句与文言句

演讲中，要尽量少用文言句式，演讲稿中如果多了文言，就会影响演讲者和听众的交流，王国维先生把这种情况称为"隔"。像把"今天听到一个大好消息"说成"今日欣闻一大喜讯"；"没有读过书"说成"未尝识书具"；"祝大家身体好"说成"愿诸君贵体无恙"等。

当然，文言句式温文尔雅、简洁凝重，适当使用，也能收到很好的效果。比如一位同学在演讲《不要亵渎经典》中说道：

有些所谓的"学者"，披学术之外衣，行盗名之勾当，全无实事求是之意，满怀哗众取宠之心。整天说什么大禹有婚外情，孔子是私生子，无非是想用蹩脚的噱头、无聊的炒作来吸引公众的眼球。对此，同学们一定要有清醒的认识，不要被这些无聊的说法迷惑双眼……

这段话中，虽有"披学术之外衣，……满怀哗众取宠之心"等几句结构匀称、声音和谐的文言句式，但还是以口语句为主，两者比例搭配得当，听起来更顺耳。

总之，根据演讲内容的特点，调动起一切不同的句型，巧妙搭配，不但可使演讲者言之上口，听众听之顺耳，而且可以更好地抒情广义、壮势美文，增强表达效果。

[技能与训练]

朗读下面的语段，判断各使用了什么句式，体会各种不同句式在演讲中的不同效果。

1.胡适先生《容忍与自由》演讲片段

怎么样叫作"说有分际的话"呢？就是说话要有分量。我常对青年学生说：我们有一分的证据，只能说一分的话；我有七分证据，不能说八分的话；有了九分证据，不能说十分的话，也只能说九分的话。我们常听人说到"讨论事实"，什么叫"事实"，很难认清。公公有公公的事实；婆婆有婆婆的事实；公公有公公的理；婆婆有婆婆的理。我们只应该用负责任的态度，说有分际的话。所谓"有分际"，就是"有几分证据，说几分话"。

（容忍与自由：胡适作品精选［M］.北京：中国书店，2013.）

2.雨果《巴尔扎克葬词》片段

不，不是不可知！不，我在另一个沉痛的场合已经说过了，我就不厌烦地再说一遍吧——这不是黑夜，而是光明！这不是结束，而是开始！这不是虚无，而是永恒！你们中间有谁嫌我说的不对吗？这样的坟墓，就是不朽的证明！

（雨果《巴尔扎克葬词》）

3.《构建和谐社会的基石》演讲片段

朋友们，构建和谐社会的基石就在你手中！其实构建和谐社会的大厦，你我他都是最好的基石。让我们从东海之滨采来红礁石，从泰山之巅采来花岗石，让我们自己成为一颗颗色彩斑斓的鹅卵石吧！把我们和谐社会的根基打得更加坚实，更加深厚，更加宽广，不光是为了你我他今天的安宁与幸福，更是为了子子孙孙千秋万代的安宁与幸福！

（佚名《构建和谐社会的基石》）

任务2　修辞的运用

[知识与案例]

修辞手法是为提高表达效果，利用多种语言手段以收到尽可能好的表达效果的一种语言活动。不同的修辞手法适用于不同的语言环境，演讲中常用的修辞格有比喻、排比、设问、反复、引用、比拟、层递、反问等。

一、比喻

演讲语言与书面语言不同，它转瞬即逝，应通俗化、口语化。除了学术演讲外，那种从概念到概念，从理论到理论，弯来拐去、玄而又玄的表达是不受欢迎的。而能够准确地讲解知识，形象地表达感情的比喻句，在演讲中就发挥了很多的作用。

……洗去靡靡之音，摔掉酒瓶子，让我们与书这个哥们儿交上朋友吧！它不需要拔刀相助的江湖义气，只需要天长地久的交往。让我们与知识这位热情的姑娘恋爱吧！她不需要大彩电和沙发床，只需要孜孜不倦的热烈追求。

（佚名《演讲稿中的修辞有哪些》）

这里，演讲者委婉的比喻，引人深思。

比喻可以增强语言表现力和感染力，比喻要新鲜、奇特，切忌陈词滥调。英国作家王尔德曾说："第一个用花比美人的人是天才，第二个再用的是庸才，第三个就是蠢材了。"

为了使比喻发挥更大的作用、更好的效果，演讲者可以临场设喻，就演讲的地点、场景、事物设喻，这样就更具说服力。

二、排比

所谓排比，就是三个或者三个以上结构相同、字数相近、语气一致、意义相关而互相平行的词语或者段落，连续排列在一起。运用排比的手法，在形式上要做到结构相同，句式整齐，字数相近，音节匀称。在演讲中，排比的使用不仅能产生语言形式上的匀称和声音韵律上的往复美，而且能给听众以深刻的印象。这种句式不仅气势壮阔，情感充沛，而且表现力极强，无疑会为演讲锦上添花。演讲中，排比无处不在。

朋友，你能告诉我，祖国是什么吗？

对于我们中国人来说，祖国是东海碧波上升起的太阳，是帕米尔高原闪烁的群星，是山舞银蛇、原驰蜡象的辽阔北国，是花开三月、草长莺飞的春色南疆。可同时，祖国还让我们想起曾经经历的苦难与蹉跎，饱尝的屈辱与折磨，阻碍我们前进的愚昧与不足。

（佚名《国魂下的赤诚》）

演讲中运用排比能深化主题，增强说服力；能全方位地表达各种情感，喜悦、痛苦、亲切、庄重都可产生在其中。

他们不知道如何表达自己心底的波澜，他们不知道自己将要成为这个国家新时代的主人，他们不知道这个国家新时代的蓝图是有多么迷人，他们更加不知道要掌握这份蓝图需要哪些综合素养，他们只知道低头学习别人教给他的考试重点，却丝毫不了解知识背后有怎样的文化内涵。

（赵旭《文化基因唤醒人》）

这是山西太原十二中赵旭老师的一段演讲。这里，赵老师用一连串的排比述说了在应试教育下我们的学生只知道如何应付考试，而忽略了对知识背后文化内涵的了解，言辞犀利，排山倒海，轰轰烈烈，从而让人们认识到真正的教育，给人的绝不仅仅是知识，它还要给你诗和远方，它要给你发现美的眼睛、向往美的心灵和创造美的双手。这样使整个演讲思想更加突出，论点更加鲜明，感情上对听众的震动也更巨大。

在演讲中，演讲者讲到动情的时候，常常情不自禁，不可遏止的感情像一股股激流，奔泻而出，形成抒情的排比。

朋友，这就是人民警察用血与汗铸成的忠诚，他们的爱是一首无字的歌，他们的情是一团燃烧的火，他们的意志是一根擎天的柱，他们的智慧是一条奔腾的河。

（佚名《用血汗和生命铸成的忠诚》）

这段演讲是演讲者在一连讲了三名警察勇于奉献、献身的事迹后，禁不住情动于中发出的感慨。诗一般的组句，海一般的深情，唱一首对人民警察的高亢赞歌，激起人们对人民警察的热爱之情。

三、设问

所谓设问，就是无疑而问，自问自答，它的作用是：提醒注意，引起思考；突出某些内容，使文章起波澜，有变化。演讲中在适当的情境下进行提问可以缩短与听众的距离，满足听众的好奇心，营造宽松的气氛，使演讲者处于主导地位。

前些日子有一个在银行工作了十年的资深的人力资源管理师在网络上发了一篇帖子，叫作《寒门再难出贵子》，意思是说在当下我们这个社会里，寒门的小孩想要出人头地，想要成功，比我们父辈那一代更难了。

这个帖子引起了特别广泛的讨论，你们觉得这句话有道理吗？

先拿我自己说，我就是出身寒门。我们家都不算寒门，我们家都没有门。现在想想我都不知道当初，我爸跟我妈，那么普通的一对农村夫妇，他们是怎样把三个孩子，我跟我两个哥，从农村供出来上大学，上研究生的。

（刘媛媛《寒门贵子》）

这段演讲词用的就是问答句式，作者先叙述了网络上一个热门的帖子，然后提出问题，一下就抓住了听众的注意力，并且把演讲引到自己的主题上。

演讲中提问是演讲者最容易掀起高潮的手段，但同时提问也要把握分寸，否则也会把演讲引向低谷。

演讲中，提问要适时而发，要在气氛融洽，听众有一种强烈的探讨欲、表现欲时进行，这样听众才能很好地配合。

提问要问得简洁，次数不能太多，答案要让听众在很短的时间内就能得出，甚至在潜意识驱使下就能作答。切忌内容晦涩难懂，用词佶屈聱牙。

提问要问得真诚，要示之以诚，发自真心。一般不要问得离奇，问得庸俗。

提问要能放能收，要始终围绕主旨发问，使听众的回答处在你的"圈套"里，一发不可收拾只能使演讲走向失败。适当的时候可以运用"是啊""对啊""正像刚才那位朋友所说的一样"等，调动听众的情绪。如果问题提出来后听众没有反应，自己要巧妙地引接下去。

四、反复

反复就是为了强调某种意思，突出某种情感，特意重复使用某些词语、句子或者段落等。在演讲中使用反复的修辞手法，可以强调语义，增强语气或语势，同时通过反复的咏叹，起到表达强烈情感的作用。反复的修辞手法还可以使演讲的格式整齐有序，而又回环起伏，充满语言美。

把微笑送给自己，就要为匆匆奔波的脚步减压。我们曾为自己的一份平常生活而自卑，为自己没有高贵的社会地位而自轻，在心灵的库房里堆满沮丧和叹息……

把微笑送给自己，就要为自己擦洗伤痛。人生之舟在生活的大海上航行，没有一只小船不与风浪碰撞，船身不都伤痕累累。睿智的水手不是"望伤兴叹"，而是……

把微笑送给自己，就不要有太多的心情透支。我们需要学会过滤自己的心情，善于给自己的心情放假。不停地奔波，让我们的笑声带有几分苦涩，因此……

把微笑送给自己，就要给自己一份从容。面对争奇斗艳的鲜花，我们会欣赏但不会陶醉；面对袭来的风雨，我们会应对但不会逃避。虽然……

（李含冰《把微笑送给自己》）

这篇演讲中，演讲者反复使用"把微笑送给自己"，在演讲稿中不仅起到了"画龙点睛"的作用，同时通过反复的强调，使演讲极具震撼力。

反复常用的类型有：一、词语反复。为凸显某种感情或某种行为，连续两次或两次以上使用同一词语，达到强调的目的；二、词组或句子反复。有时为了表达内容或者由于结构安排的需要，要连续两次或两次以上使用同一个词组或句子；三、语段反复，上面的案例使用的就是语段反复。

我更希望我们所有的 90 后们，你们都能成为那种难能可贵的年轻人，一辈子都嫉恶如仇，你绝不随波逐流，你绝不趋炎附势，你绝不摧眉折腰，你绝不放弃自己的原则，你绝不绝不失望于人性。

（刘媛媛《年轻人能为世界做点什么》）

这段演讲中，演讲者使用的是词语反复，通过反复使用词语"绝不"来强调作为当代年轻人的我们都可以做到一点："我们这代人，在我们老去的路上一定一定不要变坏。"语气强烈，震撼人心。

五、引用

引用是指在说话或写作中引用现成的话，如诗句、格言、成语、故事等，以表达自己思想感情的修辞方法。运用引用辞格，既可使文章言简意赅，有助于说理抒情；又可增添文采，增强表现力。演讲者在演讲时如果能够巧妙地运用"引用"，能使演讲更显生动、形象，富有文采，展现演讲者的魅力。

易卜生说："你的最大责任是把你这块材料铸造成器。"学问便是铸器的工具，抛弃了学问便是毁了你自己。再会了！你们的母校要眼睁睁地看你们十年之后能成什么器。

（胡适《不要抛弃学问》）

引用名言是我们在演讲中常用到的方法，演讲中适当引用名言，可以达到增强说服力的效果。同时，名言大多具有精粹凝练、寓意深刻的特点，运用在演讲中，往往有画龙点睛的功效。

上面这段演讲是 1929 年胡适为中国公学即将毕业的同学所做的《不要抛弃学问》的演讲，在演讲末尾，胡适引用易卜生的名言作为演讲的总结，让听者为之一振，然后顺理成章地谈出自己的结论。

在演讲中还可以引用古诗文，它不仅可以使演讲显得古色古香，展现演讲者的文化底蕴，更能使演讲气势磅礴，富有感召力。

最后，我想与各位分享一首我国唐代有名的诗篇，王之涣所写的《登鹳雀楼》："白日依山尽，黄河入海流，欲穷千里目，更上一层楼。"请各位有机会时更上一层楼，去领略中国文化的魅力，发现蕴涵于传统中医药中的宝藏！

（屠呦呦《青蒿素——中医药给世界的一份礼物》）

这是中国著名药学家屠呦呦获得 2015 年诺贝尔生理学或医学奖时在颁奖典礼上所做的报告中的一段。在演讲最后，屠呦呦重申了中国药学的重要性，她认为中国医药学是一个伟大宝库，应当挖掘并加以提高，并用唐朝诗人王之涣的《登鹳雀楼》作为演讲的结尾，期望全世界抗疟疾医务工作人员"再上一层楼"。这些古诗文，既体现了中华民族丰厚的文化底蕴，又增强了演讲气势。

他山之石，可以攻玉。将自己平时积累的名言故事、诗词歌赋恰当地引入演讲中，不仅展示了自己渊博的学识，更能使演讲锦上添花，风采卓然。当然，引用应遵循"有关""有度"的原则，只有恰到好处的引用，才会让听众如饮醇酿，回味无穷。

[技能与训练]

1. 请用简洁的语言概括下面一段文字的内容。（不超过20字）

有了这个信念，我们将能从绝望之岭劈出一块希望之石。有了这个信念，我们将能把这个国家刺耳的争吵声，改编成一支洋溢手足之情的优美交响曲。

解题思路点拨：本题解题要领是将两次反复使用的句子"有了这个信念"的结果提取要点并进行整合、归类。

2. 请将下面一句话扩写，使之更生动感人。（60字左右）

如果我要拥有一片绿洲，我就去开垦、改造、播种。

解题思路点拨：本题解题要领是分解关键句子"如果我要拥有一片绿洲"，充实具体生动的内容，逐条细化丰满。

3. 仿照下面一段话，以《我的中国梦》为题，另设计一段话，要求至少使用一种修辞手法。

你心中的和谐社会可能是一部风情万种的小说，也可能是一幅瑰丽多姿的画卷，而我心中的和谐社会是一座宏伟的摩天大厦。它的建立，需要无数坚不可摧的基石。

第二单元　写出新意

[训练目标]

1. 掌握演讲稿写作中能使演讲稿出新的常用手法。

2. 学会把这些手法运用到实际的演讲中。

任务1　善用材料变出精彩

演讲中如果能完全用自己创新的、与众不同的材料当然很好，但大多数时候我们不可避免地要用到别人用过的材料，这时候如能在已有的材料中利用别样的思维变出新意，也能使演讲具有别样的风采。

一、逆向思维使演讲出新

在演讲中我们常常被思维定式束缚，从而感到"山重水复疑无路"，在这时候我们不妨根据表达主题的需要，变换一种思维方式，或许就会让你的演讲进入"柳暗花明又一村"的新境界。

利用逆向思维就是一种很好的方法。所谓逆向思维，就是指从相反方向思考问题，即一反传统看法，提出与之相对或相反的观点，从而达到演讲出新的效果。

我不祝你们一帆风顺，在这最后一堂国文课上，在我们即将分手道别的时刻。

这样看来，我好像是一个不近人情的老师。

但是，英雄临行，我们岂不都以掷地有声的铿锵言语相赠？而对于你们，未来人生战场上的英雄，面对你们出发前的踌躇满志，面对你们年轻生命的纯洁、灿烂与飞扬，作为一名在课堂上与你们共处了两年的教师，我又如何能以"一帆风顺"如此平淡、软性且曾被无数人使用过的、无关痛痒的陈词，来作为这临别时刻的祝福呢？

我相信，一帆风顺的幸运，并不是你们所企求、向往的境界。尼采说："如果你低估一个水手的能力，那么，就祝他一帆风顺吧！"而我，当然不愿低估你们的能力，漠视你们锐不可当的蓬勃英气，抹杀你们想征服人生的豪情与勇敢，因此，在这"君子临行，赠人以言"的重要时刻，我实在不能，也不愿随便而且随俗地，只用一句"祝你们一帆风顺"去轻松打发大家。

（陈幸蕙《我不祝你们一帆风顺》）

这是作家陈幸蕙的演讲，演讲之所以能够取得成功，让人觉得耳目一新，关键就在于她巧妙地运用了逆向思维。传统中，临别时我们都会祝福别人一帆风顺，而演讲者对人们的这一传统观念发起了挑战，得出了一个全新的见解，从而使自己的演讲立意新颖而引人入胜。

二、形象思维使演讲出彩

所谓形象思维是以直观形象和表象为支柱的思维过程。形象性是形象思维最基本的特点，这一特点使它具有生动性、直观性和整体性的优点。演讲中利用形象思维，可以把一些抽象的概念、定义形象化，既便于人们理解又能使演讲更加精彩。

当然，必须强调，在中国，信仰可不一定与宗教有关，但一定与我们内心的充实有关。我们内心要建立一种信仰，就是要有所敬畏。改革开放四十多年，欲望面前，信仰的核心是敬畏。敬畏是两个词：尊敬和畏惧。因此，我一直把它比喻成一条大河两边的河堤，这边是敬，那边是畏。如果河的堤坝足够高，不管河流怎么波涛汹涌，都不会泛滥成灾。一旦敬畏的河堤不在了，或者变低了，欲望的河流就会奔腾泛滥，带来无数灾祸。

（白岩松《寻找信仰》）

演讲中白岩松谈论信仰，是从我们"内心的充实"说起的。他认为要在内心建立信仰，就要"有所敬畏"，而信仰的核心就是"敬畏"。为了阐释"敬畏"一词的深刻内涵，他首先把"敬畏"拆解为"尊敬和畏惧"，然后运用形象思维，把"欲望"比喻成"河流"，把"敬"和"畏"比喻成"大河两边的河堤"，而河堤的高低就决定了河流是否会"泛滥成灾"。演讲者就这样把一个虚概念变实了，让听众在形象化的情景中领会了"敬畏"对管控"欲望"的重要性。

三、发散思维让寻常材料出新

众所周知，具有新意的演讲，离不开别致新颖的材料。然而演讲时我们并不是随时都可以找到这样的材料，那么这时我们不妨开动脑筋，利用发散思维从那些司空见惯、习以为常的材料中挖掘出新意来，果能如此，则演讲同样可以新人耳目，大放异彩。

所谓发散思维是指大脑在思维时呈现的一种扩散状态的思维模式，这种思维可以让人们克服头脑中某种自己设置的僵化的思维框架，按照某一新的方向来思索问题。

武警医院急诊科主任给我讲过一个故事。有一天送来一个遭遇车祸的孩子，门口爷爷奶奶、姥姥姥爷、爸爸妈妈六个人跪在那儿。他很清楚这孩子没了，各项指标都显现出来了，但还是在手术台抢救了将近两个小时。他的目的只有一个，让外面六个人有一个接受的过程。外面有人劝阻，有人讲解，孩子家人从那个简直不能接受的一瞬间，慢慢经过了将近两个小时。这时主任出来了，告诉了他们最后的结果。由于前面该做的工作都已经做了，亲属们也就拥有了清醒的告别过程。可在时下，还有多大的比例是拥有不清醒的告别过程？而"死亡教育"中，有多少比例是针对本人？有多大比例是要做亲人和家属的工作？这些问题都需要认真探讨。

（白岩松《中国从来没有真正的死亡教育》）

这段演讲中，白岩松讲了一件大家司空见惯的事情：孩子没了，医生仍抢救近两个小时，对此，人们自然会想到这是在给亲属以安慰，是医生职业道德的体现。但极具悲悯情怀的白岩松，却由此想到了亲属们的清醒告别乃至很多人可能闻所未闻的"死亡教育"，这种深层次的思考，能不让人耳目一新？所以，对那些人们屡见不鲜的材料，我们要尽可能地开动脑筋，由浅入深，由表入里，挖掘其新意，以使听众感受到一种不一样的体验。

四、奇思妙想使演讲别具一格

奇思妙想，大胆错位，把本来不同类型的事或人联系在一起，因为超出常理，自然让人感到奇异和荒谬，而演讲在这奇异和荒谬中，又闪烁出理性和智慧的光芒。

他（阿Q）怎么求爱呢？他突然一天晚上就给吴妈跪下了，然后他说："吴妈吴妈，我要和你困觉！"哎呀，然后呢吴妈就哭，要抹脖子上吊，然后大家就都认为阿Q干出了毫无人性、违反道德、不守规矩、伤天害理、不齿于人类的这种事情，阿Q没有写检讨因为他不识字，但是他表示了检讨之意，而且还赔了钱，把一年的工钱都给了吴妈，而吴妈却一直在那里哭、哭、哭。如果阿Q在语言文字的修辞上能够到咱们中文系上两节课，能来这儿听讲座，他就绝对不会用这种话了！如果他读过徐志摩的诗呢？那么他见到吴妈就会说："我是天空里一片云，偶尔投影在你的波心，你不必讶异，更无须欢喜，在转瞬间消灭了踪影。你我相逢在黑夜的海上，你有你的，我有我的，方向……"嘿，他可能就成功了！

（王蒙《语言的功能与陷阱》）

这段演讲是著名作家王蒙为暨南大学师生所作的演讲中的一段，演讲题目学术味很浓，但演讲却被他"处理"得很像朋友间的"闲"聊，语言口语化，而且风趣幽默。这种"错位"已是让大家大吃一惊，而当他提出他那近乎"荒谬"的设想——要让目不识丁的阿Q用徐志摩的诗去向吴妈"表白"时，简直就更让人感觉是"驴唇不对马嘴"，可也就是这故意的再"错位"，更令听众过"耳"不忘，大家在捧腹大笑中自然接受了演讲者的观点：语言是有功用的。显然，演讲者这段错位的联想，却将道理讲得深入浅出，由此增加了演讲的"怪"味，使演讲更有吸引力，更受师生的欢迎，毕竟，这不是在面对语言专家宣读学术论文。

思维一旦求变，演讲必定出彩。只要我们开动脑筋，敢于创新就能使我们的演讲新颖而富有吸引力，善于创新就能使我们的演讲充满生机和活力。

[技能与训练]

逆向思维训练。

事例：黔驴技穷，何错之有？

传统认定：比喻有限的一点本领已经用完，再也没有什么能耐了。

逆向思维运用：

A.驴子去黔，并非本意，是"好事者"硬弄去的。

B.寓言中，驴子确实显得很无能，可是，驴子本身既无与虎相斗的本领，也无与虎相斗的野心。试问：如果好事者不是让驴子去与老虎相斗，而是发挥其所长，让他去拉车、推磨，会落得个"技穷"而被老虎吃掉的悲惨结局吗？

C.驴子在寓言中实为一悲剧角色，而一手导演了这场悲剧的，是"好事者"而非驴子自己。驴子被迫去应付自己无法应付的局面而导致悲惨的结局，是值得同情的。

D."尺有所短，寸有所长"，"黔驴技穷"的故事，在今天仍有强烈的现实意义，尤其是那些决定他人命运、前途的掌权者，应当引以为戒。要重视人才，就应当把他们放在最符合其个性特点的位置，最大限度地发挥并利用其专长，而不能如"好事者"那样胡乱为之，使其"丧失所长"。

立论新意：黔驴技穷，应当谴责的是"好事者"，而不应当嘲笑深受其害的驴子没本事。

挑选2～4个成语或俗语，在明确原意的基础上运用逆向思维质疑辨析，提出自己的新见解，然后全班进行交流。

任务2　巧设结构平中见奇

[知识与案例]

老生常谈谁都不爱听，演讲要如何才能吸引和感染听众？不言而喻，要想获得演讲的成功，就必须在创新上下好功夫。无论是演讲的主题、内容，还是思维、表达，都要力求出新。

一、利用倒叙使演讲悬念顿生

"文似看山不喜平"，演讲也是这个道理。运用倒叙，就可以避免演讲的平铺直叙，达到波澜起伏的效果，进而牵着听众的心"倒着走"。

我在读大学时退了学，这个决定我至今都认为是正确的。我的亲生母亲是一位年轻的、没有结婚的大学毕业生。她决定让别人收养我，她十分想让我被大学毕业生收养。但我的养父母实际上并没读过大学，当他们答应一定让我读大学后，我的生母才同意他们收养我。在十七岁那年，我真的上了大学。但是，我很愚蠢地选择了一个很贵的学校，我父母还处于蓝领阶层，他们几乎把所有积蓄都花在了我的学费上面。在六个月后，我已经看不到其中的价值所在。我不知道我真正想要做什么，我也不知道大学能怎样帮助我找到答案。但是，在这里，我几乎花光了我父母这一辈子的全部积蓄。所以，我决定要退学，我觉得这是个正确的决定。现在回头看看，那的确是我这一生中最棒的一个决定，从那以后，我跌跌撞撞地找到了自己的路。

（乔布斯《退学是我一生中最棒的决定》）

这段演讲，利用片段式的倒叙，把最重要的部分放到前面来讲，然后再讲经过。演讲中，演讲者把自己退学的片段放在最前面来说，迫使听众急于了解乔布斯为什么要退学，后来又怎样了。接着，演讲者才把自己怎么上的大学，怎么退的学，退学的正确性一一道来。乔布斯通过片段式的回顾，让听众明白了他后来的成功是与他当初与众不同的选择分不开的。这种方式，把听众的心紧紧地牵着"倒着走"，使演讲收到了应有的效果。

倒叙的方式打乱了事件发展的顺序，使人猝不及防地进入故事发展的紧要关头，从而给读者造成强烈的悬念，使演讲更加惊心动魄、扣人心弦。演讲中合理利用倒叙，能增强演讲的生动性，使演讲产生悬念，引人入胜，同时也可以避免叙述的平直和结构的单调。

二、欲扬先抑使演讲跌宕起伏

所谓的欲扬先抑，"扬"是指抬高、褒扬。"抑"是指按下、贬低。作者想褒扬某个人物，却不从褒扬处落笔，而先是按下，从相反的贬低处落笔。用这种方法，可以使情节多变，形成鲜明对比、波澜起伏，容易使听众在听讲过程中，产生恍然大悟的感觉，留下比较深刻的印象。

下面是某个单位一次以"幸福"为话题的演讲比赛，最后宣传科李科长获得了第一名，他的演讲是这样的：

同志们，幸福是我们每个人的追求，可幸福究竟是什么呢？我的幸福要从我买的一条新裤子说起。

我是个很讲究衣着的人。上次，为了出席第二天市里的一个会议，我连夜买了一条裤子，谁知道，明明是照着我身上裤子的型号买的，回家一试却长了 10 厘米。我有些累了，不想回店里更换，但是，明天的会议我必须要穿它，因为我还要上主席台讲话呢。

无奈之下，我便请求自己的母亲，让她老人家帮我把裤子剪短 10 厘米。谁知母亲却说："我今天有点累了，身子骨不大舒服，想早点休息，没有精神替你改。"我只好去找妻子。然而，妻子说："哎呀，真不凑巧，今晚我还有很多事情要做，没空帮你改，你还是去找女儿帮忙吧！"我拿着裤子走向女儿的房间，心想，母亲是我的上级，妻子与我平级，我都强求不得，女儿是我的下级，听我的该没问题了吧。敲开女儿的房门后，没两分钟，我还是失望地走了出来。因为女儿说她早约好了男友去跳舞，根本就没有时间。我手里拿着裤子，边走边犯嘀咕，生活在这样的家庭里，真是缺少幸福呀！看来，明天只好将就着把裤子当长袍了。

可是，第二天早上，我发现新买的裤子被熨得整整齐齐地放在我的床头柜上，我拿起来往身上这么一穿，奇迹发生了，一条长裤竟成了夏天的"七分裤"。

当我穿着这条不长不短的"七分裤"出现在厅堂的时候，母亲、妻子、女儿面面相觑，继而大笑起来。原来，那天晚上，母亲躺在床上想，儿子平时很孝顺，现在只是要求她做件小事情，却被她推托了，这样多不好呀。想着想着，年迈的母亲爬起来，戴上老花镜，半小时后，她终于把我的裤子改短了10厘米。稍后，妻子也忙完了家事，想起我的裤子：丈夫平时对我那么体贴、细心，我怎么连这么小的事情也帮不上忙呢？接着，妻子又熟练地把我的裤子剪短了10厘米。深夜，女儿跳舞回来了，突然想起了我的裤子，她想：爸爸平日那么疼我，又这么信任我，还让我晚上跟男友去跳舞，真是个开明的好爸爸，我怎么连那么小的要求也拒绝他呢？于是在上床之前，她又把我的裤子剪短了10厘米，并且熨好叠好。

同志们，幸福是什么？这就是幸福！那一夜，我的长裤短了几分，而幸福却长了十分。那次的会议，我就是穿着那条不长不短的"七分裤"参加的，我没有丝毫的尴尬，唯有幸福在心中涌动。

（胡征和《巧设结构，使演讲起伏跌宕》）

演讲者要讲"幸福是什么"，却不从什么是幸福开始说起，而是从买的新裤子说起，难道裤子里还藏着什么幸福？这个开头一下子就吊起了听众的胃口，谁都想一听究竟。接着继续宕开一笔，讲到裤子长了10厘米，表面看起来离主题越来越远了，实则是演讲者在演讲结构上的巧妙安排之一，看似不着边际，实则是能放则放，这样一来，听众就更加关心演讲的后文，看你演讲者如何七十二变，回到正题上来。

然后讲到请求家人帮忙把裤子剪短10厘米，然而这区区小事，举手之劳，"我"却处处碰壁，无功而返，就连"我"的下级——女儿都拒绝了。看来，"我"在家庭里真是没有幸福可言，第二天的会议肯定要在衣着上先输掉10分了。想是这样想，但好奇心还是驱使着听众继续静"听"其变。

接下来第二天发现长裤变成了"七分裤"，怎么回事？听众一惊，难道有魔术发生了？越发好奇的听众都想见证奇迹究竟是怎样发生的，几百双眼睛全聚焦到了李科长身上。

然后谜底终于揭开了，听众报以会心的大笑和热烈的掌声。到此，演讲者在结构上的匠心安排终于清晰可见了：本来"我"是深感幸福的，但"我"却有意绕着弯子卖着关子，从买的一条新裤子说起，开始母亲、妻子、女儿一推再推，后来新裤子被一剪再剪，"我"的情感历经失望、惊讶、欣喜的震荡攀升，真是曲折起伏，出人意料。

什么是幸福？幸福就是家庭成员之间的相互关爱，就是家人的惦记，就是家庭的和谐。要表达这样一个幸福的主题，李科长在演讲的结构上可谓用了一番心机，他避免了平铺直叙，而是采用欲扬先抑的手法，盘马弯弓，曲折迂回，起伏跌宕，环环相扣，收放自如，从一开始的吊起胃口，到后来的真相大白，再到水到渠成地揭示主题，一直深深吸引着听众的注意力，令人不得不佩服这种结构安排上的巧妙。

三、善设高潮使演讲精彩纷呈

演讲的最高境界是通过自己的演讲一步一步调动听众的情绪，让听众随着演讲的进程情绪到达最高点，这也就是我们所说的演讲的高潮点。演讲过程中的高潮点，是在演讲者的启发引导下，瞬间引爆听众的情绪反应。好的演讲者，会在演讲过程中设计很多高潮点，带动听众的情绪，这样的演讲才能精彩纷呈，高潮迭起。那么，我们在演讲时该怎样设计一个个高潮点呢？它需要演讲者在演讲的过程中巧妙设计，利用多种手段和技法精心安排。

曾经我们说读书无用，才学与财富不成正比，造就了这个社会浮躁的状态，然而什么都可以浮躁，唯独教育不可以！教育是什么？教育是社会良心的底线，是人类灵魂的净土，是立国之本、强国之基。教育有啥用？教育就是帮助我们个人认知自己，帮助这个民族认知自己，才有可能掌握个人的命运，并且创造国家的未来。我们作为教育者和受教育者，要始终谨记，教育、读书的终极目的：为天地立心，为生民立命，为往圣继绝学，为万世开太平！所以下一次，我再讲课的时候会多讲五分钟，我多讲五分钟的林语堂，多讲五分钟的许渊冲，多讲五分钟的王佐良……这五分钟，我不教你考试，请允许我做一次教育！

（董仲蠡《教育的意义》）

在这段演讲中，演讲者运用烘托的手法，为演讲设计高潮点。演讲中董仲蠡首先发出了振聋发聩的警醒之语，接着运用两句设问揭示出教育的作用和意义，然后引用大儒张载的"横渠四句"，最后再使用祈使句，铿锵有力，将演讲推向高潮。运用烘托手法为演讲设计高潮点，能突出和渲染主体，引发听众的共鸣，给人以深刻的感受，从而赢得了热烈的掌声。

等到比赛的那一天，我的手紧张得发抖，感觉心脏扑通扑通地跳。我努力让自己的心情平缓，把注意力集中在比赛上。入水的那一刻，我反而不紧张了，保持正常发挥，向前游着。手臂很快出现了酸胀感，我闭着眼咬牙坚持着。游到终点起水的那一刻，我惊喜地看到，我是第一个到达终点的人，我成了冠军，全国冠军。在领奖台上戴上金牌的那一刻，我用手指向天空，我相信我的同学，我的同学都能看到。之后我流下了眼泪，我尽我所有的力气大吼着。这一吼吼出了5·12地震以来我所有的绝望、茫然、怨恨、愤怒和不知所措，也吼出了这704天我所经历的艰难、疼痛、拼搏和抗争。

（代国宏《冠军之路》）

这段演讲中，演讲者使用铺垫的手法设计演讲的高潮点。演讲中，代国宏先用紧张、酸胀感、咬牙坚持等，为后面的高潮点做铺垫，然后用手指向天空、流下热泪、巨大的吼声来渲染夺冠的喜悦。利用铺垫的手法来设计高潮点，可以渲染气氛，促使听众产生期待、盼望的急迫心情，在演讲者的引导下，当最后结果出现的时候，达到了振奋人心的效果，赢得了听众阵阵掌声，大大增强了演讲的吸引力。

大家有没有想过，这些战士大多也就是18、19、20来岁的年龄，比我们在座各位的年龄还要小。非常坦白地说，我仅仅是被派到了前线报道抗洪抢险，离真正的危险还有很远很远，可我爸妈担心得恨不能每天打20个电话提醒我一定要注意安全，千万不要被洪水冲走。他们也是妈生爹养，将心比心，有哪一个父母忍心看着自己的孩子这个样子？但是，总会有一些人质疑我们媒体，说你们总是拿他们说事，你们总是拿他们煽情。我就是要告诉这些人，正是有了他们的义无反顾才保全了你们现在的不屑一顾。他们就是英雄，他们就是伟大，他们就是值得我们一遍又一遍地说。

（崔建宾《洪灾中的脊梁》）

在这段演讲中，演讲者利用情感的渲染，通过扩大事件中的某个情感点来激发听众的感情，设计演讲的高潮。演讲中，崔建宾通过父母对自己的担心这个情感点，来着力渲染抗洪战士们舍己为人的高尚情操。运用渲染情感的手法来设计高潮点，会很容易触动听众的情绪，赢得听众的共鸣和掌声。

总之，演讲中高潮点的设计至关重要，它决定着演讲的成败。但同时，演讲高潮不是偶然的、突发的，而是演讲者巧妙设计的。演讲者利用烘托、铺垫、渲染情感等技巧和手法，促成与听众之间情感的对撞，使演讲者和听众之间达到一种情感互融的最佳状态，从而形成高潮点，赢得听众的掌声。

[技能与训练]

1.这是一个中学生所作的《我有一个坏妈妈》的演讲。它是一个涉及表现人物的演讲，这种演讲中，如何鲜明地突出人物形象，一直是众多演讲者犯难的问题。固然我们可以根据实际，从人物的行为、语言、心理等方面去表现人物，但倘若大家都是选取同样的表达方式，就难免落俗。试分析作者采用什么手段，从哪个角度入手使演讲别具一格。

妈妈非常霸权主义。她禁止我看武打言情小说，禁止我沉迷于肥皂剧。一天到晚就往家里买世界名著、名人传，使我在同学面前丢尽了脸。当他们争论"锋芝"恋时，我会冷不丁冒出一句"于连曾经真正爱过瑞那夫人"；当他们讨论流行时尚时，我会走近，刚开口"苏格拉底说'世界就像……'"他们便会一哄而散，认为我读书读痴了，总是背地里笑话我，妈妈可把我害惨了。

自从我住宿之后，妈妈就变了一个人似的，对我爱理不理。军训时，太阳像个烤炉，我身上都晒脱了一层皮，一碰火辣辣地疼。我委屈地打电话给妈妈，希望她能接我回去。可她不答应，一开口就讲大道理，还说我应该接受一些磨砺和挫折。

……

哎，妈妈的缺点真是三天三夜也说不完，在她的压迫下，我简直不知道什么叫"母爱"了。

2.利用欲扬先抑的手法，为自己设计一段自我介绍并在班级展示。

任务3　妙用技巧别开生面

[知识与案例]

不言而喻，要想获取演讲的成功，就必须在创新上下好功夫。无论是演讲的主题、内容，还是思维、表达，都要力求出新。爱好演讲的朋友，请你相信，只有追求新意，才是演讲成功的真正秘诀。

一、巧设问题提升演讲吸引力

在演讲中巧妙设计有思考价值的问题，自然容易吊起听众的胃口，按照你的引导来探究原因，这样往往能够很快抓住听众的注意力。

体育本身带给大家的仅仅是一个冠军，成功或者失败吗？我不这样认为。其实，更重要的是这样一种训练，会提升你的勇气、胆魄、坚定、坚持的精神。这些素质给我带来很大的帮助。我记得第一次做李宁牌时，参加订货会，结果没有什么人订货，这对我打击非常大。后来我就决定我们自己来做，我们在北京开了第一家李宁的店，之后我们就开始有第二家店、第三家店，之后我们有了几千家店。最初的一步是很难迈出的，最初做的那件事，很多人是不认可的，但只要你自己认可，你一定要坚持，不要轻易放弃，因为你不知道后面有什么。有时候放弃，一辈子都没有了，如果没放弃继续往前，很多很多好事后面都跟着你来了。所以每个年轻人，只要你坚持追求你的梦想，一切皆有可能。

（李宁《不要轻易放弃》）

对于运动员来说，似乎成功和失败都在赛场上，很少有人探究赛场外会发生什么。而演讲者却通过问题的设置告诉听众，赛场外的收获更大。这一下子就吸引了听众的注意力。大家会迫不及待想知道他为什么会有这样的感悟，因而对他的演讲保持了高度的关注。

你去旅游，有两个朋友热情邀请你住他家。一个朋友的家干净、明亮、整洁。一个朋友的家脏、乱、臭。你选择住谁家？肯定是前者。京瓷公司曾经一度经营不善，员工纷纷离职。总裁稻盛先生非常困惑，闲极无聊，于是每天在工厂里独自做清洁、刷厕所、割杂草。一段时间之后，他突然顿悟了企业存在的意义，并且改变了经营理念，从而令京瓷蓬勃发展起来。扫除力真有这么大的魔力？的确，扫除看似一场简单的体力劳作，实则内蕴深沉的人生智慧。打扫的过程，就是处理、选择、扬弃的过程，人生如同一场旅程，有山重水复的困顿，亦有柳暗花明的惊奇。所以，懂得及时清空心灵里的负面情绪，才能享受人生的每一处风景，让奇迹发生。

（于丹《请将你的家打扫干净》）

在这段演讲中，演讲者根据主题需要，设计了由表及里的两个连环问题，使问题更有层次感，一步一步走进听众心里。演讲中于丹的第一个问题看似平淡无奇，答案也没什么特殊的地方：人都喜欢干净舒服的居住环境。在此基础上继续提出了第二个问题，追问：扫除力真有这么大的魔力？这个问题，更有深度，也很少有人去思考过，因而吸引了人们的注意力。

二、纠正谬误使演讲更出彩

生活中有一些习以为常的说法，其实是误解了词语或者句子的本义。演讲者根据演讲主题的需要，对这些说法探本求源，查明出处，进行一番驳歪归正，拨谬反正，帮助人们走出误区，这样的做法，除了可以消除误解，对听众、对社会大有裨益外，也能为演讲增添另一种意义上的新意。

今天演讲的题目是"识时务者为俊杰"。我们看革命题材的电视剧，常常能看到这样的情节：革命者被抓后，一个叛徒就会来做思想工作，威逼利诱之时，还不忘以"识时务者为俊杰"为理论根据劝其投降。

事实上，叛徒的词用错了。据《三国志·蜀志·诸葛亮传》记载：刘备，求才心切，与名士司马徽谈天下大势。司马徽很谦虚，就说："儒生俗士，岂识时务？识时务者在乎俊杰。此间自有伏龙、凤雏。"意思是说，我一个普通书生，哪懂什么时务呢？识时务者为俊杰，这里的俊杰有卧龙、凤雏两人。我们知道，卧龙是指诸葛亮，而凤雏是庞统，这两位都是当时的济世之才。后世以"识时务者为俊杰"来指那些认清形势、了解时代潮流者，才是杰出人物。孙中山后来讲"世界潮流，浩浩荡荡，顺之者昌，逆之者亡"，讲的也是识时务者为俊杰……

（《演讲与口才》2013 年 7 期）

这段演讲是知名评论家熊培云先生在南开大学所做的题为《识时务者为俊杰》的讲话中的两段。提到"识时务者为俊杰"这句话，人们很容易想到的是那些见风使舵、唯利是图之流，如袁世凯、汪精卫这样的大国贼、大汉奸。这样的"识时务者"，看形势，看利益，看眼前，一切以自我为中心，因而少了识真理的精神，少了识未来的睿智，少了识正义的气质，也少了识情感的血肉。称这样的人为"俊杰"，显然不对。只有那些认清社会现状、时代潮流的人，只有那些推动历史前进的人，才是"识时务者"，也才是"俊杰"。熊先生博闻强识，治学严谨，以史为证，以正视听，自然给演讲增添了不少新意。这段话令人耳目一新、为之振奋！因为熊先生拨谬反正，还了"识时务者为俊杰"本来的面目。

三、正话反讲使演讲不同凡响

所谓正话反讲，就是指口头讲出来的话与内心想表达的意思相反。如话语上否定，而意义上肯定，或者话语上肯定，而意义上否定。在演讲中，恰到好处地正话反讲，往往能出奇制胜，赢得非同一般的效果。

我认为，就今天而言，你上高中，特别是考上了全市首批重点学校之一的我校，实乃你们人生中之最大不幸也！（看见学生皱起眉头，一副疑惑不解的神情，他解释道：）"马克思说过，在科学的入口处就像地狱的入口处一样。你们考上我校，将来就会进入科学文化的殿堂，那么今天就等于到了地狱入口处，何等不幸啊！未考入高中者，或许可以轻轻松松地生活，而你们却要每天、每周、每月、每学期地紧紧张张地鏖战，何等不幸啊！未考入高中者，或许不会时常面对考试，而你们面前的考试何止十次百次？哪次考试不是惊心动魄，刻骨铭心？也许你们尽了最大的努力，却难以走出低谷，何等不幸啊！未考入高中者可以打游戏机、玩电脑游戏、听VCD、看电视，而你们却不敢尽情娱乐，何等不幸啊！更不幸的是你们还要上大学，或许还要读研、读博、攻博士后，你们一生要没完没了地学习，不敢有丝毫的懈怠，何等不幸啊！还有，你们学富五车、满腹经纶后，生活也许比别人清贫，这又是多么不幸啊！"

（《演讲与口才》2013年第12期）

这是特级教师张万祥对学生进行入学教育时的一段演讲。初中毕业升入高中，而且是重点高中，每个学生都会心潮澎湃、热血沸腾，产生美好的憧憬、无限的向往。而演讲中张老师先给学生连泼冷水"吓唬"学生，从高中到大学，一口气说出了七个"不幸"，可谓悲惨至极，让学生切实明白了自己的处境，体味了"在科学的入口处就像地狱的入口处一样"这句名言的含义。表面看张老师是在吓唬学生，而实际是在激励学生，激励学生抛弃升入重点高中的优越感，努力奋斗，将全部精力投入学习之中，以获得未来精彩的人生。无疑，这样的演讲效果是非同寻常的！

[技能与训练]

1. 下面是刘媛媛在"超级演说家"中所作的一次演讲的开头部分，试分析演讲者采用什么手段一下吸引了听众的注意力。

在这段演讲开始之前，我先问大家一个问题：你们当中有谁觉得自己是家境普通，甚至出身贫寒，将来想要出人头地只能靠自己？（几乎全举手）你们当中又有谁觉得自己是有钱人家的小孩，起码奋斗的时候可以从父母那儿得到一点助力？（无人举手）

前些日子有一个在银行工作了十年的资深的人力资源管理师在网络上发了一篇帖子，叫作《寒门再难出贵子》，意思是说在当下我们这个社会里，寒门的小孩想要出人头地，想要成功，比我们父辈那一代更难了。这个帖子引起了特别广泛的讨论，你们觉得这句话有道理吗？

2. 设计2～3个训练任务，对本环节所涉及的技能点进行训练，力求突出技能性和实用性。

综合实践活动

一、从下列命题中抽取一题，构思演讲稿，结合场景，发表3～5分钟的演讲。

要求：主题鲜明、内容新颖、语言清楚，至少使用一种修辞手法、一种使演讲新颖别致的手法或技巧。

1. 一分付出，一分收获

2. 怎样面对学习、生活中遇到的挫折

3. 时尚与个性

4. 珍惜现在

5. 梦想与现实

6. 成人与成才的关系

7. 我读的第一本书

8. 我的学习生活

9. 我的座右铭

10. 我心中的偶像

二、杨某某通过某选秀节目快速走红，各种议论纷至沓来。面对大众的质疑，杨某某拟通过演讲剖析自己的心路历程，请代为拟制标题。

拓展素材

第六章　演讲的准备

俗话说，不打无准备之仗。本章承接前面演讲稿的撰写，旨在告诉演讲者在演讲之前，要做好充分的准备。

第一单元　演讲的目的和要求准备

[训练目标]

1.给一个演讲类型，学生能分析演讲的准备过程。

2.给一个演讲内容，学生能确定演讲目的与主题。

3.给一个演讲主题，学生能进行演讲对象分析。

4.给一个演讲评分标准，学生能根据要求做充分的准备。

任务1　演讲的目的准备

[知识与案例]

有效演讲的第一步也是最重要的一步，就是确定演讲的目的。确定演讲目的应思考这样的问题："希望听众在听完演讲后能了解什么、思考什么或是采取什么行动。"

一、演讲的核心目的

演讲的核心目的可以概括为使人知、令人信、动人情、促人行。

1. 使人知

所谓使人知，是指演讲者将自己的意思和信息清楚、完整准确地传达出去，使演讲对象（听众）了解、知道。

2. 令人信

所谓令人信，是指演讲者要用案例、经历、所见所闻等支撑自己的观点，让演讲对象（听众）信服。

3. 动人情

所谓动人情，是指演讲者要动之以情，调动演讲对象（听众）的情绪，产生良好的互动效果。

4. 促人行

所谓促人行，是指演讲的最终目的是让演讲对象（听众）行动起来，将听到的、学到的运用于实践。

二、演讲的目的确定

演讲的目的是什么，往往需要我们根据演讲情景具体思考，是工作中的竞聘上岗？还是社交中的婚礼致辞？抑或是某一主题的比赛。

三、演讲的目的准备

（一）信息型演讲的目的准备

信息型演讲属于"使人知"的演讲。

（1）实物。实物包括地点、建筑物、动物甚至人类。要求用时间顺序、空间顺序或者话题顺序来达到让听众认识、了解事物的目的。

（2）过程。如要讲雾霾是如何形成的，就可以从它的成因、形成方式和造成的影响等几个方面来介绍。

（3）事件。事件可以是已经发生的，也可以是正在发生的。如讲一个安全事故，可以从时间、地点、人员伤亡、直接损失等方面来传达事故信息。

（4）概念。概念一词包括信仰、理论、思想和原则。概念的演讲要求使用话题顺序。要避免使用专业术语，定义要清晰，多用举例和对比的方法来阐明概念。

在确定进行信息型演讲的准备过程中，还需要注意以下几点。

（1）不要高估听众的知识水平，不要认为听众有相应的知识储备，要一步步引导听众。

（2）观点要个性化。阐释观点时，尽可能加入生动的案例，使演讲听起来更有个性。

（3）避免抽象的表达，使用具体的语言，调动观众的听觉、视觉、嗅觉、味觉和触觉，让观众印象深刻。

（4）要有创意。在展示某个过程性演讲时可以加入更多的创意，让演讲更加有趣。

（二）劝说型演讲的目的准备

劝说型演讲属于"使人信"的演讲。这种演讲的主要目的是改变演讲对象的想法或行为，使人相信。如广告商说服顾客购买其产品，倡导献血，等等。它从"使人知"的演讲发展而来。

劝说型演讲的目的就是要卖给听众想买的信息，就是要将自己饱满的信心与情绪传递给听众。如下面这段说服性演讲：

"你有没有发现这样一种现象？学习力比学历更受欢迎。学习力正在成为各行业的精英们努力提升的一种能力，也成为很多企业倡导的一种能力。是什么造成了这样的现象？那是因为人们发现学历只能帮助你进入职场，而学习力却能帮助你获得成功！

如果不具备学习力会有什么影响？如今，越来越多的人拥有了学历这种资源，无论个人的学历和经历是什么，要在未来的比赛中获胜，就必须另辟蹊径，做更多的准备。如果你不具备学习力，就很难脱颖而出！

那么有什么方法可以解决这一问题，尽快拥有学习力呢？学习力强的人都善于聆听，总能从别人的口中学到什么；他们善于观察，总能从发生过的事情里找到什么；他们善于行动，总能在第一时间把死的知识变成活的事实；他们也善于反省，所以能够一次比一次做得更好。

（三）行动型演讲的目的准备

行动型演讲属于"使人动"的演讲。它可使演讲对象产生一种欲与演讲者一起行动的想法。那么行动型演讲的目的准备就在于增强鼓动性，多用号召、呼吁式的语言。如下面这段行动型演讲：

俗话说："谁言寸草心，报得三春晖"，"滴水之恩，当涌泉相报"。知恩图报是中华民族的传统美德。我们有责任把"感恩"这个传统美德传递下去。让我们把"感恩之心"化为"感恩执行"吧。让我们回报父母：多回家看看父母，帮他们多干干家务，主动承担一些家务；让我们回报母校，勤奋学习，珍爱自己……

（四）娱乐型演讲的目的准备

娱乐型演讲属于"使人乐"的演讲。娱乐型演讲主要有两个目的：幽默性和戏剧性。

以上四种演讲类型的目的准备，并不是非此即彼的关系，很多有技巧的演讲者不论其演讲的目的如何，都会在演讲中合理组合运用这四种类型来进行准备。

[技能与训练]

一所中学，开学前举行了一次教师演讲比赛，演讲比赛题目为："做新时代四有教师"。请同学们从该演讲题目分析学校举行此次演讲的目的是什么、为什么。

任务 2 演讲的要求准备

[知识与案例]

不同的演讲形式，就会有不同的演讲要求，因而准备也会有所不同。以"比赛型演讲"的准备为例，演讲者在每一次参赛之前，最先能了解的就是比赛规则和评分标准，而评分标准就是演讲的要求。

1. 演讲内容的要求

演讲稿主题要鲜明，不偏题，更不能有政治倾向性的错误；事迹材料要生动，有感染力，涉及的人物案例要真实，不虚构、不夸大事实。要结合听众的层次设计演讲内容，让观众听得明白，受到教育，受到感染。

2. 语言表达的要求

口齿是否清晰，　　　　　　　　　　是否抑扬顿挫，语气是否富于变化。不同的语言情景需采用不同　　　　　　　　　　语言是否恰当，是否机智。

3. 形象风度的要求

服装干净整洁，大　　　　　　　内容和自身形体一致。精神饱满，表情自然；肢体语言要恰当，一动不动不行，动作太夸张了也不行。

4. 综合印象的要求

综合印象是演讲者的气质修养和演讲效果的综合体现。绝不仅仅是容貌，更多的是演讲者自身的言谈举止和精神面貌。比如上下场的规范、站的姿势、走动的情况、问好致谢，等等。这些涉及综合印象的要求都需要在平日里不断琢磨、锻炼。

5.时间掌握的要求

演讲中，时间的把控至关重要。演讲太短，不能清楚表达主题思想，还没来得及抓住观众的心便已结束；演讲太长，超时除了会扣分，评委终止演讲更会让听众对你的演讲摸不着头脑，所以时间的把控非常重要，在赛前就要做好时间预设与控制，准备时间的应急处理预案。

[技能与训练]

1.以"我的中国梦"为主题设计演讲稿，并在班级开展小组演讲比赛。

2.根据演讲的四种类型，分析演讲的目的。

第二单元　演讲的对象了解和场景准备

[训练目标]

1.掌握分析演讲对象的几种常用方法。

2.掌握如何充分利用演讲场地达到最佳演讲效果。

任务1　演讲对象分析

[知识与案例]

一、演讲对象是谁

有效的演讲尤其应注重收集演讲对象的重要信息，例如性别、年龄、种族、宗教、居住地、教育背景或职业情况。

演讲者需要收集演讲对象普遍和详细的信息。这些信息能帮助演讲者在较大范围内思考演讲主题、内容、案例等。如果已经知道大多数演讲对象属于某一特定人群或为了某一特殊原因而聚集，则可以搜集更详细的信息。例如：他们为什么会聚在一起？他们有什么共同之处？他们是否选学同一门课程？他们中大部分人是否有孩子？他们是否有自己的企业并亲自经营管理？即使演讲者要讲相似的主题，例如讲到房屋的管理与成本，面对房子业主和寄宿学生的演讲就有所不同。了解演讲对象的人员结构能帮助演讲者定位演讲。

二、演讲对象为何在此

很多时候演讲者都希望演讲对象来听演讲是因为他们对演讲者以及演讲者的主题感兴趣，但有时也各有不同。

例如：一个兴致很高、见多识广的演讲对象要求演讲者吸引人、有学识而且有充足的准备。一个被要求参加或不情愿来听演讲的演讲对象可能会对一个有活力、能调动观众积极性的演讲者感到惊喜并受其影响。

三、演讲对象已知信息

他们对演讲主题了解多少？

他们是否能够理解我所用的词汇以及与主题相关的术语？

他们以前是否听过这样的信息？

基于我现在所知道的信息，我还要添加多少背景知识？

四、演讲对象的兴趣何在

"他们是谁？""他们为何在此？"以及"他们了解什么？"等这类问题的答案能帮助演讲者考量演讲对象的兴趣。

五、演讲对象持何态度

演讲者询问演讲对象态度，是在问演讲对象是否同意演讲者的目的陈述，同意程度如何，以及怎样才能影响他们的观点行为。可能每个演讲对象都有不同的观点。当演讲者理解了演讲对象同意或反对的立场的原因时，就可以开始寻找合适的全面策略。

六、他们的价值观如何？

在确定演讲题目时要将演讲者自己的价值观画出来。这同样也适用于评估演讲对象。比如爱、真实、公平、自由、合一、宽容、责任以及对生命的尊重。一个高效的演讲者能识别出演讲对象的首要价值观，并让演讲信息与这些价值观相符合。

七、收集演讲对象信息

怎样收集信息呢？方法有很多，可以是简单的观察，也可以使用复杂的问卷形式。大体上，有两种方式能告诉演讲者关于演讲对象的信息：学会看和听，并分析从演讲对象问卷中得到的答案。

[技能与训练]

有人认为：青春像一座山背负一路感伤；郭敬明也曾说：青春是一道明媚的忧伤。你眼中的青春是什么样的？请以"青春"为主题做一个演讲对象的分析。可以参照以下数据表分析。

演讲对象数据表

你的演讲目的是什么？

你的演讲对象的大概数量是多少？

演讲对象数据（检查适用于某一特定演讲对象的特征）

1. 性别：□男　□女

2. 年龄：□ 18 岁以下　□ 18 ~ 22 岁　□ 23 ~ 29 岁　□ 30 ~ 45 岁

3. 预计大部分演讲对象在哪个年龄段？

4. 婚姻状态：□未婚　□已婚　□同居　□离婚　□丧偶

5. 最高教育水平：□高中　□专科　□本科　□硕士　□博士

6. 在读专业：　　　　　　　　本科专业（如果毕业）：

7. 如果是学生：□全职　□兼职

8. 如果是专科生：□大一　□大二　□大三

9. 职业：

10. 每年大概收入（人民币）：□ 50 万　□ 30 万　□ 20 万　□ 10 万　□ 5 万

11. 居住情况：□自己住房　□租房　□与室友同住　□与家长或亲戚同住　□在宿舍里

12. 演讲对象对你或你的主题了解多少？

13. 演讲对象对你或你的主题感兴趣程度如何？

14. 对你的目的和主题，演讲对象的态度以及价值观如何？

15. 你会用什么策略来适应某一些特定演讲对象？

任务 2　演讲场景的准备

[知识与案例]

一、演讲环境

（一）场地：在何处演讲

要尽可能了解演讲的场地，是在礼堂、会堂、教室还是在电视上演讲。如果有机会控制场地物品的摆放，就要充分利用这点。调整座位摆放方式、空气和室温、灯光以及声音系统来适应你和演讲对象的需求。确保室内有演讲者所需要的一切，而且设备可用。在需要时可以调整灯光。试着提前 45 分钟到达演讲现场进行检查，以发现设备是否缺失或在万一没有演讲辅助设备的情况下做最后的调整。

（二）座位

提前了解演讲对象的座位安排方式。他们是坐在剧院风格的演讲厅，坐在长长的会议桌前，分散在会议室的圆桌旁，还是坐在可移动的教室座椅上？如果预计有 100 名演讲对象在能容纳 800 人的报告厅中就座，演讲者可以要求关闭楼上或是旁边的部分，使演讲对象可以集中坐在演讲者的面前。

如果演讲者要求演讲对象阅读讲义或做笔记，那么试着安排研讨会式的座位形式，这样每个演讲对象都有桌子便于书写。如果要求演讲对象在演讲时进行小组讨论，要确保椅子是可移动的。如果在较短的时间里有很多信息要和演讲对象分享，而且需要演讲对象完全集中注意力，那么直线型的座椅摆放会减少演讲对象间的互动。

（三）空气和室温

要考虑到走进过热或过冷的房间会很不舒服。一个令人不适的热烘烘的屋子能让演讲对象昏昏欲睡或让他们急于逃走。另一个极端的情况是，非常冷的屋子会把演讲对象冻僵。理想的状态是房间通风良好，室温不超过 21.1 摄氏度，不低于 18.3 摄氏度。在通常情况下，冷一点比热一点好，因为一旦演讲对象进入室内，特别是一大群演讲对象，房间会很快暖和起来。

理想的状态是房间有可控的恒温器。如果有窗户或百叶窗，那么可以调整使室内更舒适、清新。当室内非常寒冷或是非常热的时候，最好缩短演讲，让演讲对象从痛苦中解脱出来。如果忽视了演讲对象的身体不适，就会失去最初的信任而使演讲效果打折扣。

二、设备：怎样有效使用现有的设备

是否有讲台（有无内设灯、有无空间摆放笔记本电脑）、是否需要麦克风，如果需要，声音系统的质量如何，有没有其他需要（如水、特殊的灯光、计时器、无线麦克风或是媒体技术员），等等。

（一）演讲台

怎样使用演讲台？先澄清两个经常被提及但被错误混淆的词语："讲台"和"演讲台"。讲台是一个站立的地方，可以摆放笔记本电脑。而演讲台是一个高出地面的平台，演讲者可以站在上面演讲或回答演讲对象提出的问题。演讲者可以站在演讲台上，可以将笔记本电脑放在讲台上，也可以双手扶在讲台的两侧。

大体来说，如果演讲很正式，或是要面对大群演讲对象，那么就需要一个演讲台。如果演讲台很小，而演讲者需要一瓶水或摆放其他物品的地方，可以找一个桌子放在演讲台旁。对于那些并非十分正式的面对小部分演讲对象的演讲，仅需一个被安排好的站立或坐着的地方即可。

（二）灯光

在很多演讲场景中，灯光是不能调整的。很多灯只能开关，而不能调整光线的强弱。在更加复杂的场合下，可能需要调暗灯光，因为要播放幻灯片，或者要调为舞台灯光，因为演讲者要站在聚光灯下。并不只有电灯是唯一的光源。窗户会透进自然光，所以如果没有窗帘，播放视频就会困难。如果房间过暗，可能就难以保持演讲对象的注意力。在准备播放录像、字幕片或电脑幻灯片时，不要让演讲对象在黑暗中等待。放录像时也不要让光线过暗。如果房间过暗，演讲对象可能会在放幻灯片的过程中昏昏欲睡。

（三）设施

房间的大小、形状以及装修情况怎么样？室内是否有好的通风设施、舒适的座椅、适宜的灯光或是声音？在听演讲时，演讲对象是坐着的还是站着的？如果是坐着的，那么座位是怎样摆放的？灯光状况怎样？能不能在演讲前和演讲当中调整？演讲者是在演讲台上还是舞台上演讲？

（四）声音

好的声音效果有助于声音传播得更远、更自然。不好的声音效果会有回音或当遇到凹凸不平的表面时声音会变形。它同样会制造"死角"，让演讲者的声音无法被演讲对象清

楚地听到。

如果房间有很奇怪的回音或是声音变形，那么要离演讲对象更近一些，演讲者要移到能提高声音强度和质量的地方。

（五）检查周边环境

除了尽可能了解演讲的场地，还要事先检查周边环境，观察房间或建筑物附近的状况。

如果可能，一定要了解在隔壁房间或附近的建筑物中所发生的事情，确保演讲环境。

（六）麦克风

如果演讲者声音不能传播到整个房间，就应与演讲对象离得更近或是安排使用麦克风。麦克风有四种常见的类型：

（1）固定麦克风。固定麦克风被固定在讲台一侧。这种麦克风与讲台相连，但很难调整以适应你的身高或被摆放到其他位置。

（2）便携式麦克风。便携式麦克风可以从讲台或可调型底座中拿开。它的好处是可以让演讲者离开讲台四处走动。如果麦克风是无线的，有更多的互动自由；如果是有线的，演讲者要知道线绳在哪儿，以防被绊倒。

（3）颈挂式或佩戴式麦克风。这种麦克风有有线和无线两种。它不仅可以使演讲者自由走动，同样也解放了演讲者的双手，演讲者可以自然地做出各种手势、使用遥控器控制幻灯片或是自然地使用笔记本电脑。

（4）台式麦克风。在研讨会，或者在公共会议上，演讲者通常要坐在桌子前。适合这种演讲方式的麦克风通常是可以移动的或是固定在会议桌子上的。如果几个演讲者分享一个独立桌式麦克风，可能就需要在别人演讲的时候不时传递麦克风。

无论使用哪种麦克风，都要确保演讲者在所站的位置能灵活使用它。

[技能与训练]

请用固定式麦克风、便携式麦克风、颈挂式麦克风在教室的讲台上和教室后面做如下片段演讲。

我想请现场的男生去设想或者是回忆一个场景，你的女朋友板着脸委屈地哭了，因为什么？她不开口，宝宝心里苦，但是宝宝不说。这个时候，你心里很慌张，上个月看中的包包我买了呀，昨天的朋友圈我点赞了呀。这时候她终于开口了：我也不知道为什么，就是没有安全感。这个时候，你的内心是崩溃的，因为这是她第101次跟你提出安全感的概念。这个时候，男生会很沉默。然后，妹子看你不理她，就很慌，她就会去发一个帖子叫：跟男朋友说没有安全感，男朋友不理我了，姐妹们我该怎么办？在线等。这种帖子底下通常会有一个饱经沧桑的老司机说：妹子，安全感是我们自己给自己的哟。

（许吉如《我是演说家》）

第三单元　演讲的思想和心理准备

[训练目标]

　　1. 做好演讲的思想准备。

　　2. 掌握演讲中如何调适自己的心理，增强自信心。

任务　演讲的思想及心理准备

[知识与案例]

一、演讲的思想准备

　　演讲的思想准备，是指在演讲前要对演讲的目标、重难点、怎么讲、主要讲哪些内容、用什么案例等进行充分的思想酝酿。我们可以预先假设可能发生的事，然后想好对策，做到万无一失。

　　有一次一位比较有名气的演讲家做演讲，开始他充满激情的演讲使大家非常感动，讲完后不少人给他递条子要求解答问题。一个学生递给他这样一张纸条："老师讲得不好学生可以不听吗？"他看后"神采飞扬"的脸立即变得铁青，他愤怒地指着礼堂大门说："如果你认为我讲得不好，现在就可以出去！"他的话使整个会场的气氛变得紧张起来，这时那个写纸条的学生站起来说："您把我的意思弄错了，我不是指您讲得不好，而是说假如给我们上课的老师讲得不好时，我们是否可以不听。"他听了十分尴尬。会后大家议论纷纷，先前对他的好感一扫而光。其威信大跌的原因虽然是多方面的，但主要是因为他事前没有对演讲对象的复杂性做充分的思想准备。

二、演讲的心理准备

演讲者应具备什么样的心理素质呢？

首先是自信。自信不仅要写在演讲者的脸上，而且要体现在态势和有声语言之中。

其次是诚实，演讲者不可能是完人，也可能犯错误，但只要很诚实，听众照样会尊重他。

第三，要豁达，如果说"宰相肚里能撑船"，那么一位演讲者的肚子里应该能跑火车，不论遇到什么棘手的问题，也不论听众对你态度如何，都要冷静地与听众进行感情沟通。

第四，不怯场。怯场是大多数人都会有的经历，著名演讲家也难以幸免，但只要有"屡败屡战"和"屡战屡胜"的精神，"从容应对，胆大沉着"，成功演讲就向你微笑了。

三、增强自信心理

为了提高自信心，我们应该学会对客观形势进行恰当估计和分析，同时不断地进行正面的自我心理暗示，为自己创造心理优势。

（一）正确认识和评估客观形势

要学会为自己进行心理减压：一方面，要防止道听途说，偏听偏信，夸大客观形势的严峻性；另一方面要淡化竞争的激烈程度，不可通过贬低竞争对手的方式，平抑自己的紧张心理。

（二）要看重自己的优势

要正确地估计自己的实力，并把取胜的砝码更多地押在自己的实力上，要相信自己学识、素养、演讲内容是有优势的。这样想问题，就会在心理上获得更强烈的自信和必胜的信念，为自己鼓劲加油。当然，盲目自信是不可取的，很多时候自信是建立在自己不断学习、积累知识的基础上的。

（三）要做好心理准备

演讲就是一场自我的较量，是战胜自己的过程。

1.鼓起勇气克服怯场

怯场是人人都有过的经历，许多著名的演讲家在初登讲台时也是心口发慌，两腿发抖。古罗马的雄辩家西塞罗曾在一次讲演后说："演讲一开始，我就感到自己面色苍白，四肢和整个心灵都在颤抖。"后来他成为著名的演讲家。我们也一定会从不能到能，而且我们要知道演讲是人人都可以做到的，只要鼓起勇气，勇敢登台，相信你已向成功迈出了第一步，胜利已离你不远了。

2. 情绪饱满精神抖擞

演讲者一定要想方设法在登台演讲前把自己的情绪调整到最佳状态，可以在演讲前熟悉演讲的内容，从语言、动作、神情等方面进行训练，以饱满的情绪登台演讲。古希腊著名哲学家亚里士多德曾经说过："一个充满了感情的演说者，常常使听众和他一起感动，哪怕他所说的什么内容都没有。"而且，饱满的情绪也能吸引听众、感染听众、打动听众，因此我们在登台以前，一定要调整好自己的状态，给听众留下美好的第一印象，让听众对你的演讲充满信心。

3. 学会与听众沟通

演讲是一种双向交流，因此，演讲者在登上讲台之后，就要学会与听众交流，随时注意听众的反馈信息，并根据这些反馈信息及时调整自己的演讲内容，只有如此，你的演讲才会是适时的、得体的，也才会是成功的。

演讲者千万不要自恃自己高于听众，不论你知识多么丰富，阅历如何广博，准备怎样周详，但是千万不要忘了"群众才是真正的英雄"，听众中并不乏真知灼见者，在演讲中，演讲者与听众往往也是可以"讲听相长"的。

4. 坦然面对成败

演讲只有两个结果，成功或者失败。演讲时，自然地看待成败，往往会收获意外的惊喜。

演讲心理素质的形成是一个长期的过程，但在演讲前，有针对性、目的性地作一些准备也是必要的。有志于演讲的朋友不妨在心理素质的培养上多下点功夫，相信这些功夫是不会白下的。

[技能与训练]

对照镜子声情并茂地练习以下片段，然后脱稿在某一公众场合进行演讲。

曾经有这么一个男孩，在大学里整整四年没有谈过一次恋爱，没有参加过一次学生会班级的干部竞选活动。这个男孩是谁呢？他就是我。在大学的时候，难道我不想谈恋爱吗？那为什么没有呢？因为我首先就把自己看扁了。我在想，如果我去追一个女生，这个女生可能会说，你这头猪，居然敢追我，真是癞蛤蟆想吃天鹅肉。要真出现这种情况，我除了上吊和挖个地洞跳进去，我还能干什么呢？所以这种害怕阻挡了我所有本来应该在大学发生的各种感情上的美好。其实现在想来，这是一件多么可笑的事情，你怎么知道就没有喜欢猪的女生呢？就算被女生拒绝了，那又怎么样呢？这个世界会因为这件事情就改变吗？那种把自己看得太高的人我们说他狂妄，但是一个自卑的人，一定比一个狂妄的人更加糟糕。因为狂妄的人也许还能抓到他生活中本来不属于他的机会，但是自卑的人会永远失去本来就属于他的机会。因为自卑，所以你就会害怕，你害怕失败，你害怕别人的眼光，你会觉得周围的人全是带着讽刺、打击、侮辱你的眼神在看你，因此你不敢去做。所以你用一个本来不应该贬低自己的元素贬低自己，你失去了勇气，这个世界上所有的门，都被关上了。

（俞敏洪《摆脱恐惧》）

第四单元　PPT 制作和试讲准备

[训练目标]

1. 掌握演讲中如何应用媒介物。
2. 学会制作干净、清爽、美观的 PPT，增强演讲效果。

任务 1　演讲 PPT 的制作

[知识与案例]

演讲中媒介物的支持作用是惊人的。演讲媒介物有两种类型：投影型和非投影型。投影型电子媒介物包括：投影仪、DVD、电脑制作的幻灯以及多媒体演示（PPT）。非投影型包括纸质媒介（例如挂图、海报、讲义）、实物以及黑板和白板。这里重点讲演讲 PPT 的制作。

一、演讲 PPT 制作的步骤

现在很多演讲比赛、论坛、述职、讲课等都要求使用 PPT，下面谈谈演讲 PPT 制作的步骤。

第一，选 PPT 模板。一般来说我们很多人由于水平有限，或者受时间、专业等的限制，无法自己设计 PPT，那么我们就选用 PPT 模板，可以在网上下载免费的 PPT 模板。

选 PPT 模板要注意场合，比如党建类的主题，我们可以选用大红的党建专用模板，述职报告可以选用稍微比较稳重一点的模板，论坛可以选用活泼一点的模板。

第二，调整模板。模板里的内容并不一定全部适合我们，这时候需要发挥自己的创造力，可以将几个模板融合在一起形成新的模板，也可以在模板做一些调整，让整个 PPT 更美观。

第三，注意字体大小。一般来说如果是要在投影上演示的 PPT，字体最好不要太小，要选用适合的字体，大小在 24 号以上，标题可以用到 40 号左右，而且间距要合理，让人看的时候觉得比较舒服。

第四，注意色彩搭配。制作 PPT 时，要根据演讲主题的需要注意色彩的搭配，比如红底可以配黄字，黑底可以配白字，还要注意整个 PPT 的色彩搭配，最好是统一的，不能一个 PPT 的每一页或者每一段的字体都不一样，这样看起来就比较花了。

第五，修饰 PPT。可以在 PPT 中插入超链接，或者可以设置图片，可以放大放小，也可以设置 PPT 切换效果，或者是缓慢进入、飞出等多种效果，当然还可以插入声音等，让整个 PPT 看起来更高大上。

PPT 最重要的不是给听众看，而是提醒演讲者思路，是给演讲者自己看的。

把演讲的要点呈现出来，同时为了展现形式丰富，PPT 中可以添加图表、音视频、动画效果等。

二、演讲 PPT 的制作技巧

做 PPT，不要想一页做一页，缺乏整体规划。正确的做法是用 Word 或计算机制图工具，先确定主题，然后列大纲，之后再细化，把结构弄好，长好骨头，再长血长肉。框架都 OK 了，再去搜集案例、数据、图片等，把内容变丰满，这才是做 PPT。

1.封面有醒目的演讲主题、演讲人名字以及项目（单位）标识

其目的是体现专业性和让观众有带入感。而且很多场合，在正式演讲前，大屏幕上都是定格在这个封面上。所以，留下好的第一印象是与观众建立信任的第一步。

2.如果你的演讲对象是陌生人，最好开头附上个人简介

有经验的演讲者基本上会在封面或者提纲外专门简单介绍自己的教育及行业背景。主要是说明自己在即将表述的观点上是具备一定经验或能力的，也是为了解决听众信任问题。

3. PPT 可设置一些互动环节，让观众参与进来

通过提问、选择题、案例讨论等互动环节，可以让你的观众不打瞌睡，听得有趣，又能通过互动产生双向交流的效果，从而建立起观众对你的信任。

三、演讲 PPT 的制作要求

首先必须清楚做 PPT 的目的，然后围绕这个目的进行一步步的推理，以此来说服听众认同演讲者的观点。在制作 PPT 的过程中必须主线明确、结构清晰、要素齐全配以客观准确、环环紧扣的描述，就像一个完整故事一样。

（一）幻灯片数量不要过多

一个 10 分钟演讲的 PPT，一般最好不要超过 10 张幻灯片，演讲时间也不要过长。不管你的想法有多少，你需要的是把自己的想法通过简洁又精辟的方法展示在听众面前，毕竟时间有限，需要用较少的幻灯片和精练的语言更好地将精华传达给听众，太过烦琐的讲解反而会令人反感。超过 10 张的，建议加上目录和过渡页。好的目录就好比故事的提纲、过渡页就好比故事的章节页，对于自己能起到梳理思路，自我检查的作用；对于观众则是表明主线、结构串联的提醒。一般在开始引入后，先就目录页简短地对观众做一个描述，提前告诉大家你的观点是什么，你即将讲述这个观点的步骤。

（二）PPT 必须简洁明了

1. 数据图表必须统计精准、客观准确

围绕你要论证的目的进行多维度数据加工。要能解释难懂的概念或者观点，最好是用数据图表来呈现，数据源必须统计精准、客观准确，并且在实际应用中。对于搜集好的同一批数据是可以围绕你要论证的目的进行多维度加工后呈现出来的。

针对同一批 SEM 相关数据，可以通过柱状图、多维柱状图加折线、趋势线叠加等进行多种展现，分别进行关键词效果的总结优化。

2. 举例子

通过举例子把难懂的术语概念介绍给听众，同时利用提问题互动的方式抓住观众的注意力。

PPT，应该是你的工具，而你不要变成 PPT 的奴隶，太多人翻到一页 PPT，才知道自己要讲的内容，然后开始讲，非常刻意，会让听众感觉到演讲者对内容不熟悉。你应该对 PPT 的内容足够了解，这页讲完了，直接叙述引导下一个内容，自然而然地翻到下一页 PPT，这才是高手。

[技能与训练]

分析下面这篇演讲稿，理清其逻辑结构，做一个 10 页以下的演讲 PPT。

放飞梦想，挥洒青春

歌里唱得好，"总是让心声充满期待，总是让梦想连着未来，我们的心海，是一首纯真浪漫的歌谣，是一条绚丽缤纷的彩带，是跳跃着不知疲倦的音符，是播种着充满希望的未来"。

作为新一代青年，我们正好处在一生中最美的年纪。青，是生命的颜色，春，是成长的季节，而青春则是人生季节中最旖旎绚烂的光景。那么，沐浴在如斯的光景中，我们，该有怎样的作为呢？如今青春已经伴着我们走进了大学的校园，大家活跃在这美丽的校园中，拿着课本，背着书包，青春的脸庞上洋溢着阳光的气息，青春的梦想更是在我们每个人的心里编织。

有一位哲人说过："梦里走了许多路，醒来还是在床上。"它形象地告诉我们：人不能躺在梦幻式的理想中生活。"与其临渊羡鱼，不如退而结网"，"千里之行，始于足下，"都在告诉我们切莫空想，要从点滴开始做起，把理想真正付于实际行动中。

大一一学年，我将学习放在第一位，上课时认真听课，坚持记笔记，课下常在自习室自习，也经常会去图书馆看书，拓展自己的知识。如今我深刻地认识到时间的珍贵，所以我努力抓住每一天，去充实自己，锻炼自己。除了不放松学习，我还参与到学校的社会工作中。如今担任着班级宣传委员、院学生会成员、校学生工作助理。在工作中发现自己的不足并努力改正，提升了个人能力，实现了自我价值。在平时，我也没有放弃参加课外活动。演讲比赛、书法比赛、英语竞赛、辩论赛等我都投入其中，在和别人合作的过程中，我感受到了团队的力量，这些活动更是培养了我的兴趣爱好，提升了个人素养和专业技能。我的梦想是成为一名金融分析师。

接下来我会一如既往地努力，改正缺点，让自己变得更优秀，让大学生活更精彩。

当然，实现理想的路上免不了坎坷崎岖，我们需要有决心，有信心，有不畏艰难、锲而不舍的精神，面对挫折，我们不能望而生畏，就此却步，要拿出克服困难的勇气，不懈地去努力，取得成绩，要戒骄戒躁，以此为动力去争取更大的成功。因为，青春正赋予我们激情、力量，我们没有任何理由有丝毫的懈怠，从而消磨浪费它，我们要在不断追求与奋斗中挥洒青春的热汗，让青春飞扬！

海阔凭鱼跃，天高任鸟飞。每个人都怀揣着一个属于自己的梦想。梦是期待，梦想是坚强！正是青春的激情，鼓舞着我们的斗志；正是青春的芬芳，陶醉着我们的心灵；正是青春的奋斗，成就着远大的理想，昨天的理想，就是今天的希望，今天的理想，就是明天的现实！青春岁月充满奇迹，我们心中大大小小的梦，在生活的每一个角落里弥漫芬芳。

让我们一起扬帆起航，飘过辽阔的海洋，去追寻彼此的青春梦想！

（佚名《激扬青春，放飞理想》）

任务 2　演讲的试讲准备

[知识与案例]

对于很多演讲者而言，当众演讲是老大难问题。一说起演讲，就不寒而栗，总感觉无从下手，在生活、工作中遇到演讲，往往是大脑一片空白，话不知该从何说起，继而一卡到底……其实，让你恐惧的演讲没有你想象中那么难，做好演讲的试讲准备工作，是成功演讲的基础。做好演讲试讲准备，首先要确定演讲试讲的形式。

一、试讲准备的形式

1. 照读式准备

演讲者拿着事先写好的演讲稿，走上讲台，逐字逐句地向听众宣读一遍。它比较适合在重要而严肃的场合运用。如各级党代会、人代会、政协会议等大会报告、纪念重大节日的领导人讲话、外交部的声明等。它的缺点是照本宣科，影响演讲者与听众之间思想感情交流。

2. 背诵式演讲

演讲者事先写好演讲稿，反复照背，背熟后上讲台，脱稿向听众演讲。这种演讲方式比较适合演讲比赛和初学演讲者，可以在一定程度上检验和培养演讲者的演讲能力。其缺点是不便于演讲者临场发挥，使听众觉得矫揉造作，一旦忘词，就难以继续，往往要当场出丑。据说，英国首相丘吉尔曾有一次因背不出演讲稿而栽倒在讲台上。所以，运用这种演讲方式，必须做好充分准备，语言尽量口语化，表达自然，切忌露出表演的痕迹。

3. 提纲式演讲

演讲者只把演讲的主要内容和层次结构，按照提纲形式写出来，借助它进行演讲，而不必一字一句写成演讲词，其特点是能避免照读式演讲和背诵式演讲与听众思想感情缺乏交流的不足——演讲者根据几条原则性的提纲进行演讲，比较灵活，便于临场发挥，真实感强，又具有照读式演讲和背诵式演讲的长处——事先对演讲的内容有充分准备，可以有一定的时间收集材料，考虑演讲要点和论证方法，但不要求写出全文，而是提纲挈领地把整个演讲的主要观点、论据、结构层次等用简练的句子排列出来，作为演讲时的提示，靠它开启思路。这是初学演讲者进一步提高演讲水平行之有效的一种演讲方式。

4. 即兴式演讲

演讲者预先没有充分准备而临场生情动意所发表的演讲，它是一种难度最大、要求最高、效果最佳的演讲方式，可以根据实际情况，针对听众的心理和需要，灵活机动，迅速调动语言的一切积极因素，以悬河之口生动、直观和形象的直接感染力影响听众，是其他各种演讲方式都无法比拟的。即兴演讲方式需要演讲者具有德、才、学、识、胆诸方面的修养，具有很强的记忆力、丰富的想象力和联想力、敏捷的思维能力、大量的语言和材料储备……如果不具备这些条件，即使使用这种演讲方式，也不会取得理想的演讲效果。相反，往往还会出现信口开河、漫无边际、逻辑混乱、漏洞百出的现象。这样反倒会影响演讲效果。

二、试讲准备的方法

（一）记忆演讲稿的方法

1. 大声朗读演讲稿

即使不打算逐字记忆，你也应该熟悉整个演讲稿。关键不是现在要记住它，而是要了解语音的读取和流动方式。

如果可能的话，演讲者应尝试在演讲的现场大声朗读。每个房间和设备的声学效果都有所不同，因此在实际演讲地点阅读演讲稿可以帮助演讲者习惯自己的声音从该位置发出。此外，它可以帮助演讲者适应场地的布局，有利于排练动作和语句。

2. 将演讲稿分成长短 2 ~ 3 个句子的短片段

这样可以很快记住同一主题句子，也可以根据它们难以记住的难度进行组织。演讲者应知道在记忆中最需要的演讲部分。以《脚踏实地》这个主题为例：

"合抱之木，生于毫末；九层之台，起于累土；千里之行，始于足下。"往往看似"高大上"的结果都是来自"接地气"的努力。当前我们正处于一个浮躁的年代，心比天高却又手无寸铁，要知道仰望星空的同时更要脚踏实地，脚踏实地在任何时候都是一种难能可贵的品格。

可以采用"名言引用 + 简单解释 + 引出观点" 3 个小片段的记忆方式。同时花点时间实际标记书面笔记中的每个部分或大块信息。

（二）演讲稿与PPT有机结合的方法

在试讲时，将演讲稿与PPT有机结合，其目的是展示内容。在试讲时，关注PPT的主线、结构、要素，配以客观准确、环环紧扣的描述，使PPT内容作为辅助，引导演讲者自己阐述；同时，在试讲的时候，尽量脱稿，不要念PPT中的内容。

另外要准备好演讲前的问好和自我介绍，以及演讲后的感谢。

总之，不管讲得如何，至少要通过事前的充分准备体现出演讲者是一个高素质的人。

[技能与训练]

请以《选择》演讲稿做试讲练习。

选　择

Hello，各位亲爱的小伙伴们，大家好，我是依婷，我今天演讲的主题是《选择》。

从小到大，我们要面临许多的选择，上学，买房子，选工作，找对象。每一天我们也要面临选择，比如我今天是穿这件衣服好呢，还是穿那件衣服好呢？可以说生活是由一个个大大小小的选择组成的。俗话说，选择比努力更重要。只有适合自己的路，才是最好的路。只有客观认识自己，对自己有正确的把握与定位，才能选择适合自己的路。古罗马诗人奥维德说过："认识自己，找准自己的位置，是生命焕发光彩的前提。"

著名演员蒋雯丽就为自己选择了一条正确辉煌的人生之路。她从小就是个活泼爱动的女孩子，而且尤其喜欢体操，可因为体质不行，在市体操队练了五年，也没能转为正式体操队员。后来，她又想成为一名作家，可是受文学基础和生活环境所限，她一直找不到好的写作题材，自然也就没什么成就。但她客观认识自己后，毅然走上了演员之路，并发挥出了自己的特长，成了闪耀的明星。这是一次认识自己，找准定位的选择。

所谓走正确的道路，就是一次次地做对了选择题。

有的时候我们需要有更大勇气做出选择。在电影《127小时》中，男主人公阿伦罗斯顿在犹他州的一次远足中，因为在一个偏僻的峡谷被掉落的山石压住胳膊而无法动弹，在无人救他的情况下，他忍住剧痛，选择给自己的胳膊做了截肢手术，这是一种置之死地而后生的选择。

不知道大家有没有看过风靡一时的电影《泰坦尼克号》，在这部影片中，男主人公将生还的机会留给了女主人公。生命诚可贵，爱情价更高，这是一种真爱的选择。

那么，我们自己人生的选择又是什么呢？我想找到自己的天赋，找到自己喜欢的事情，在给别人带来价值的同时，又实现了自己的人生价值。在自己选择的这一条道路上坚定不移地走下去，这就是我们人生正确的选择吧。

这一生我们要面临许多的选择，每一种选择就代表了一种人生。在此，希望大家都能做对选择，走出一条属于自己的精彩的人生之路。

谢谢大家！

综合实践活动

金无足赤，人无完人。每个人都有这样或那样的缺点，有这样一句话："人生之路要自己走，要过怎样的人生，完全是自己的选择，是选择天天沉迷游戏，抑或是选择努力奋斗，成就更好的自己，都是你自己对生命的诠释。"请在毕业典礼上以"做更好的自己"为主题进行演讲。并根据此次演讲完成以下任务：

1. 对演讲对象进行分析，确定演讲素材；

2. 对演讲场地、设施设备、环境进行分析，确定使用哪种麦克风；

3. 根据演讲对象、环境等情况，分析此次演讲需要作哪些心理准备。

拓展素材

第七章　演讲的控场艺术

演讲是一种复杂的生理与心理过程，想要获得理想的演讲效果，除了要求演讲者具有较高的思想水平、文化修养、表达能力之外，还要有灵活的控场艺术，才能掌控整个演讲的动态。

只要演讲时间稍长一点，就会滋生出一大批的"三把锁"听众。"三把锁"就是眉头紧锁、双手紧锁和双脚紧锁，听众一出现"这种态势语言"，就意味着此刻的演讲已经冷场，控场就该派上用场了。

第一单元　以精彩的内容控场

[训练目标]

1.根据现场反响，调整演讲内容，学习精彩故事、新颖方法、调动情绪等控场方式。

2.能较好地运用精彩故事、新颖方法、调动情绪等方式有效控场。

任务1　演讲故事要精彩

[知识与案例]

由于各种原因，听众的情绪、注意力常有变化的可能。演讲者要有效地调动听众情绪，集中听众的注意力，驾驭场上气氛，使之朝有利的方向发展，这就必须以精彩的内容抓住观众眼球，吊足观众胃口。

引入精彩故事是有效控场的重要方法。在演讲过程中，演讲者要根据听众的心理变化和兴趣要求、听讲状态，及时修正补充内容，特别是通过插入精彩故事，为疲惫的听众打一支强心针，为演讲成功打下良好基础，从而达到有效控场的目的。

一、用智慧故事，拉回听众

演讲能抓人眼球，吸引观众的首要前提就是故事内容要精彩。在演讲过程中加入一些精彩合适的故事，会让演讲的生动性大大增强，增强对台下听众的吸引力。当听众昏昏欲睡时，当面对刁钻问题时，当台下起哄声声时……插入小故事调节气氛，可以重获听众的注意力；不直言，用幽默巧妙的言语回应刁钻问题可以彰显智慧；根据听众反应，临场调整思路把观众重新拉回来，等等，都是利用演讲的精彩内容实现有效控场的重要办法。

演讲就是讲故事，能通过故事来说明观点的演讲才是好演讲。在演讲中，我们需要用适宜的故事阐述自己的观点，抒发自己的情感。运用精彩故事，不仅可以充实演讲内容，使演讲的主题更深刻，还能增强表达效果，激发听众情感的强烈共鸣，从而抓住听众的心。

在《懂得放弃　轻松上阵》的大学主题演讲比赛中，柳林同学在台上激情慷慨的演讲，讲了很多的人生大道理，试图走进听众的内心，换来的却是台下听众们的昏昏欲睡、窃窃私语。柳林同学发现台下听众的反应后，当即调整演讲内容，引入故事《老黑鸟放手的智慧》及时控场，并将这个精彩的故事联系到台下即将毕业的大学生关注的最核心话题——就业的恶性竞争，重新吸引听众，引发共鸣思考。

故事节选：一只老黑鸟找到一块面包，其他的黑鸟见了，都飞向老黑鸟，眼看一场争夺战即将上演。老黑鸟见此情景，立即张开嘴巴，面包掉在地上，一只老鼠咬住面包，消失在草丛中。老黑鸟看着其他的黑鸟，自言自语道："等你们成年了，想法就不同了。我虽然丢掉了一顿美餐，但是明天我仍然可以找到一块面包。"是的，如果老黑鸟坚持不松口，一场恶战必将难以避免，胜者将成为众矢之的，其他黑鸟会联手对付胜者，仇恨将充斥它们的心田，经年不去。这就是智慧：深悉小胜不敌长久之征服。引起争端的面包，就像烫手的山芋，有可能烫手伤人。黑鸟扔掉面包，就好像巧妙地把烫手的山芋扔掉，保护了自己。黑鸟为什么这样做，因为它懂得放手。放手是一种温柔，不伤己也不伤人，你我都好过；放手也是一种感动，让别人感动于你的豁达，别人和你都不会因此犯错；放手也是一种幸福，避免了争端和搏斗，让彼此都享受平和宁静的生活；放手也是一种寄托，今天放手了，你可以寄托明天。

（武渊《老黑鸟放手的智慧》）

从这个案例可以看出，道理每个人都懂，但是要把道理讲通透，把道理变故事，把故事讲得入脑入心，却需要动心思。听众对演讲的反应往往会通过面部表情和肢体动作及现场氛围表现出来。听众是否喜欢你的演讲，认同你的观点？演讲者要随时关注听众的现场反应，并适时做出应变调整，应用精彩的故事控场，就是重新吸引观众、让演讲取得良好效果的重要方法。

二、用亲历故事，走进观众

亲身经历有真实感，往往更容易让听众相信。如果演讲者发现会场出现冷场或者不安静的情况，及时引入自己亲身经历的精彩故事，就可以重新吸引听众，从而达到控场的目的。

有一次，台湾作家林清玄去成都一所大学演讲，他走上讲台，发现同学们交头接耳，闹哄哄的。为了吸引听众的注意力，有效控制演讲的气氛，林清玄一开始就讲了一个故事：

前几天，我在一个演讲会场的门口，碰到一个漂亮的女生，她拦住我，塞给我一封粉红色的信。我若无其事地把信揣进兜里，心里却怦怦直跳，暗想，这应该是一封情书吧。演讲结束，回到酒店，我迫不及待地打开信。信中写道："林老师，我从小就拜读您的文章，非常崇拜您。没想到今天见到您，发现您很像周星驰电影里的火云邪神，真是相见不如怀念啊！"小女生的失望我完全可以理解，因为本人的文章跟长相的确形成了巨大反差。

林清玄拿自己相貌调侃的小故事，立即引起全场爆笑。不安静的会场一下子就被他有效地控制住了。

林清玄为什么能够有效控场呢？

第一，他讲了自己的亲身经历，还勇于自嘲——自己并没有那么重要；

第二，这个经历是听众都喜欢听的有趣话题；

第三，这个故事的情节有起伏，先扬后抑；

第四，他设置了一个悬念，卖了一个关子，最后解密，出人意料。

三、用热议故事，走近观众

演讲时为了吸引观众，内容方面还可选择大众关注的热点、议点，让观众从被动听到主动想听，从想听到产生共鸣，从而得到精彩的演讲效果。这样的热点、议点就需要平常的收集、整理与记录，随时关注社会热点话题，结合专家、学者评价进行有效思考，有了充实的准备，在演讲遇到突发情况时，才能稳若泰山地随时调整，重新赢得观众的注意力，从而变被动为主动，精彩控场。

近日家庭伦理剧《都挺好》引发大众热议，"啃老族""老人赡养"等系列现实性剧情，激发了大众的共鸣，精准地戳中了不少观众的"痛点"。谁来养？养不养得起？不论是父母还是子女，大家都有自己的思考。

著名主持人在演讲中就选择这样的大众热点话题走近听众，给予大众一种积极的价值导向：老人的第一位是攒健康，储蓄健康要比储蓄钱管用，通过引入大众关注的热点，找到听众与控场的平衡，就是一次精彩成功的演讲。

北大才女刘媛媛就曾在演讲中引用网络热议的一篇帖子《寒门再难出贵子》引发观众思考，让观众从听到想听，从想听到产生共鸣，从而得到精彩的演讲效果。

演讲稿节选如下：

在这段演讲开始之前，我先问大家一个问题：你们当中有谁觉得自己是家境普通，甚至出身贫寒，将来想要出人头地只能靠自己？（几乎全举手）你们当中又有谁觉得自己是有钱人家的小孩，起码奋斗的时候可以从父母那儿得到一点助力？（无人举手）

前些日子有一个在银行工作了十年的资深人力资源管理师在网络上发了一篇帖子叫作《寒门再难出贵子》，意思是说在当下我们这个社会里，寒门的小孩想要出人头地想要成功比我们父辈那一代更难了。这个帖子引起了特别广泛的讨论，你们觉得这句话有道理吗？

（选自《超级演说家》）

这两个案例用了大众热议的话题，直接抓住观众的心，大众想听的就是自己想要知道的，或者自己发现这个问题，还没有办法解决的，这样的控场就是最有效的。想要这样的霸气控场就一定要在平日里加强学习，加强语言的提炼。有效思考，充分准备，是你控场的万能钥匙。

[技能与训练]

1. 在主题演讲《摆脱恐惧》中，小敏提到了很多常见的摆脱恐惧的方法，并一一举例，在一番真诚且以过来人身份的娓娓道来中，台下的听众似乎不太感兴趣，有起身离场的，有交头接耳的，如果你是小敏，你会用什么故事来精彩控场，重新拉回听众的注意力？

2.结合最近社会的热点话题，进行有效思考，整理成一个短小的控场故事。

3.以8人小组为单位，进行演讲控场模拟比赛，关注现场听众反响，随机调整演讲故事，实现精彩控场。

任务2　演讲方法要新颖

[知识与案例]

古人提倡写文章"如风行水上，自然成文"，一次成功的演讲也是这样，不能平铺直叙，让人好像喝白开水一样；也不能一气呵成，让人听得喘不过气来。要想让演讲生动感人，内容安排上就要讲究丰富多彩，疏密相间，摇曳多姿；有波澜，有起伏，时而轻松，时而严肃，在张弛有度的语言环境中以新颖的演讲方法，潜移默化地引导听众，感染听众。

1.暂停

平淡冗长的演讲容易引起听众的闲聊和喧闹，这是演讲失误的表现。这时语流的短暂间歇，可能引起听者的心理注意，从而改变听觉意向，达到控场的效果。

2.提问

对台下的笑声、说话声，可以提问。这种语势的强烈刺激，能够激发听众的思考，引起反省，达到控场的目的。

例如："刚才我的故事情节里，你们发现有什么漏洞没有？""有没有人听出来呢？""谁愿意来分享一下？"这种提问有利于引导听众对演讲内容进行回顾，引起听众的关注，引发思考。

3.变调

对台下的吵嚷声，可以迅速变化语调。这种语调的鲜明对比，能够造成听众的心理反差，从而集中注意力，达到控场的目的。

俄国伟大的马克思主义理论宣传家普列汉诺夫有一次在日内瓦作《无产阶级与农民》的演讲时，社会革命党人和无政府主义者这些抱有敌意的听众从中捣乱。他们在普列汉诺夫演讲时，吹口哨、跺脚、喧闹，还与其他观点不同的听众争吵辩论，几乎令演讲无法进行下去。普列汉诺夫面对这种情况，十分冷静沉着，双手交叉于胸前，沉默不语，用一种嘲笑的目光扫视着那些不怀好意的家伙。等台下稍微有所安静，他突然大声地说："如果我们也想要使用这种武器同你们斗争的话，我们来时……"，他故意顿了一下，大家以为他会说带来枪械棍棒之类的东西，以其人之道还治其人之身。然而，他却出乎意料地缓声说道："我们来时就会带上冷若冰霜的美女！"听众哄然大笑，之后，立刻安静了下来。于是演讲得以继续进行下去。

在这里，普列汉诺夫运用了语调变化、停顿和幽默的控场技巧，形成观众思考的反差，顺利控制了会场。

4. 变速

演讲讲究的是抑扬顿挫，靠着演讲者的语气和语速来调节。演讲的速度有三忌：一是忌平稳推进，平淡无奇；二是忌该快不快，不动人心；三是忌该慢不慢，情感失真。演讲时演讲者要根据内容解读文字、表达情感，适时变速，当快则快，当慢则慢，有所变化，体现演讲语言的艺术，才能抓牢听众的心。

作品的感情色彩表现在辞章文采上，而情感的表达色彩则需要用演讲方法，不管是什么方法，只要你能在演讲中紧紧抓牢观众的心，引起共鸣，使观众感同身受就是好方法。

[技能与训练]

1. 演讲实战中，你用了上述哪些控场方法实现精彩演讲？还发现了哪些新颖的方法？请在下列表格中一一补充。

演讲控场方法的运用			
我运用的方法			
我发现的方法			

2. 请恰当地运用语速的变化并结合本任务学习技巧，朗读下列摘选文段。（虚线慢读，实线快读）

同学们，我们应该要牢记先辈的光荣付出和憧憬希望，当我们抱怨自己的祖国落后和贫困时，我们羡慕安逸、高档的生活时，当我们沉溺于学习的辛苦，浪费大好青春时，当我们为个人的得失和苦恼迷失前进方向和道路的时候，先辈们期望的目光将像烈火一样，炙热地燃烧着我们的无知和迷茫、懒惰和轻浮。让我们在炙热的燃烧中苏醒，在燃烧中立志，在燃烧中不断地努力和勇敢地攀越吧！

思考：这段话中，慢读和快读部分的意义分别是什么？为什么？

任务 3　演讲情绪要调动

[知识与案例]

要使演讲取得成功，必须把观众的注意力全部聚集到演讲中来，不让演讲变得枯燥乏味。那么如何才能做到呢？

心理学家的研究表明，对人影响最大的是情感，而不是理智。情感推动人的行为，理智则阻拦人的行动，因此激发观众的情感至关重要。

1. 直接表达

直接表达就是直接把自己的情感一览无余地表达出来，情感慷慨激昂，又斩钉截铁坚定有力。

例如：在一次幼儿教师演讲中，一名教师在最后的演讲中说：我终于明白了，花儿为什么这样红？因为有祖国阳光的温暖，因为有每一个幼儿教师用青春和热血在浇灌，因为有孩子们千千万万张灿烂的笑脸！

这里教师直接使用慷慨激情的语言，表达了教师坚定的信念、教育的热情与激情，将自身热爱的情感直接抒发表达出来。

2. 铺垫表达

铺垫表达是指先尽力渲染一些与之有关的事物，使情绪膨胀如子弹上膛，然后再亮出自己的观点。这种方法犹如江河之水，先堵截再开闸，让情感之水汹涌而下，势不可挡。

3. 句尾上扬

要想调动情绪，展现积极情感，就必须要"句尾上扬"，如果每一个句子的句尾语调都呈下降趋势，就会让人感觉说话没有底气，飘飘然，所以句子要扬上去，才能充分调动听众及演讲者自身的情绪、情感。

在演讲中，常常会出现不管用什么样的表达方式，都显得平淡无奇，缺少激情与感情的状况，如演讲中：你像花儿一样美丽、漂亮。这一句最后的字音都是用的"去声字"，让整个表达的情感逐渐向下，显得夸赞毫无情绪可言。

此外，在语言形式上还要注意语言的节奏和韵律。富有韵律和节奏的声音本身就能够体现丰富的情感。因此，利用感叹语调、呼吁、反问句等手段，也能激励和打动人心。

[技能与训练]

1. 下列文段节选自范曾给大学生的演讲——《扬起生命的风帆》，请用适时的情绪来表达演讲者对青年的鼓励、赞扬与无限热爱的情感，感染听众的情绪。

回首顾，千秋青史；抬头望，无限关山。让我们吟诵唐代伟大诗人李白的诗句："大鹏一日同风起，扶摇直上九万里。"让我们举起垂天之翼，做一番长空的逍遥游！

2. 请在演讲实战中，尝试调动演讲情绪，并记录。

演讲情绪调动实战记录			
演讲内容摘录			
调动情绪方法			

第二单元　以恰当的技巧控场

[训练目标]

1. 学习演讲中恰当控场的方法与技巧。

2. 根据现场反响，能较好地运用声音、肢体、互动的控场技巧。

任务 1　以声音技巧控场

[知识与案例]

同一篇演讲稿，同一个场合，不同的人演讲，效果就会不一样，因为不同的人音色不同、音质不同，对演讲稿的理解、对演讲技巧的掌握程度、对主题的表现能力都有差异。

"冰冻三尺，非一日之寒！"良好的演讲口才必须经过严格的、刻苦的、长期的声音训练。德摩西尼曾为校正发音含糊，口含鹅卵石，对着大海苦练朗诵。路漫长其修远兮，所以提高就在日常的训练中。

那么在演讲中，可以用哪些声音的技巧来控场呢？

为了使演讲产生好的效果，演讲者要调整语音、语调、语速、节奏等。例如，演讲者的声音突然提高一个八度，很有可能会让开小差的、打瞌睡的人突然惊醒，然后认真听讲；或者突然降低音量，现场会慢慢安静下来，交头接耳的人也会停止说话。

一、声音要响亮

演讲时，响亮的声音，往往能给人一种自信的印象，而这种自信的能量能自然、轻松地传递给现场的每一位听众，从而出现自然而然"润物细无声"般的控场效果。

班级竞聘班干部，平时学习非常好的文利却在这次竞聘中失败了，学习平平的刘旭却从这次班干部的竞选中脱颖而出，这是为什么呢？原来在竞聘演讲中刘旭声音响亮清脆，说得清楚明白，大家听得仔细，而文利声音细小，缺乏自信，同学们听得费劲，这也是演讲中最不可取的，所以演讲的时候要适当放开音量，展现自信与底气。

声音不响亮，有两方面的原因：一是底气不足造成声音不响亮。提升底气的最好办法，就是加强小腹、横膈膜的力量，可以向远处连续、均匀、坚实地发"heiheihei"声；另一方面，口腔开得过小或唇舌无力，为此可以练练"咬苹果"，将握拳的手想象成苹果放在嘴巴前面，尽量张开嘴欲吞下苹果，反复练习张嘴的动作，这对提高声音的响度、清晰度、流畅度效果相当明显。更多的方法在第二章有详细介绍。

二、声音要变化

有变化的声音可以产生晕轮效应，给你带来无限魅力，倍增演讲效果。声音太单调、沉闷，会给人一种老气横秋的感觉。如果在演讲过程中句子在升降、轻重、快慢、停连等方面长时间没有变化，就很难抓住听众的心。声音的艺术美就体现在变化上，声音应如高山流水，有汹涌澎湃，也有风平浪静；有波澜起伏，也有停停连连，当然这种变化不是想怎么变就怎么变，必须根据内容而定。

作家刘瑜写给女儿的信《愿你慢慢长大》：小布谷，愿你慢慢长大。愿你有好运气，如果没有，愿你在不幸中学会慈悲。愿你被很多人爱，如果没有，愿你在寂寞中学会宽容。愿你一生一世每天都可以睡到自然醒。

如果你能用悦耳的声音，尝试停顿起伏，把握词句里的轻重缓急，那你将能感受到母亲对女儿爱的深沉，爱的期待，深深抓牢观众的情绪，成为零难处控场。

[技能与训练]

1. 请在诗歌朗诵中，结合以上所学展现你的声音魅力。

致橡树

舒　婷

我如果爱你——

绝不像攀援的凌霄花，借你的高枝炫耀自己；

我如果爱你——

绝不学痴情的鸟儿，为绿荫重复单调的歌曲；

也不止像泉源，常年送来清凉的慰藉；

也不止像险峰，增加你的高度，衬托你的威仪。

甚至日光，甚至春雨。

不，这些都还不够！

我必须是你近旁的一株木棉，

作为树的形象和你站在一起。

根，紧握在地下；叶，相触在云里。

每一阵风过，我们都互相致意，

但没有人，听懂我们的言语。

你有你的铜枝铁干，像刀，像剑，也像戟；

我有我红硕的花朵，

像沉重的叹息，又像英勇的火炬。

我们分担寒潮、风雷、霹雳；

我们共享雾霭、流岚、虹霓。

仿佛永远分离，却又终身相依。

这才是伟大的爱情，坚贞就在这里：

爱——不仅爱你伟岸的身躯，

也爱你坚持的位置，足下的土地。

2. 根据以上的朗诵，谈谈你怎样运用声音技巧来控场。

任务 2　以肢体技巧控场

[知识与案例]

演讲中得体的动作，可以很快集中听众的注意力。比如对开小差、打瞌睡的听众，轻轻拍打肩膀，既不得罪人，又可以对现场进行有效的控制。

如果有讲台，人站在讲台后，可以将双手自然地放在讲台上。如果没有讲台，可以双手持话筒，在演讲过程中两只手可以自然轮换持握。如果没有话筒，也可以自己在手里拿上一支笔。这支笔要双手拿，平时呈自然下垂状态，双手微微靠拢。如果不喜欢拿东西，双手也可以自然下垂，偶尔十指相交放于胸前到小腹之间的位置即可。讲话的过程中还可以自然地慢慢踱步，这也能给人很轻松的印象，总之设计自己做起来自然的控场动作，让演讲与你的肢体动作浑然天成，毫无痕迹，从而达到控场的目的。

在超级演说家节目中，刘媛媛演说《寒门贵子》时，她的动作与演讲内容相贴近，质朴、自然地用动作向观众传递情感，表达情感，做到了动作与演讲的平衡，从而有效控场，吸引观众的注意力。

总之，记住一条重要的原则：使用那些最有效的适合你的手势，不要试图让自己成为另外一个人。你的手势应与你的性格相配，或许不做任何手势只是轻松地将手放在两边，要比做笨拙、令人分心的手势或模仿别人的手势好得多。

[技能与训练]

1. 请为下列节选演讲稿设计一段肢体控场动作。

今年母亲节。我拿着一束康乃馨，忐忑地递给了母亲。母亲没有说话。我知道，她或许还是在埋怨我吧。那是年前，正值旺季，营销全勤在岗，母亲做了一次手术，4个多小时，差一点天人永隔。我知道，母亲希望她最爱的女儿能守在她身旁，二十多天，我往返于银行、医院两点一线，默默地听着父母的埋怨。终于，我不忍了，请了一天公休假，三年来的第一次。记得那天，病床上的母亲，眼睛亮了，特别开心，虽然只有一天。

母亲终于接过了花，还是忍不住唠叨："唉，随便你吧。你说，你一个女孩子，这么拼命干吗？老大不小了，也不好好考虑个人问题。"

我笑了笑。母亲是一个传统的女性，她的天地就是家。可她哪里知道，我肩上的责任，我心中的梦想。

2.两人一组，相互展示设计的肢体控场动作并录像，通过录像相互评价，动作是否适宜，有没有起到控场的效果，为什么？

3.常见的肢体控场动作有哪些？请记录下来。

任务3 以互动技巧控场

[知识与案例]

演讲是一种沟通，沟通就是一种互动，没有互动就没有交流，没有交流就不会产生共鸣，没有共鸣就不容易控场。

可以说，机智的演讲者不但可以巧妙控场，还能调动听众的情绪，活跃会场气氛，形成演讲者与现场观众的互动和交流，引起听众的共鸣。所以，演讲中的互动非常重要，那么互动中有哪些重点呢？

一、设计简单的问题

大家都知道，选择题最简单，怎么回答都有答案，不会空白。而主观题就不容易回答。

例如："你们同意还是反对"？"你们都是学生吗"？"大家是不是第一次听我的演讲？"这些问题，听众一定会脱口而出，是或者不是，通过简单的问题互动，拉近演讲者与听众的距离。

二、让观众重复一次

让观众重复一遍的意义在于什么？一是回顾所讲的内容；二是加深听众的印象；三是有效互动，把握节奏。

注意，让听众重复一些简短而富有哲理的话，可以为现场互动助推，增加气势。如果是平常的或者没有意义的话，就没有重复的必要了。

三、引导观众说

有时候让听众接演讲者的话，也可以达到现场互动的效果。可以说一些通俗明了的句子，让听众一下子就知道下面应该接什么。也可以说一些家喻户晓的诗句或名言，让听众很容易就接下去。当然要让听众顺利地接话，演讲者必须要进行引导。

那么怎么引导呢？可以在讲完上句的时候，将上句的尾字字音拉长，并用手势、眼神示意听众来回答。如果听众没有收到示意，可以直接用语言引导"下面应该是什么呢？"引导只是一个过程，如果你引导了，可是听众没有答出来，那么就以设问的形式，自己说出答案，在场上做到收放自如。

四、让听众参与到活动中来

通过活动调节现场气氛也是一种方法，如何让听众参与呢？首先，自愿原则，让听众自愿参加。然后，在自愿者达不到规定人数的时候可以邀请、鼓励一些犹豫不决的人积极参加。最后，人还是不够的话，可以直接点名，选那些比较活跃的人，他们一旦被点中，一般都会站出来的。另外，活动一旦开始就一定要进行下去，否则就会影响整场演讲的效果。

五、让听众举手

演讲过的人都知道，在演讲中让别人举手很不容易，特别是对于我们有含蓄传统的中国人来说更是如此。

例如：在演讲开始时我先做一个调查："今天现场是母亲的听众请举手，让我确认一下"，可是你会发现听众中举手的很少，甚至没有，有的还在犹豫之中，为什么呢？中国人的思维就是这样，他们在等，在看，看有人举手之后再举，这样就会影响现场的互动气氛和效果。那么应该如何解决呢？你不妨在让听众举手之前先给他们做一个示范动作带动，他们见你举手了便自然地把手举起来。

[技能与训练]

1. 请自己确定一个主题，写出 500 字左右的演讲稿，一周后在班上参加演讲比赛。

比赛完毕后，总结自己在演讲中的表现，对照下面的问题进行自我反省和经验总结。

（1）声音控场

我的声音是否洪亮？能否让每个听众都听清楚？

我的声音是否有变化？停顿、节奏把控如何？

提出声音控场的改进方案。

（2）肢体控场

我运用了哪些肢体动作？

提出肢体控场使用的改进方案。

（3）互动控场

我与观众互动了吗？怎么互动的？

提出互动控场的改进方案。

2.请在以下文字中添加"是，还是不是"进行互动。

例如：如果今天我们都想着毕业以后努力去找工作而不愿意去为别人创造工作，又哪里来的那么多岗位呢？我们的工作也就自然难找了，是，还是不是？（是）

如果演讲沙龙持续不断地设精英演说家培训班，就会有更多的精英演说家产生，有更多的精英演说家，就可以去帮助更多的人获得成功，是，还是不是？（是）

如果今天我的分享越精彩，我们的收获是不是就会更多？（是）我们的收获更多，我们的掌声是不是就应该更热烈？（是）我们的掌声一热烈，我就会更卖力地跟大家分享，是，还是不是？（是）

练习：

今天，大家放弃了休息和玩乐的时间来听一场演讲报告，说明大家比那些选择去休息和玩乐的人更重视精神世界的自我提升。

第三单元　以灵活的应变控场

[训练目标]

1.了解多种突发状况，学习多种控场技巧。

2.能在演讲突发情况中以灵活的应变掌控全场。

[知识与案例]

演讲，不是拍电影，它无法叫停，不能"从头再来"，所以演讲者在演讲之前就要有控场的准备，防患于未然。演讲过程中，我们可能会遇到各种各样的情况，计划赶不上变化，除了要做好演讲前的准备工作外，一次成功的演讲，还需要懂得觉察听众的情绪和心理上的变化，及时调整演讲的节奏，想要在遭遇观众窃窃私语对你的演讲毫无兴趣、紧张忘词意外卡壳、听众唱反调故意刁难等突发情况时泰然自若，想要成为演讲台的控场大师，就要提高自己灵活的应变控场能力，从而让你的演讲震撼全场，深入人心。

一、借"景"发挥，因势利导

演讲因场地原因，有时很容易受到外界的干扰，尤其是一些重大主题的演讲，内容可能会比较空泛，本来就很难吸引听众，再有外界的干扰，演讲就更不容易顺利地进行下去。这时演讲者如果能将眼前意外发生之"景"与演讲巧妙结合起来，可能就会让听众产生这边"风景"独好之感，既化解了外界的干扰，又把听众的注意力重新吸引了回来。

一次，某大学将主题为"中国在腾飞"的演讲安排在学校大礼堂进行。当演讲进行到一半时，会场秩序有些混乱了。一个学生刚登台演讲不久，离会场不远的篮球场突然传来了阵阵的加油声，大家的注意力一下就被吸引了过去，有些同学伸长了脖子，竖起了耳朵，甚至有些同学干脆离开了会场去看篮球赛。这位演讲的同学面对即将失控的会场，灵机一动，临时改变了后面演讲的内容。他大声地问道："有哪位同学知道在悉尼奥运会上我们中国夺得了多少块奥运金牌？"

这意想不到的提问，一下子就把大多数同学的注意力吸引了回来，很多人大声回答着，有的甚至举起了手。看到会场秩序有了好转，他又用不大的声音讲道："我曾经听过一个笑话，讲的就是慈禧太后派团参加奥运会的事。"这时同学们的目光都集中到了他的身上，他环视了一下会场，然后不紧不慢地说道："慈禧太后也派过篮球队参加奥运会，只不过那时组队的队员都是临时从天桥找来的变魔术的艺人，他们穿着长袍马褂，把球变来变去，所以就只见他们投球却不见他们传球……"他话音未落，大家就笑起来……等到会场重新安静下来，他才动情地说道："那时的中国落后啊！要不那时的中国人怎么会被称为东亚病夫呢！"话音刚落，同学们就报以热烈的掌声。

这位同学是聪明而机智的，他能利用会场外篮球比赛这一特定之"景"与"中国在腾飞"的演讲主题有机结合，巧妙自然，浑然天成，很快把大家的注意力又吸引回来了。

二、意外卡壳，巧妙过渡

在演讲过程中突然忘词，这是参加演讲的人不愿却又很难避免发生的事情，但如果演讲者能从容镇定，巧妙过渡，或用上段结尾中的句子进行发挥，或临时编一段结束语，礼貌地结束，或向听众提出问题为自己赢得思考的时间，都可以巧妙地救场。

在"公正自在人间"的主题演讲中，某演讲者讲到"什么是公正？世界上有真正的公正存在吗？"这时他情绪激昂，语调铿锵有力，可就在这时，发现自己的大脑突然一片空白，他有些紧张，但很快平静下来。只见他微笑了一下，刚才激昂的语调变得有些低沉，语速也慢了下来，"其实对于这点，我也常常感到困惑和茫然，有时我也不相信这世界是公正的，就在登台之前，我还自嘲地想：你真的相信'公正自在人间'吗？所以我很想听听大家的想法。"

此言一出，真是一石激起千层浪……这一番入情入理、坦诚的表白一下子就抓住了听众的心，也激活了大家的思维和好奇心，沉闷的会场突然有了生气，每个人都在思考着这一并不轻松的话题，他走下演讲台，点了几个想要发言的同志，请他们说出各自对公正的理解……利用听众思考回答的这段时间，他已想起了演讲稿后面的内容。只见他大步走向讲台，真诚而又充满自信地说："听了大家的一席话，困惑我多时的难题突然间变得简单明了，我想发自内心地说一句"，他顿了顿，环视了一下会场，然后充满激情、大声地说道，"公正自在人间！刚才大家的话让我突然想起一篇以前看过却未认真思考过的文章，文章讲曾有一位外国的编辑，经常会收到一些小读者的来信，信上问他上帝是不是公正的，为什么好孩子经常会吃亏呢？他也很困惑，不知道怎么向孩子解释，可在一次参加别人的婚礼时，牧师的一句话给了他很大的启发，他终于找到了一个合理的解释：

上帝是公平的，他让好孩子成为好孩子，这就是对好孩子最大的奖赏啊，所以好孩子有时会受到一些委屈，但和上帝给予的奖赏比这些又算得了什么呢？……"更加热烈的掌声响起。

无疑这位演讲者是聪明的，在忘词之后，他没有自乱阵脚，而是积极思考，巧妙过渡，向听众提出问题，既为自己赢得了时间，又活跃了场上的气氛，而且后来由听众的回答进一步生发，既肯定了听众的功劳，又与演讲的内容浑然天成，成为演讲中的一个亮点。

三、随机应变，将"错"就"错"

在演讲过程中有时会有一些特殊的情况发生，比如突然停电、扩音器不响、有人晕倒，等等。面对这些意外情况，如果处理不好，就会造成场面混乱，影响演讲效果。所以有经验的演讲者在上场前就会有救场的准备，防患于未然。在演讲过程中，一旦真有这些意外情况发生，就可从容面对，巧妙救场。但有些意外，却可能是无法预料的。这就需要演讲者运用自己的智慧化不利为有利，巧借"插曲"随机应变，将"错"就"错"，这样一来，不但能为自己救场解围，还会收到令人叹服的现场效果。

一位演讲者到环保局进行生态保护的主题演讲。当他正在演讲时，一只小鸟突然从窗口飞了进来，先是叽叽喳喳地飞来绕去，随后竟落到了主席台的桌子上，引得听众哄堂大笑……最后，鸟儿虽然飞走了，但演讲现场却一直安静不下来。见此情景，演讲者并没有接着刚才的话题讲下去，而是适时地幽默了一下："这鸟还挺有灵气的啊，知道我们在进行生态保护的主题演讲会，就专程飞来向大会表示祝贺！这说明动物是有灵性的，它们也是有恩报恩，有怨报怨的。就说大象吧，多么温顺驯服的动物啊，可一旦我们故意欺负它们，它们就不会再帮我们干活，甚至还会向我们有计划地实施报复呢。"见大家的目光都投向了自己，演讲者才重新回到了原来的演讲轨道。

小鸟的突然"闯入"扰乱了演讲的秩序，但这位演讲者却巧借"插曲"随机应变，因势利导，借机讲起了人与动物如何和谐共处这一与生态保护密切相关的话题，反倒取得了意想不到的效果。他灵活的应变，值得其他演讲者借鉴和学习。

四、将计就计，巧妙回击

在有些场合，演讲者可能会碰到一些人的故意刁难，对于这种刁难，反击时更需要演讲者的机敏睿智，既不可长篇大论地反击，也不可一本正经地斥责，一定要讲究方法技巧。对于一些不便正面回答的问题，可以巧用修辞来回答。比如双关、归谬、暗喻等，避实就虚，含蓄委婉，既有力地回击了对方，又不至于激化矛盾，使演讲无法进行下去。而对于一些必须针锋相对的问题，就需将计就计，进行更有力的回击。

一位极具个性的演说者，在一次演讲后答听众问时，就曾遭遇过这样恶意的刁难，但他却用机智而犀利的言语将计就计，巧妙反击。面对听众的不断提问，这位演说者是有问必答而且妙语连珠。但就在场上气氛很热烈时，却意外地收到一张纸条，上面只写着大大的三个字——王八蛋。对于这张纸条，如若不理，大家肯定会很好奇，如若大加斥责，就会有失风度。只见他将计就计，索性把这张纸条高高举起面对着观众，不急不怒地笑着说道："别人都问了问题，没有签名，而这位听众只签了名，忘了问问题。"此言一出，现场掌声雷动，他巧妙地让辱人者自辱，这种机智犀利又怎会不让听众深深地折服呢？

这位演讲者面对人格上的侮辱无法不去反击，但如果不能控制好自己的情绪，采用得体的反击方法，势必使自己陷入尴尬的境地。而他将计就计，运用语言把骂人的话又巧妙地"踢"给了对方，真是幽默又机智。

五、出其不意，巧妙反驳

有时听众会因为不赞同演讲者的观点而对演讲者加以反驳，这对演讲者来说无疑是一种挑战。因为这些观点可能代表了一部分听众的看法，具有一定的普遍性。演讲中它很可能导致现场秩序混乱，场面失控。但同时这也是一种机遇——演讲者在面对这些观点的反驳时，如能巧妙应对，不但可以救场，而且还可能产生让听众目眩心喜的智慧火花。所以，当有听众表达与你不同的意见和观点时，作为演讲者，既不可置之不理，也不可粗暴地否定，要认真耐心地倾听，巧妙化解。

在一次演讲中，一位著名演说家言辞恳切地向在座的青年提出建议：要注意一言一行，因为语言具有无穷的力量。就在这时，一位青年举手表达他的不同见解："当我说幸福、幸福、幸福时，我并不觉得有什么快乐；当我说不幸、不幸、不幸时，我也不会因此而倒霉。所以，我认为语言只是我们使用得很普遍的工具，并没有所谓的'无穷的力量'……"此言一出，一些听众开始窃窃私语，个别人还大声"声援"起这位青年，很显然，这位青年的观点还很有代表性。会场一时有些混乱。"笨蛋！笨蛋一个！"这名演说家突然在台上大声地对这位青年进行呵斥："你根本就没有理解我话里的意思！"

演说者有失风度的反应让所有的听众吃了一惊，会场突然安静下来。发言的青年先是被震得目瞪口呆，但很快就平静下来，怒不可遏地开始了反击："你才是笨蛋！你才是……"但演说家却没有接茬儿，而是以让人深感意外的诚恳语气说道："对不起，我刚才情绪失控，希望您能接受我最真诚的道歉。"发言的青年听演说家这么一说，怒气也就渐渐消了。

见大家对刚才戏剧性的一幕充满了好奇和不解，演说家在停顿了几秒钟后，微笑着继续进行着自己的演讲："大家看到了吧，刚才我只不过说了一声笨蛋，这位青年就要跟我拼命；后来，我又只不过说了几句话，他的怒气就消了。这说明了什么呢？说明语言的力量是无穷的。你说出的话，有时会像一块石头，砸到他人身上，会使他人受伤；有时又会像春日里的和风，吹拂到他人身上，会让他人倍感舒心。这就是语言的力量啊！"

这位青年的观点无疑是很有代表性的，如若置之不理，这位演说家的演讲也就失去了说服力；而且会场的秩序可能就会失控。但若使用常规反驳方法，又很难一下子驳倒对方，还会影响到后面的演讲。在此情况下，这位演说家就亮出了先骂人后道歉的奇招。他的这一奇招既巧妙地反驳了发言青年的观点，突出了语言的力量是无穷的这一演讲主题，又对现场的观众产生了很强的震撼力和吸引力，演讲家的机智吸引了更多的听众。

面对可能失控的会场，演讲者如能随机应变，因势利导，巧妙过渡，不但可以调控演讲会场秩序，巧妙救场，而且还能充分调动听众的情绪，引发听众与演讲者的共鸣，使演讲更加鲜活有力。若想要控好场，平时就要有意识地训练自己演讲时的观察能力、思维能力、反应能力，多练多总结，同时，深入学习自己所在领域的专业知识，可以让你在演讲时处变不惊，从容不迫。

（臧宝飞.演讲与口才22堂自我训练课.北京：北京国际广播出版社，2018：123-125.）

[技能与训练]

1. 请根据自己实战演讲经验，或借鉴名人名家的演讲，填充应对突发事件的技巧，不断丰富灵活控场经验。

演讲突发情况应对技巧列表

突发情况	应对技巧	实战经验填充
冷场	调整内容	
	进行互动	
	调侃观众	
忘词	放慢语速，加重语气重说一遍	
	利用上段忘词结尾句子有效发挥	
	与听众现场互动	
	直接跳过忘记部分	
说错	镇定，不紧张	
	掩饰错误	
时间到	想好头和尾	
	争取听众支持	
听众提问答不了	夸赞好问题	
	反问式回答	
	巧妙拒绝式回答	
	让其他观众作答	
	巧妙控制提问时间	

2. 讨论下面如何运用控场技巧。

某知名主持人在参加大型主持活动下台阶时摔倒了，出现这种情况，的确令人难堪。但是该主持人非常沉着地爬了起来，凭着她特有的口才，对台下的观众说了几句话，让听众爆发出了热烈的掌声。设身处地，想想她是怎么说的，还可以用哪些技巧控场。

3. 一位魔术师在表演魔术时接连出现非常明显的失误，台下的观众直接说出破解魔术的方法，更有甚者直接起哄："下台，下台。"如果你是当时的主持人，会怎么控场?

第四单元 以良好的心理素质控场

[训练目标]

1. 学习调整心理素质的方法。

2. 能克服不自信、焦虑、紧张等心理因素，从容演讲。

3. 能在突发情况中调整心理状态，从容控场。

[知识与案例]

　　心理素质是指个体在心理过程、个性心理等方面所具有的基本特征和品质。它是人类在长期社会生活中形成的心理活动在个体身上的积淀，是一个人在思想和行为上表现出来的比较稳定的心理倾向、特征和能动性。心理素质对演讲者到底有多重要？《电视节目主持人职业素质评价指标体系研究成果汇编》一书中有这样的描述："心理素质是基础，专业素养和思想道德品质是保证。"把具备良好的心理素质当成节目主持人成功完成其职能的必要前提和基础。电视台主持人在直播节目中常常会遇见各种突发情况，这与演讲中遭遇突发情况时，需沉稳应对、灵活控场同理，也就是说无论你具有多么强的政治素质、专业素养和思想道德品质，如果心理素质不过关也不可能胜任主持、演讲这类工作。

一、准备充分，自如面对

　　自信心是成功演讲的重要前提。演讲者在演讲中充满自信，具有强烈的感染力，能够调动场上的气氛，使听众处于意料之外的接收状态，而这种自信心源于对自己演讲能力肯定的积极心理暗示，也源于对自己专业能力的自信。而这种自信源于有备而来的自信心。所以，台上一分钟，台下十年功。充分的准备工作，对演讲的主题、内容、控场形式等做到心中有数，演讲者才能镇定自若、收放自如。

　　一次大型演讲活动中，听众们手机接连响起，演讲者顺着自己的演讲内容，从容不迫地说道："大家是否赞同我刚刚的观点呢？刚刚响起的手机音乐非常赞同我的观点，我们以热烈的掌声鼓励一下！"这样的灵机一动，一是提醒观众手机调整静音，二是如果演讲者置之不理，其他人的手机可能还会响，这样就会影响演讲的效果。一句自信、幽默、从容的话语就把被动控场变为了主动控场。

二、积极暗示，保持平常心

常常会遇到一紧张就无法把心里的想法说出口，断片、头脑空白，越想不紧张就越紧张的情况，因为你的注意力都集中在"紧张"上了，如果我们给自己来一个积极的暗示：紧张就紧张吧，这也不是什么大不了的事情。就像对待天气的变化一样顺其自然，该做什么就做什么，想怎么表达就怎么表达，只要你别太在意它，不去管演讲的结果和他人的评价，也不为此烦恼，那么"害怕"也就自然而然地消失了。

临场紧张调适方法：

充分准备 让自己更自信	睡眠充足，精力充沛； 演讲前喝杯咖啡或茶，让自己镇静下来； 提前到场，熟悉环境，化被动为主动。
自我鼓励 坚信自己优秀	给自己打气，相信自己可以； 把听众想象成无关紧要的人，对自己没有影响。
自我放松 让演讲更自然	深呼吸； 演讲中紧张时喝口茶。
自我调节 让演讲状态更佳	听一段音乐调节情绪； 看一则笑话，愉悦心情。
同听众巧妙沟通 让演讲更真诚	紧张时采用流动式虚视，假装同听众进行眼神交流； 卡壳紧张时，同听众言语互动； 适时停顿微笑。
用心准备开场白 让听众感兴趣	大声开头，用开场白吸引听众注意力，使演讲变得更加顺畅。
注意内容	不要告诉听众你的紧张，这会让你更紧张； 不要让声音和身体因为紧张而颤抖； 不要因为自己紧张的表现而向听众道歉，这样会显得你非常不自信。

三、看轻结果，减少焦虑

一个人之所以会焦虑，是因为有得失心，即过分看重结果，对结果有了太多的期望，反而会过多焦虑，所以看轻结果，调整心理状态，正常发挥，减少焦虑，发挥良好的心理素质。

有位年轻人，演讲口才不错，大大小小的演讲活动也参加了不少。有一次他参加单位的竞职演讲，却大失水准。那次，在准备的时候，他没感到什么压力，加上同事朋友的鼓励与帮助，他都有点期待这场演讲了。但是登台那天面对台下数位同事，他表现得一塌糊涂，不是语句背得颠三倒四，就是卡壳乱了方寸。结果，演讲到一半就草草收场。事后，他说："我太想表现自己反而发挥失常。"

案例中的这位年轻人就是太想好好表现自己，结果发挥失常。可见，保持平常心，多给自己一些积极的暗示非常重要。

演讲前，你可以用各种各样的方式来催眠自己，越是在乎自己的面子和别人的目光，在众人面前越会感到紧张，越紧张就越讲不出话。相反，正确面对自己内心的紧张情绪，接纳这种感受，顺其自然，在众人面前讲话就会变得容易很多。

四、大方得体，充满信心

演讲者控场应该从上场那一刻开始。演讲者如果对自己的演讲胸有成竹，他所散发出的那份自信会对听众产生一定的威慑作用。

一位演讲者，每一次上台前都会自我催眠："我是最棒的，全场我最专业，今天的演讲对于我来说是非常擅长的……"事实上科学家法拉第也曾分享过这样的自我鼓励、演讲诀窍："台下听众一无所知，所以我对今天的演讲充满自信。"

[技能与训练]

1. 某学院进行演讲比赛，一位演讲者刚上台讲了几句话，大脑就一片空白。好不容易控制住了紧张情绪，继续演讲，却发现听众毫无兴趣，昏昏欲睡；有的交头接耳，随意进出。如果你是这位演讲者，你会如何控制这种场面？会用到哪些控场技巧？

2. 演讲者要临场演讲好，必须具有良好的心理品质，做到"热情、果断、自信、镇定"。请你回顾一下自己在这方面的经验与教训。

3. "主动控场"与"被动控场"的区别在哪里？怎样在演讲时给听众树立自己良好的第一印象？

综合实践活动

请查找观看俞敏洪的演讲视频《摆脱恐惧》，结合本章所学控场技巧分析演讲者是怎样控场的。

拓展素材

第八章　实用演讲

演讲无处不在，它渗透在生活中的方方面面，这就是演讲的实用性。

本章力求为读者提供不同场景、各类主题的例文参考，深入探讨实用演讲词的写作方法、技巧，大家完全可以即学即用，或从中获得灵感和思路，或将例文稍做改动便可快速成文。

第一单元　职场演讲

[训练目标]

1. 掌握职场演讲的特点、结构和基本写法等知识。

2. 能够进行职场演讲。

[知识与案例]

任务1　竞聘演讲

竞聘演讲有时也叫竞职演讲，它是指参加竞聘者为了实现竞争上岗，就自我竞聘条件、未来的施政目标和构想所发表的公开演讲或面试答辩。事先为这种演讲写成的书面材料就是竞聘演讲词。

一、竞聘演讲的特点

（一）目标的明确性

一般说来，在竞聘演讲时，竞聘者向评审人员及听众一要讲清自己的应聘条件，突出自己的优势，并且说明这种优势足以完成应承担的职务和工作。如"凭借几年来的工作经验和对建筑行业的热爱，以及对自己能力的自信，让我信心满满地走上了竞聘项目副职这个舞台上，接受大家的考验"。

二要回答"若在其位，如何谋其政"。要在有限的答辩时间内完成上述工作，演讲的总体内容应始终围绕一个目标——岗位职务工作进行，做到目标明确，语不离宗。

（二）内容的竞争性

竞聘演讲的全过程，其实是候选人之间就未来推行的施政目标、施政构想、施政方案进行比较与选择的过程。竞聘除了基本素质条件之外，实际上更重要的是施政目标与施政措施的竞争。写作时应在此处压倒对方，只有具备了明确、先进的施政目标，且有切实可行的施政措施来保证，才会取得竞争的成功。如"今天，我走上演讲台的唯一目的就是竞选'班级元首'——班长。我坚信，凭着我新锐不俗的'官念'，凭着我的勇气和才干，凭着我与大家同舟共济的深厚友情，这次竞选演讲给我带来的必定是下次的就职演说"。

（三）演讲的技巧性

竞聘演讲是演讲的一种，也存在演讲技巧问题。它除了要求演讲者具备良好的心理素质和较强的语言表达能力外，还应当充分考虑竞争对手、听众心态、临场状况等多种因素，用据理力争的方式，巧妙地说明"他不行，我行"或"他行，我更行"。当然自我推销要有艺术性，切忌为了竞争而贬低对手。

二、竞聘演讲的基本写法

竞聘演讲由于要考虑多种临场因素与竞争对象，它的结构就必须灵活多样，但就其基本内容而言，仍可分为以下几个部分：

（一）标题

竞聘演讲词的标题有三种写法。一种是文种标题法，即只标"竞聘演讲词"；一种是公文标题法，由竞聘人和文种构成或由竞聘职务和文种构成，如《关于竞聘学生会主席的演讲》；还有一种是文章标题法，可用单行标题拟制，也可采用正副标题形式，如《让我们的青春尽情歌唱——关于竞聘学生会文娱部部长的演讲》。

（二）称谓

称谓即对评委或听众的称呼。一般用"各位评委""各位听众"即可。

（三）正文

1. 开头

为制造友善、和谐的气氛，开篇应以"感谢给我这样的机会让我参加竞选""恳请评委及与会同志指教"等礼节性致谢词导入正题。紧接着阐明自己发表竞聘演讲的理由。开头应写得自然真切，干净利落。

今天，我走上演讲台的唯一目的就是竞选'班级元首'——班长。我坚信，凭着我新锐不俗的'官念'，凭着我的勇气和才干，凭着我与大家同舟共济的深厚友情，这次竞选演讲给我带来的必定是下次的就职演说。

2. 主体

这是全文的重点和核心。应围绕以下几个方面展开：

（1）介绍个人简历

可分两个层次：第一层简明介绍竞聘者的自然情况，使评委明了竞聘者的基本条件；第二层紧接第一层对自己与竞聘岗位有联系的工作经历、资历作出系统、翔实的说明，便于评审者比较与选择。

（2）摆出竞聘条件

竞聘条件包括政治素质、政策水平、管理能力、业务能力以及才、学、胆、识各方面的条件。竞聘条件是决定竞聘者能否被聘任的重要因素之一，应该重点强调。但切忌夸夸其谈，应多用事实说话，可以结合自己前一时期的工作来写，如自己曾做过什么相关的工作，效果如何，从中展露出自己的水平、能力、知识和才华。采取引而不发的办法，通过这些事实，让评委及听众自然而然地得出肯定的结论。

（3）提出施政目标、施政构想、施政方案

这部分是竞聘者假设已被聘任后，对应聘岗位所提出的目标及实现的具体措施。选招、选聘单位除了看竞聘人基本素质条件之外，还要考虑竞招、竞聘的施政目标和施政措施。演讲者应鲜明突出地提出自己的施政目标和施政措施。这些目标和措施既要适应总体形势，又要体现部门特点。基本目标要具有客观性、明确性和先进性。要定性定量相结合，能量化的尽量量化，以便评委进行比较、评估。目标还应围绕人们对竞聘岗位较为关注的焦点、难点、重点提出。基本目标必须有切实可行的措施做保证。因此，保证措施十分重要。措施必须针对目标来制订，要明确具体，有可操作性，且密切联系岗位实际，从岗位工作出发。

（四）结尾

一要写出自己竞聘的决心和信心，请求有关部门和代表考虑自己的愿望和请求；二要表明自己能官能民的态度。好的结尾应写得恳切、有力，意近旨远，使人闭目能为之长思。

三、竞聘演讲词的写作要求

竞聘演讲词的写作质量不仅取决于竞聘者的文字水平，也是其政治素养、理论水平、业务能力等诸多方面的综合反映。因此，除了观点鲜明、内容充实、语言通顺外，还要注意以下问题：

（一）实事求是，明确具体

竞聘者应实事求是，言行一致。每介绍一段经历、一项业绩都必须客观实在。给国家做出什么贡献，给单位创造什么效益，给职工提供什么福利等，一定要讲清楚，不能吞吞吐吐，模棱两可，要言而有信。

（二）调查研究，有的放矢

竞聘演讲是针对某岗位而展开的，因此，写作前必须到招聘单位了解情况，可以通过调查摸底、群众访谈等方式，切实弄清楚单位的历史、现状，尤其对于当前存在的焦点、难点问题及其存在的根本原因要问清查透，力争找到解决问题的最佳途径，以便在演讲时击中要害，战胜对手。

（三）谦虚诚恳，平和礼貌

竞聘者是通过答辩实现被聘用目的的，只有给人以谦虚诚恳、平和礼貌的感觉，才能被认可和接受。所以，竞聘演讲词十分讲究语言的分寸，表述既要生动，有风采，打动人心，同时又要谦诚可信，情感真挚。

[技能与训练]

请以小组为单位模拟学生会干部竞聘演讲，每个小组推选两名同学为代表上台演讲。

1. 根据自己的兴趣爱好，拟订竞聘的具体岗位。例如学习部部长、体育部部长、外联部部长。

2. 竞聘演讲词的写作质量不仅取决于竞聘者的文字水平，也是其政治素养、理论水平、业务能力等诸多方面的综合反映。因此，除了观点鲜明、内容充实、语言通顺外，还要注意以下问题：

（1）实事求是，明确具体

每介绍一段经历、一项业绩都必须客观实在。给学生会创造了什么效益，给同学提供了什么福利等，一定要讲清楚，要言而有信，不说过头话。

（2）调查研究，有的放矢

写作前必须对竞聘职位进行了解，它的主要任务、工作范围、具体事务等，做到知己知彼。以便在演讲时有的放矢，战胜对手。

（3）谦虚诚恳，平和礼貌

狂妄傲慢、目中无人的竞聘者是不受欢迎的。竞聘演讲词讲究语言的分寸，表述既要生动，有风采，打动人心，同时又要谦诚可信，情感真挚。

任务 2　就职演讲

[知识与案例]

就职演讲是新当选或连任的政府首脑、地方长官、部门领导以及企事业单位的领导就职时，就怎样处理国内外、地方和部门的政务工作、管理事务等而发表的演说词，是新任领导面对其职权范围内的所有群众或代表而发表的施政演说。

一、就职演讲的特点

就职演讲直接关系到群众或下属对新任（连任）领导的第一印象，所以，就职演讲的写作必须具备以下特征：

第一，问题的对症性。就职演讲的写作是在深入调查研究的基础上动笔的，是就职者面对工作中最需要解决的问题而发表的见解，其矛头所指必须是该单位的热点、焦点问题，这样才会引起听者的共鸣。

第二，情感的真挚性。就职演讲中注入了演讲者强烈而真挚的感情，这种强烈的感情以适当的方式表现出来，必将产生强大的感染力和号召力。

第三，语言的简洁性。就职演讲必须具有简洁性。要做到主题突出、层次清晰、语言准确洗练，使听众一听就能够明白接受。

第四，内容的真实性。就职演讲比其他演讲更给人以真实亲切之感。演讲内容要真实，不能哗众取宠。

二、就职演讲的写作结构

就职演讲并没有特别固定的内容要求，但其格式一般由标题、称谓、正文、落款四个部分组成。

（一）标题

就职演讲的标题主要有三类：一类是文种标题，突出文体类型，只标"就职演讲稿"；一类是公文标题，显示公文特点，由就任职务和文种构成，如《关于就任××县县长的演讲》；还有一类是文章标题，可用单标题，如《当市长，就向人民负责》，也可用正副标题。

（二）称谓

在标题下顶格书写称谓。这种称呼，一要表明演讲对象的不同身份，二要给人以谦虚礼貌之感。一般采用类似"尊敬的各位领导，同志们、朋友们"的称呼。

但是也可以根据演讲者面对的听众细分为三种情况：一是主管单位领导和本单位员工，称谓用"各位领导、全体同志/员工"；二是全体人民代表，称谓用"各位代表"；三是主管单位领导，所属单位员工，称谓用"各位领导、各位代表"。

（三）正文

正文作为演讲的主体，要尽量体现前述的基本特点。

1. 开头

就职演讲的开头，一般要表达任职者的心情和对听众的谢意。例如，一位新当选的县长在他就职演讲的开头说道："今天，是我最难忘的日子，最荣幸的日子，也是最激动的日子。在此，让我向各位人大代表表示衷心的感谢！向在座的各位领导、同志们和全县35万父老乡亲表示崇高的敬意！"这样开篇，恳切自然，给听众以良好的印象和感受。

2. 主体

这是全文的主要内容。就职演讲应当着重谈就职者的工作目标、打算和措施，以获得听众的信任和支持。

例如下面这则当选校长的就职演讲的主体部分：

昨晚，我走访了部分教师，回来躺上床后，我回顾了过去一年的领导工作，思考了现在和未来。今天把这四字之本与在座的朋友一起讨论。它们是：

团。领导班子团结一心，全校师生员工团结一致。今后的制度与过去的旧制度，有不相吻合的地方，我们用不着多争论，好吗？上下一心把教学质量抓起来再说，同心协力把学校面貌改变了再说，行吗？

学。我要向大家学管理，学教学，学改变学校面貌的良谋奇策。我想老师们也都有知识更新的紧迫感，也一定会懂得不断地"充电"，增加自己的知识，提高自己的教学水平，这一定是大家很喜欢的吧。

干。学是为了干，学是与干紧密结合的。干，当然你们要先看我是否以身作则，是吗？在其位，谋其政，这是我的职责；不在其位，应谋其政，这是你们的职责。我们一道把工作干出色，这是全乡人民的希望。我说对了吗？

思。反思昨天，深思今天，预思明天。我将拟出奖惩条例，奖励对学校管理决策的建议，奖励提高教育教学质量的有效方法。我当然要跑到第一线去，认真研究和思考，领导的智慧和群众的智慧一旦融合，就会发生奇妙的化学变化，产生出人意料的效果。

3.结尾

就职演讲的结尾，一般要发出号召，展望前景，充满强烈的凝聚力和感召力，给听众以激励和鼓舞。

（四）落款

就职者的姓名和演讲的日期。

[技能与训练]

假如你当选班上的劳动委员，你会怎么进行就职演讲呢？请拟写你的就职演讲词，分小组进行演讲训练。

1.首先对当选的劳动委员的职责要进行充分了解和熟悉。

2.注意就职演讲词的写作结构，其格式一般由标题、称谓、正文、落款四个部分组成。

3.小组内可以反复训练，互相指出不足之处，然后改进。

任务3　述职演讲

[知识与案例]

述职演讲是担任一定领导职务的干部，根据制度规定或工作需要，定期或不定期向上级主管部门领导或干部职工大会陈述履行职责情况的演讲，其书面文字依据是述职报告。

述职演讲是干部的自我汇报，在对干部的考核任免工作上具有一定的参考作用。

一、述职演讲的特点

述职演讲是一种比较严肃的演讲，它的即兴特点相对比较少，更多的是依据严格的程式，并且带有严肃的语气特征。总结起来，主要有以下几个方面的特点：

（一）演讲主体的特定性

述职演讲的主体是担任一定领导职务的干部。

（二）述职的公务性兼自我性

述职演讲具有公务性，它不仅要反映所在单位、部门或所辖系统工作的全貌或某方面工作的情况，还要侧重陈述自己根据任职的职责在其中做了哪些工作，有什么政绩。

（三）内容的规定性

述职演讲的内容是根据当前组织人事部门考核领导干部的有关规定和要求，从任职以来或某一阶段本人的德、能、勤、绩四个方面进行陈述，具有较为严格的规定性。

二、述职演讲的写作结构

述职演讲一般由首部、正文、结束语和尾部四个部分组成，各部分的内容和写作要求如下：

（一）首部

首部主要包括标题、主送机关或称谓两项内容。

1. 标题

一般情况下写《述职报告》或者《××的述职报告》。也有的采用正副标题的形式，正标题概括演讲的主题，副标题标明文种。

2. 主送机关或称谓

用于书面行文的写明主送机关；用于口头宣讲的写明称谓。例如"同志们""全体教职员工"等。

（二）正文

正文一般包括开头、主体和结尾三个部分。

1. 开头

开头，一般包括两个方面的内容：一是任职简介，说明自己从何时开始任何职，并对述职的内容和范围作必要的交代；二是简要概括评价任职以来的工作情况。

2. 主体

这是述职演讲的核心内容。根据上级布置的述职要求，在回顾自己任职以来或某一阶段全面工作情况的基础上，从德、能、勤、绩四个方面进行总结。

3. 结尾

用简洁的文字概括评价自己的工作并简要说明自己的体会及今后的打算。

（三）结束语

作为向上呈报的述职报告应该有结束语，通常用"特此报告""专此述职"等结束全文。

（四）尾部

尾部包括署名和日期两项内容。写明述职人的单位、职务和姓名，于其下写明年月日，注意用阿拉伯数字。

[技能与训练]

回顾已经过去的一个学期，已经任职一学期劳动委员的你，拟写一份述职报告，在班会上对辅导员和全体同学进行本期的述职演讲。

注意正文内容的撰写。开头要说明自己从何时开始任何职，并对述职的内容和范围作必要的交代，接着简要概括评价任职以来的工作情况。主体部分则根据述职要求，在回顾自己任职以来或某一阶段全面工作情况的基础上，从德、能、勤、绩四个方面进行总结。最后用简洁的文字概括评价自己的工作并简要说明自己的体会及今后的打算。

第二单元　会议演讲

[训练目标]

1. 掌握会议演讲的特点，准备等知识。

2. 能够进行会议演讲。

任务 1　正式会议演讲

[知识与案例]

正式会议演讲是在各种会议或集会上，为表达自己的主张、见解，进行宣传或开展工作经常运用的一种演讲方式。

一、正式会议演讲的特点

正式会议演讲具有立意明确，内容集中；条理分明，逻辑严密；用语规范，贴切易懂；适切语境，话语得体的特点。

二、正式会议演讲的写作结构

正式会议演讲由标题和正文两个部分组成。

（一）标题

正式会议演讲的标题和一般文章的标题一样。例如《西安市市长孙清云在欧亚经济论坛欧亚地方政府领导圆桌会议上的演讲》。

（二）正文

正文由开头、主体和结尾三个部分构成。

1. 开头

或开门见山，不讲套话和客气话，一开始就揭示演讲的中心和重点；或开宗明义，一开始就交代演讲的背景，说明演讲的缘由；或从日常生活中的切实体会入手，从而引出正题；或用设问开头，引人关注；或用名言警句，领起演讲的下文。总之，开头应该做到简明扼要，领起下文，引人入胜。

2. 主体

首先，要紧接开头。其次，必须紧紧围绕着一个中心展开说理，可用实例和数字论证问题，还要增大演讲的信息密度。要突出重点，主次分明。再次，要层次清晰，条理分明。层次结构要用并列、正反对比、递进等几种，可灵活运用。最后，要注意过渡和照应。这样，才能使要讲的主题在听众的头脑中鲜明起来，给听众留下深刻的印象。

3. 结尾

或自然结束；或点题作结，深化主题；或启示未来，鼓舞斗志；或富有哲理，发人深思。结尾不能草率收场，也不能画蛇添足，应该使听众感到结尾又是一个高潮的到来。

三、正式会议演讲的技巧

正式会议演讲的质量不仅取决于演讲者的演讲水平，也是其政治素养、理论水平、业务能力等诸多方面的综合反映。因此，除了观点鲜明、内容充实、语言通顺外，还要注意以下技巧：

（一）话题集中，针对性强

一般是对近期或眼前情况有感而发，因此话题内容选取角度较小，说明议论求准，求精，求新。

（二）临场发挥，直陈己见

说情况，说道理，表看法，提意见少绕弯子，切忌观点模棱两可，晦涩艰深，令人不知所云。

[技能与训练]

拟写一份主题班会的演讲稿，在举行班会时上台进行演讲训练。

1. 内容自选，选择向上向善的正能量主题。

2. 课下可以小组先进行模拟练习，经过反复修改和练习，保证上台的演讲效果。

任务 2　晚会、宴会、聚会演讲

[知识与案例]

晚会、宴会、聚会演讲是人们在节日、宴会、聚会等社会活动中经常使用的一种表达情感、抒发人们思想的方式。

一、晚会、宴会、聚会演讲的特点

晚会、宴会、聚会演讲具有以下特点：条理分明，逻辑严密；语势连贯，跌宕起伏；用语规范，贴切易懂；符合语境，话语得体；生动优美，幽默诙谐。

二、晚会、宴会、聚会演讲的写作结构

晚会、宴会、聚会演讲的文稿包括标题、正文和结尾三个部分。

（一）标题

同一般文章的标题。例如《尼克松在答谢宴上的演讲》《在新年晚会上的演讲》《在国庆节联欢晚会上的演讲》。

（二）正文

正文由开头、主体和结尾三个部分组成的。

1.开头

开宗明义，交代演讲的缘由。

例如某领导在新年晚会上的演讲的开头：

值此辞旧迎新之际，我谨代表全体职工向关心、支持我公司建设发展的各级领导，社会各界人士和全县人民表示衷心的感谢！代表公司党总支向一年来兢兢业业、踏实工作、敬业爱岗、无私奉献的全体职工真诚地道一声，你们辛苦了！恭祝大家在新的一年里工作顺利、事业有成、身体健康、平安吉祥！

2.主体

要紧接开头。必须紧紧围绕着一个主题中心展开演讲，要突出重点，主次分明。要层次清晰，条理分明。

例如某公司领导在春节晚会上的演讲的主体部分：

××年，是公司逆势而上的一年，是非凡的一年：公司成立十周年，公司工会正式成立，第一届工会代表大会胜利召开，××分公司顺利搬迁和人员扩编，公司各种丰富多彩的员工活动，让我们每一位员工看到公司发展的希望。在公司管理层和全体员工的努力下，公司更是获得了健康、稳步、持续的发展，做到了稳健运营，实现了盈利的目标。所有这些成绩的取得都包含着公司全体员工的辛勤劳动和汗水，也凝聚着员工家属对公司工作的大力支持和无私奉献。

因此我谨代表各方股东、董事、监事向全体员工表示衷心的感谢，并通过你们向你们的家人表示新春的祝福，祝大家新春愉快，工作顺利，身体健康，阖家幸福，万事如意！

（三）结尾

结尾要做到画龙点睛，深化主题。

例如：

回顾过去，展望未来，我们充满希望，充满信心，充满豪情。让我们在县委、县政府的正确领导下，在县卫生局的直接指导下，立足本职，把握重点，为圆满完成××年各项工作任务，为开创××县卫生事业新局面，为我院铸造新的辉煌，为××县人民群众的健康幸福而努力奋斗！

三、晚会、宴会、聚会演讲的技巧

晚会、宴会、聚会演讲的开场白很重要，但是不能太长，重点是抛出主题或激发兴趣。站起来讲，时刻面对听者，照顾到整个空间。需要观察听者对你所讲内容的反应，激发听众的兴趣，吸引他们的注意力。语音和语调也很重要，该快的时候要快，该重的时候要重，该停顿的时候则适当停顿。手势和小动作都不能太多，肢体动作要和所讲的内容相配合。

[技能与训练]

又是一年毕业季，请在师生毕业欢送宴会上进行一次演讲，表达你对母校、老师、同学、朋友的眷念之情。

1. 演讲稿结构完整，感情真挚。

2. 自己设计一些动作、眼神，提升整个演讲的影响力。

第三单元　庆典演讲

[训练目标]

1. 掌握庆典演讲的特点、准备等知识。

2. 能够进行庆典演讲。

任务1　庆典酒会演讲

[知识与案例]

庆典酒会上的演讲是在酒会宴会的开始，是主人表示热烈欢迎、亲切问候、诚挚感谢，客人进行答谢并表示衷心祝愿的应酬之辞，是招待宾客的一种礼仪形式，有时也被简单称作祝酒演讲。

庆典酒会演讲的内容以叙述情谊为主，一般篇幅短小，文辞庄重、热情、得体、大方，是当下流行的一种演讲文体。

一、庆典酒会演讲的特点

庆典酒会演讲的第一个特点是祝愿性，祝愿事情成功或祝愿美好、幸福；第二个特点是简洁性，祝酒因为场合比较隆重或热闹，所以时间不宜太长，言辞要求简洁而有吸引力。

二、庆典酒会演讲的写作结构

庆典酒会演讲通常分为四个部分：

（一）标题

标题一般简单直接的标为祝酒词，或者单独以特定内容为主题拟定一个题目。

（二）称谓

称呼一般用泛称，可以根据到会者的身份来定，如"各位女士、各位先生""朋友们""同志们""各位来宾"等。为了表示热情和亲切、友好之意，前面还可以加上修饰语"尊敬的""尊贵的""亲爱的"等。

（三）正文

正文的主要内容包括：致辞人（或代表谁）在什么情况下，向出席者表示欢迎、感谢和问候；谈成绩、作用、意义；展望未来，联系面临的任务、使命。一般要求篇幅简短，语言口语化，态度热忱。

（四）结尾

庆典酒会演讲的结尾常用"请允许我，为谁，为什么而干杯"。

三、庆典酒会演讲的技巧

庆典酒会演讲要简洁有力，提炼观点，不重复啰唆。语言要色彩鲜明，欢庆热烈。语调高昂热情，面部表情亲切。同时可以引用经典的祝酒诗词典故，比如李白的祝酒诗句，画龙点睛。

[技能与训练]

1. 今年是我院书法社成立三周年，请为三周年庆典拟写一篇演讲稿，在庆典上进行正式演讲。

2. 请为今年母校的校庆活动拟写庆典演讲稿，并在小组进行演讲训练。

要求：

（1）内容真实，感情真挚。

（2）格式正确，内容充实。

（3）注意庆典演讲稿的结构和写作技巧。

任务 2　节日演讲

[知识与案例]

所谓节日演讲，是指在各种节日的重大活动中发表的公开演讲。一般来说，庆祝某个节日，可以开展各类纪念活动，也可以举行主题演讲比赛。在活动中，主持人要上场讲话，在比赛中，参与者要登台演讲。因此，为了在节日活动中充分展示自己的语言风采，我们就要努力培养和提高口语表达能力。

一、节日演讲的特点

总结节日演讲稿的共同特点并不是一件特别容易的事情，最难的地方就在于几乎每个节日都各有其由来，各有其特点和性质。比如国庆节，一个国家逢国庆佳节，其友好国家的领导人或使节便有可能被邀请来参加这个国家的庆祝活动，或发表演讲，目的是促进两国关系，增进相互了解。这样的节日发表的演讲往往具有政治色彩。相反，如果是母亲节，所做的演讲一般是赞扬和歌颂母爱的伟大，更具有情感色彩，更生活化。你看，同样是节日演讲，国庆节演讲和母亲节演讲就有很大的差异。那么，我们就不能找到节日演讲的共同特点了吗？能，我们总结了节日演讲的三个特点。准确把握这三个特点，对我们成功进行节日演讲会有很大的帮助。

（一）内容的纪念性

既然叫节日演讲，那它本身涉及的内容必然离不开相关的节日。例如节日演讲《神奇的力量——在五四青年节联欢晚会上的即兴演讲》，演讲者仍然该将主题扣在五四青年节上面，提倡弘扬五四运动的精神，关心祖国，热爱祖国，使内容不知不觉地带有纪念意义。相反，如果演讲者对五四运动只字不提，大讲特讲其他无关内容，那也就不能称其为"节日演讲"了。

可以这样说，所有的节日演讲的内容都具有纪念色彩。元旦演讲是为了纪念旧年已逝、新年将至，把这一天视为全新生活的一个起点；端午节是为了纪念爱国诗人屈原流传下来的节日，已经广为人知；西方传统节日圣诞节，则是为了纪念耶稣于 12 月 25 日诞生。

（二）情感的丰富性

节日演讲词由于受节日的影响，会更充分地体现出丰富的情感。我们说节日具有情感的丰富性，而非情感的单一性，这是因为节日本身色彩纷呈，风格各异，所以导致演讲词中情感的多样性和不固定性。让我们看看节日演讲词中，主要有哪些情感。

什么样的节日，节日演讲就该有什么样的情感，富有喜庆色彩的节日，演讲词中便会流露出喜气、高亢、昂扬的情感，比如元旦、春节、五一国际劳动节、六一儿童节、教师节、国庆节等。反之，清明节、一二·九运动纪念日、抗日战争胜利纪念日、五卅惨案纪念日等节日演讲词，或者体现为悲痛，或者体现为低沉，或者体现为严肃认真。

（三）演讲的目的性

任何演讲都有目的，节日的目的性表现得更加明确，那就是通过在节日、纪念日里发表演讲，阐明自己的主张，明确自己的观点立场，弘扬相应的人物和精神，鼓动和激发听众的情绪，发出具体的、正义的号召。无论称为节日也好，称为纪念日也好，它们都具有一定的纪念意义，这一点我们已经在前边说过了，不再赘言。我们要说的是，既然确立的每一个节日都有纪念意义，那么，在节日里发表的每一篇演讲便都应该具有明确的目的：为什么纪念这个节日？这个节日可以让人们回想起什么，从中借鉴些什么？今后该怎么办？

即使不是政治性节日演讲，生活色彩很浓、人情味很浓的节日演讲也同样应体现目的的明确性，如母亲节演讲、重阳节演讲等。例如《父亲的骄傲》这篇父亲节上的演讲词，它的目的主要借歌颂父亲，表达"你才是父亲最大的骄傲"之意。

二、节日演讲的写作结构

（一）标题

节日演讲稿的标题是灵活多样的。一般来说，既可以采用单标题，例如《在护士节庆祝会上的演讲》；也可以使用双标题，例如《老师：用生命熔铸崇高——在北京大学教师节庆祝大会上的演讲》。不管用哪种标题，最好都要明确显示节日的特点，使听众透过标题就能了解演讲的主旨。

（二）称谓

称谓是指对现场听众的称呼。这种称呼，一要表明演讲对象的不同身份，二要给人以热情亲和之感。一般采用类似"尊敬的各位领导，同志们，朋友们"的称呼比较自然得体。

（三）正文

1. 开头

为了渲染气氛，交流情感，开篇可以点明节日的时间和来历，并对听众表示敬意和谢意。开头语言简洁自然，体现了演讲者的真诚和热情。

2. 主体

这是文稿的重点和核心。不同的节日演讲有着不同的主题内涵，撰稿时必须紧扣主题，或抒情言志，或叙事说理。力求用真挚的情感表达和深刻的事理阐述，丰富和充实演讲的主体内容，给听众以心灵的感染和思想的启迪。

3. 结尾

这是演讲的结束。通常要用简洁而富有感情色彩的语言，表达演讲者的深切的希望和美好祝愿，从而激发听众的强烈共鸣。

三、节日演讲的技巧

（一）突出时境性特点

节日的演讲稿离不开两个特定的因素，这就是时间和环境。特定的时间能够体现演讲的性质目的，特定的环境可以展示演讲的活动现场。所以，撰稿时必须突出时境特点，尤其是在演讲的开头和结尾。只有这样，才能渲染出节日的气氛，增强节日演讲的历史内涵和现实意义。

（二）掌握语言风格

节日的性质和主旨的差异，决定了演讲语言风格的不同。因此，撰稿人必须根据这种差异，掌握和运用好不同风格情调的语言，或热烈，或冷静……营造出特定的情境氛围，增强吸引力和感染力。

（三）注重现场交流

节日演讲是在特定的现实活动中进行的，演讲者和听众不仅共同参与，而且相互促进。因此，撰稿时不能不考虑现场因素。一定要通过突出实境，渲染气氛，增强演讲的现场感。同时，采用呼告、设问等多种修辞手法，增强语言的交流感，从而增强节日演讲的现场表达效果。

[技能与训练]

1. 请为合家团圆的春节拟写节日演讲稿，并在小组进行演讲训练。

2. 一年一度的教师节即将到来，为了给辛苦付出的老师们庆祝节日，请你拟写一份节日演讲稿，在庆祝会上进行演讲。

第四单元　礼仪演讲

任务1　欢迎与欢送演讲

[知识与案例]

　　欢迎与欢送演讲通常又叫作欢迎词与欢送词。欢迎演讲，是指客人光临时，主人为表示热烈的欢迎，在座谈会、宴会、酒会等场合发表的热情友好的讲话。与此相应，欢送演讲则是客人应邀参加了活动，主人为表达对客人的欢送之意，在一些会议或重大庆典活动、参观访问等结束时发表的讲话。欢迎演讲与欢送演讲作为一种日常应用文，属于同一类型的演讲。

一、欢迎演讲与欢送演讲的特点

（一）欢迎演讲的特点

1.欢愉性

中国有句古话是"有朋自远方来，不亦乐乎"，所以致欢迎演讲应当用一种愉快的心情，言辞用语务必富有激情并表现出致辞人的真诚。

2.口语性

欢迎演讲本意是现场当面向宾客口头表达，所以口语化是欢迎词文字上的必然要求。在遣词用语上要运用生活化的语言，既简洁又富有生活的情趣。口语化会拉近主人同来宾的关系。

3. 应对性

通常主人致欢迎演讲后宾客即致答词，这样就具有了相互应对的特征。同时，欢迎演讲和祝酒演讲有时可以互用，在欢迎宴会上发表的欢迎演讲通常就叫作祝酒词。两者的区别主要在于：祝酒演讲只用于宴会，既可以表示欢迎，也可以表示欢送。祝酒演讲的结尾一般为"为……干杯！"的祝酒语句。而欢迎演讲的结尾大多为表达祝愿成功、愉快的语句。

（二）欢送演讲的特点

1. 惜别性

欢送演讲要表达亲朋远行，或短暂或长期分别时的感受，所以依依惜别之情要溢于言表。当然格调也不能过于低沉。尤其是公共事务的交往更应把握好分别时所用言辞的分寸。

2. 口语性

和欢迎演讲一样，口语性也是欢送演讲的一个显著特点。遣词造句也应注意使用生活化的语言，使送别既展现情谊又自然得体。

二、欢迎与欢送演讲的写作结构

（一）欢迎演讲的写作结构

欢迎演讲的写作结构一般由标题、称呼、正文和落款四个部分组成。

1. 标题

标题的写法一般有两种：一种是单独以文种命题，如《欢迎词》；另一种是由活动内容和文种共同构成，如《在××学术讨论会上的欢迎词》。

2. 称呼

称呼要求写在开头顶格处，要写明来宾的姓名称呼，如"尊敬的女士们、先生们""亲爱的××大学各位同仁"。

3. 正文

欢迎词的正文一般由开头、中段和结尾三部分构成。

（1）开头

开头通常应说明现场举行的是何种仪式，发言者代表什么人向哪些来宾表示欢迎。

（2）中段

欢迎词在这个部分一般要回顾和阐述宾主双方在共同的领域所持的共同的立场、观点、目标、原则等内容，较具体地介绍来宾在各方面的成就及在某些方面作出的突出的贡献，同时要指出来宾本次到访或莅临对增加宾主友谊及合作交流所具有的现实意义和历史意义。

（3）结尾

通常在这个部分再次向来宾表示欢迎，并表达自己对今后合作的良好祝愿。

4.落款

欢迎词的落款要署上致辞单位名称、致辞者身份和姓名，并署上成文日期。

（二）欢送演讲的写作结构

欢送演讲也由标题、称呼、正文和落款四个部分组成。

1.标题

标题的写法一般有两种：一种是单独以文种命名，如《欢送词》；另一种由活动内容＋文种共同构成，如《在××研讨会结束典礼上的讲话》。

2.称呼

称呼要求写在开头顶格处。要写出宾客的姓名称呼，如"尊敬的女士们、先生们""亲爱的同志们、朋友们""久违的、亲爱的同学们"等。

3.正文

欢送词的正文一般由开头、中段和结尾三个部分构成。

（1）开头

开头通常应该说明此时在举行何种欢送仪式，发言人是以什么身份代表哪些人向宾客表示欢送的。

（2）中段

欢送词在这一部分要回顾和阐述双方在合作或访问期间在哪些问题和项目上达成一致意见，取得了哪些有突破性的进展，陈述本次合作和交流给双方带来的益处，阐述其深远的历史意义。私人欢送词还应该注意表达双方在合作共事期间彼此友谊的增进、加深，以及分别之后的思念之情。如果是为朋友送行，还要加上一些勉励的话。

（3）结尾

通常在结尾处再次向来宾表示真挚的欢送之情，并表达期待再次合作的心愿。亲朋远行尤其要表达希望早日团聚的惜别之情。

4.落款

欢送词的落款处要署上致辞的单位名称、致辞者的身份和姓名，并署上成文日期。

[技能与训练]

新年将至，学校的上级主管部门将到我校进行期末检查，请拟写一篇欢迎演讲词，表示对上级部门的热烈欢迎。

任务 2　纪念仪式、活动演讲

[知识与案例]

纪念仪式、活动演讲，是指在追忆某一特殊的日子、事件或人物时，所使用的一种演讲方式。

一、纪念仪式、活动演讲的特点

（一）有强烈的针对性

要针对具体的问题。

（二）有较大的鼓动性

能够引起听者的共鸣。

（三）有一定的通俗性和条理性

（四）有特定的对象

这是演讲者所意指的对象。

二、纪念仪式、活动演讲的写作结构

纪念仪式、活动演讲一般由标题和正文构成。

（一）标题

标题同普通文章的标题一样。

（二）正文

正文由开头、主体和结尾三个部分构成。

1. 开头

要一开始就揭示演讲的中心和重点。

2. 主体

主体部分要紧接开头，要求内容清晰、明确、新颖，引人入胜。

3. 结尾

点题作结，深化主题。

三、纪念仪式、活动演讲的技巧

1. 楔子

用几句诚恳的话同听众建立个人间的关系，获得听众的好感和信任。

2. 衔接

直接地反映出一种形势，或是将要论及的问题，常用某一件小事、一个比喻、个人经历、奇闻逸事、出人意料的提问，与主要演讲内容衔接起来。

3. 激发

可以提出一些激发听众思维的问题，把听众的注意力集中到演讲上来。

4. 触题

一开始就告诉听众自己将要讲些什么。世界上许多著名的政治家、作家和国家领导人的演讲都是这样的。

[技能与训练]

上级部门对我校工作进行了细致检查，提出了宝贵的意见和建议。他们将于近日离开，请你拟写一篇欢送演讲稿，感谢上级部门对我校的关心、帮助和支持。

要求：内容充实，感情真挚。

综合实践活动

1. 以"五四"一百周年为契机，拟写一篇纪念"五四百年"的演讲稿，反复练习并以小组为单位推荐一名同学进行全班演讲。

2. 请为二十年后母校的校庆活动拟写庆典演讲稿，先在小组内进行演讲，然后以小组为单位推荐一名同学进行班级演讲比赛。

3. 模拟中秋佳节，组织一次赏月大会，以小组为单位推荐一名同学进行晚会演讲。

4. 新学期，新希望，为了鼓励同学们在新的学期努力学习，取得更大进步，组织一次制订学习目标的讨论会。以小组为单位推荐一位同学进行会议演讲。

拓展素材

第九章　即兴演讲

你是否也像我一样遇到过以下情形?

参加校际联谊会,突然被主持人点名,请你上台给大家讲几句,你有千言万语,可却张不开嘴,不知从何说起;班级交流会上,学习成绩优异的你,被辅导员指定上台分享一下学习经验,虽然有很多话想对大家说,你却只能神情窘迫地站在台上,不知道应该说些什么;作为刚刚走上工作岗位的新员工,面对同事的热忱欢迎,你想表达自己的谢意和工作决心,可一开口你就知道自己"完了",你语无伦次,毫无章法,浑浑噩噩讲完,却连自己都不知道讲了些什么……

现代职场竞争日益激烈,不论是普通员工,还是管理人员,对于奋斗在职场的每一个人而言,学会沟通,善于演讲,不论在何种场合都能进行有效沟通是非常重要的。能够当众即兴发言,得体自如地表达自己的意愿,更是一门必修课。即兴演讲做得好,除了能够得到他人的尊重和认可,还能给自己赢得更多机会,甚至改变自己的生命轨迹。

即兴演讲能给人以直抒胸臆之感,而且由于不借助演讲稿,演讲者可以直接与听众沟通,听众更能感受到你所讲的内容真实可信,并能集中注意力主动参与沟通。通过声情并茂的即兴演讲,演讲者更容易与听众在思想上和情感上充分沟通,使演讲内容易于被听众接受。另外,即兴演讲是一种靠演讲者的独白来打动听众、感染听众的演讲方式,它可以保证谈话主题的一致性和完整性,帮助演讲者明确阐述自己的观点。但是正因为如此,在即兴演讲时,演讲者更要注意语言的准确、明白和生动。

第一单元　学会即兴演讲

[训练目标]

1. 了解即兴演讲的特点。

2. 掌握即兴演讲的"万能"结构模式。

3. 了解即兴演讲应注意的问题。

任务1　什么是即兴演讲

[知识与案例]

一、什么是即兴演讲

即兴演讲是指在特定的情境下，自发或被要求立即进行的当众说话，是一种不凭借文稿来表情达意的口语交际活动。即兴演讲是脱稿讲话的一种形式，既需要演讲者具备广博的知识储备，又需要具备敏捷的思维能力、应变能力以及丰富的语言表达能力。

二、即兴演讲的特点

即兴演讲的随机性比较大，往往是演讲者事先没有充裕的时间做准备，而是随想随说，有感而发。它具有以下几个特点：

（一）短小精悍

即兴演讲无须长篇大论，用简明的语言表明态度、传递情感即可。即兴演讲多是在一种热烈的场合下进行的，没有人乐意听长篇大论，因此必须短小精悍。短小，指篇幅；精悍，指内容。即兴演讲虽然不可能像命题演讲那样讲究布局谋篇，但也要结构合理，详略得当，要形成自己独特的风格和一气呵成的气势，切忌颠三倒四，离题万里，拖泥带水，重复拉杂。

（二）时境感强

即兴演讲的场合多是工作、生活或社交中的某个特定场景，或答辩或聚会……，演讲者只需表达出自己的心意、看法或者情感，注重切合当时氛围，到什么山唱什么歌，什么场合说什么话。因此，即兴演讲一定要切合现场的气氛，或严肃，或诙谐，或喜庆，或伤感……时境感相当强烈。

（三）有感而发

即兴演讲必须从眼前的事、时、物、人中找到触发点，引出话题，然后再将心中的所思所想说出来。因此即兴演讲要求表达自己的真情实感，言为心声，忌讳漫无边际地讲空话、套话。

（四）形式灵活

即兴演讲形式灵活自由，可以采取多种形式：或分享一个故事、或发表一段感言、或就某个问题进行辩论、或来一段即兴点评。不拘泥于形式，只要有感而发，能表达自己的某一种感受或者观点就行。

[技能与训练]

一、散点连缀法

即兴演讲水平是可以通过训练得到提高的，下面提供一种训练方法——散点连缀法。

所谓散点连缀法，就将几个表面上看似没有关联的，甚至毫不相干的景物、词语，通过一定的语言表达方式，巧妙地连缀起来，组合成一段话，表达一个完整的意思。

如：校友、咖啡、际遇

这三个词语，看似毫不相干，但通过散点连缀方法，可以组成如下一段话：

在一次校友会上，我们几个老同学聚在一起聊天，主人问我喝什么饮料，我说来杯咖啡吧，咖啡加点糖，甜中有苦，苦中有甜，二者混在一起有股令人回味无穷的滋味，我想这正好与我们这代人的际遇相似，分别几年了，我们都已经走向了不同的岗位，回想起来，真是有苦有甜啊！

其实无论多么散的事物，只要我们认真研究它们之间的关系，理清思路，总能把它们结合起来，表达一个观点。

二、课堂训练

仿照例文，自定主题，以"人生、考试、学步"等关键词组织一段话讲述，不少于

400字。

人生处处是考场

考场，检验你水平的地方。你会什么，不会什么，付出了多少努力，皆可在考场中一展无余。朋友，你想过没有，生活也在不断地对你进行考试，无论何时，无论何地。曾经听过这样一个真实的事：某学校在考场门前故意放了一只黑板擦，观察能有哪位同学捡起它。有的人慌慌张张跑入考场，根本没有留意到有一只黑板擦；有的人看到了，把脚轻轻一抬，视若无睹地跨过去了；有的人对着挡路的黑板擦骂了一句，泄愤地踢了一脚，大步走过去了……但没有一个人想到捡起这只黑板擦。

这也是一个考场，是一次没有试卷的考试。考试的结果是：所有人都不及格。这样的考场，这样的考试，有意无意之中，你经历了多少次呢？从童年到少年，从青年到成年，你成长的每一步，人生都设着一个个考场。只是成绩不是用笔写就的，而是用你自己的行为写成的。在你学走第一步路时，在你学说第一句话时，在你学会写第一个字时，在你经历第一件事时，你亦经历了一次次考试。不经意中，我们经过了无数次考试。或成功，或失败，或痛苦，或愉悦，你都是在面对生活里的一次次考试中磨炼了自己的才干，健全了人格。

（佚名《面试即兴演讲的基本技巧和题型》）

解析：我们成长旅途中的每一次进步，都是历经考验，在战胜重重困难后取得的。本文成功地将"人生、考试、学步"等词串联成文，举事例，讲道理，有一定深度。

任务2 即兴演讲有"公式"

[知识与案例]

初学演讲者，即便是经过充分准备后登台讲话，都会觉得非常紧张，容易怯场，即兴演讲就是一个更具有挑战性的任务了。那么，有没有什么办法，能够让初学者也能很快把握即兴演讲的结构和内容，不管在什么场合都能迅速理清思路，开口就讲呢？下面就介绍三种即兴演讲的结构模式，只要多加练习，灵活运用，一定能够让你在即兴演讲时应付自如。

一、即兴演讲"万能"结构

缺乏经验的演讲者，作即兴演讲时要么千言万语却无从开口，要么语无伦次颠三倒四。究其原因，最主要的一点就是没有理清自己演讲的结构层次。即兴演讲的篇幅往往都不长，结构上一般都可以围绕"三"来做文章。下面给大家提供三种结构模式以供参考：

（一）三段式结构：总—分—总

开头：总，言之有物。开门见山，主要讲自己演讲的主题或中心思想。

中间：分，言之有序。不管什么内容，都可以分三方面来阐述，忌冗长，基本要求是言之有序。

结尾：总，言之有情。首尾呼应，直接说出自己演讲的主题或中心思想。

（二）"三天式"结构：昨天、今天、明天

这种结构模式几乎适用于一切即兴发言场合，与上文"三段式"结构结合起来使用。

"昨天"即过去：回顾过去的探索、奋斗、合作、交往等，可以迅速拉近感情，从而找到共同语言，便于切入主题。

"今天"即现在：讲述当前双方共同的事业或者事业中的共同点，能够很快得到大家的认同和支持。

"明天"：展望未来，为双方勾画出美丽的蓝图，增强前进的动力，鼓舞团队的信心。

（三）"三句话"结构：感谢、回顾、愿景

感谢：保持一定的礼节性，常常用感谢的话开头。

如"感谢主持人给我这次发言的机会"，"感谢大家给我的热烈掌声"等。

回顾：回顾过往的经历。

如"回顾我和大家的交往，往事历历在目，恍如昨天……"，"回顾刚刚过去的这三个月，这真是一段激情燃烧的岁月……"。

愿景：表示畅想、祝贺、决心、祝愿等。

如"最后，我代表公司向大家表示最美好的祝愿"，"取得的成绩已成过去，我相信，我们公司的未来会更加灿烂辉煌！"

二、即兴演讲的准备

即兴演讲虽说具有临时性和突然性的特点，但并非完全不可准备。只要事先做好"功课"，加强练习，就可以让自己的每一次即兴演讲都精彩出众。

首先要从思想上做好充分的心理准备。无论参加什么集体活动，都要始终保持全神贯注。要掌握会议的主题，讨论的具体题目，争论的焦点，一旦需要即兴演讲，就能从容应对。此外，还可以从以下几个方面预先进行准备：

（一）知识素养准备

演讲者的知识储备、兴趣爱好、阅历修养与演讲的成败有着紧密的关系。"巧妇难为无米之炊"，许多演讲者都认为，演讲的最大困难在于没有演讲材料。这就要求我们平时做有心人，"家事、国事、天下事、事事关心"。广泛地阅读、搜集、积累材料，古今中外的人文科学、自然科学都要有所涉猎；加强自我思想、道德、情感等各方面的修养。这是一个长期、琐碎而复杂的工作，重点从以下几方面入手：

①多搜集历史资料，对重要的历史事件、人物的有关情况要熟记，并分门别类地进行整理。

②多搜集现实资料，对当今国内外发生的重大政治、经济、文化、科技等各个领域的事件、人物的有关情况要有所了解，有所思考，有所感悟。

③加强记忆，多记名人名言、俗语谚语、古典诗词、经典文学、寓言故事、时文政评等。

（二）临场观察准备

演讲者要善于观察、尽快熟悉演讲现场，及时搜集捕捉现场的所见所闻，包括现场环境（时间、地点、场景布置等）、听众、其他演讲者的演讲等，以确定自己的话题，增加演讲的即兴因素。

（三）心理素质准备

既然是有感而发，就要有稳定的情绪，有十足的信心，有必胜的信念，这样才能保证思路通畅，言之有物，情绪饱满，镇定从容。

三、即兴演讲的注意事项

即兴演讲要根据不同的场合、面对不同的听众选择不同的切入方式和表达方式。总体上而言，要注意以下几个方面的问题：

（一）内容要简短

即兴发言应避免长篇大论及空洞说教，如果主办方没有明确要求，一般以 3 ~ 5 分钟为宜。

（二）注意氛围

对于有些比较正式、官方的场合，就必须用正式的致辞方式，显得庄重；对于比较轻松活跃的场合，就应该用喜庆的语气，传达出积极正面而又不失幽默风趣的信息。

（三）遵循礼仪

首先，发言的次序必须听从主持人的安排；其次，发言中要遵守现场的礼仪，根据情况不同，有些需起立站在原位，有些需站在主席台前。

（四）避免冲突

发言时应避免冲突和对抗性的发言，如有意见和建议可以在会后再沟通。

[技能与训练]

1. 按照"三段式"结构，对一部电影或近期的新闻事件谈谈自己的感受。

2. 就你看过的一场晚会（球赛、演出、电影等）接受采访，用"三句话"式结构发表自己的看法。

3. 根据下面提供的几组词语，要求快速组合成一段话，并能表达出一个中心思想，如果能够引出一段有回味的故事更好。

（1）马、剑、雨、床

（2）黄河、白板、水瓶、黑熊

（3）沙滩、钢笔、衣服、酒水

（4）外星人、狐狸、天空、电灯

（5）学习、信封、瀑布、船

第二单元　即兴演讲有技巧

[训练目标]

1. 掌握即兴演讲的结尾技巧。

2. 掌握即兴演讲的细节处理技巧。

3. 掌握即兴演讲的修辞技巧。

任务 1　不会"演"讲就讲故事

[知识与案例]

有的人在与朋友聊天的时候，天南海北神吹海侃，滔滔不绝，讲的故事非常精彩，可是要让他在正式场合讲话，就张不开嘴，不知说什么好了。其实，从某种程度上说演讲就是"讲故事"，故事讲好了，演讲也就讲好了。当然，演讲中的"讲故事"必须为主题服务，要紧紧围绕演讲主题展开。

众所周知，故事有五个要素，分别是时间、地点、人物、情节和结果，这五项内容完整，故事才算完整。时间的介绍要开门见山，要能够迅速引起听众的注意；对地点的描述要带领听众尽快进入场景；人物要有名有姓才显得真实，也方便听众理清思路；情节的描述应具体化和细节化；结果的表述要清晰，并呼应演讲的主题或想要表达的观点。

讲故事，最重要的是对故事情节的讲解，换句话说也就是重现场景。重现场景的具体要求就是表述具体化、描述细节化，这样才能使所有听众以一个一致性的画面进入情节，限制听众随意思考。如果听众随意思考，反馈就会不一致；反馈不一致在社会心理学中就意味着心理互动的失败；心理互动失败，演讲者就很难达到演讲的预期效果。

演讲者在讲故事时需要注意以下事项：

1. 不要使用模糊的概念

"可能是甲""可能是乙""好像是 1978 年"等类似模糊的语句会降低故事的真实性，导致说服力降低。

2. 少用解释性语言，多用描述性语言

例如在描述天气时，使用"那天天气太热，我只穿了个短裤"比使用"因为那天天气很热，所以我穿得很少"的效果好，使用"我站在 8 米高的台子上，双腿发抖"比使用"因为台子有 8 米高，所以我站在上面发抖"的效果好。

3. 不要使用谦虚式的开场白

谦虚的开场白会让听众质疑你的自信，如"大家不要笑话我哟，我胆子小""对不起，我有点紧张"，等等。

4. 注意第一句话的语音、语调和语速

讲好第一句话至关重要，如果第一句话能够吸引听众的注意力，下面的故事讲述就会流畅得多，所以在讲话之前要先吸一口气、稳一下神，不要慌慌张张地开始，把握好第一句话的语音、语调和语速。

5. 使用侧面反衬

在描述人物的心理变化时尽量用事实侧面反衬，留给听众生动、形象的记忆，例如描述害怕可以说"事后发现衣服湿透了"，这样会更加逼真。

6. 避免使用抽象化的语言

例如描述一个人的学习成绩，"优秀"是一个笼统的概念，如果改用"考试成绩不是第一，就是第二"会更加具有说服力。

7. 使用因果倒置

如果想表达一种戏剧性的效果，可以尝试使用原因倒置的技巧，这样往往可以迅速地抓住听众。例如，"昨晚我失眠了。我想起这三个多月以来我们一起奋斗的许多画面"。

8. 用事实说话

用最典型的事实来突出想要表达的思想，因为事实是无可反驳的，是论证性的，而评论是阐述性的，所以真正能够起作用的应该是演讲内容中的事实。

9. 适当地指名道姓

对故事中的人物均应给予明确的名字，这样既能体现真实性，也有利于听众接受。

10. 恰当使用带有感情色彩的词语

用合适的词语表达某种感情或感受，这样更容易引发听众的认同感。

[技能与训练]

1. 大学同学毕业 5 周年重新聚首母校，到场的有当年教过大家的老师和系领导，请你代表全班同学致辞（要求以讲故事开头，使用"三天式"结构）。

2. 迎新晚会上，请你代表"老生"向新生致辞（要求使用幽默的语言风格）。

任务 2　不会"演"讲就讲自己

[知识与案例]

如果通过前面的学习和训练，演讲者仍然觉得即兴演讲是一件非常困难的事情，那么在遇到需要即兴演讲时，就讲讲自己的故事吧。

人们往往对演讲者的亲身经历感兴趣并觉得真实可信。反之，如果演讲者在台上总是讲别人的事，听众会对其真实性产生怀疑。因此，讲述自己的故事，既能增强演讲内容的说服力，也较容易被听众所接受。更重要的是，因为是自己身上发生的事或者亲身经历的事，演讲者更熟悉，因此更有话可说。

即兴演讲时，可以先简单总结一下自己的成绩，提高听众对演讲内容的兴趣；然后，可以通过讲述自己的亲身经历发表感悟，这是演讲的主体部分，可以分条讲述，也可以采用时间顺序或逻辑顺序讲述，重点是感悟的内容要有一定的深度和高度，让听众觉得在这次讲话中有所收获，而不是简单听了一个故事；最后向听众送出祝福。

[技能与训练]

1. 讲述一件自己亲身经历的事，并谈谈自己的感受。

2. 以"理想与现实"为话题即兴演讲，要求以自己为主角讲述。

综合实践活动

组织一次班级即兴演讲比赛。

要求：成立组委会，筛选出若干个题目，随机抽签进行比赛，每人准备时间不超过 5 分钟，演讲时长为 3 ~ 5 分钟。

拓展素材

第十章　综合实战指南

[训练目标]

1. 学会分析演讲稿的主题思想和语句的表达意思。

2. 根据对演讲稿的正确理解，能够选择恰当的用气用声方法和态势语技巧。

3. 通过长期的演讲实战训练，提高自己的理解能力、表达能力、掌控能力，增强演讲的自信心。

[知识与案例]

一、演讲实战的重要性

前面九章都是讲的知识要点和技能要点，本章融合前面的理论知识和技能要点让读者更直观地知道如何将其运用于实战演讲中，以笔者视角分析文章，大致设定演讲的用气、用声以及态势语，让读者更直观地理解，也是为了鼓励大家多上台，多总结经验，不要害怕失败，实战才是学以致用的最终目的。从实战中才可以发现自己的不足，才可以多方位地理解讲稿，才可以熟能生巧成为一位有思想、有魅力、有个性的演讲者。

二、演讲实战方法

①演讲时不能一味追求技能、技巧，要根据演讲内容的需要、情感的发展和事态环境的变化，合理自然地表情达意。

②实战演讲中，每一种演讲技巧单一运用的情况并不多，往往是两种以上综合兼用，如轻与重、刚与柔、快与慢、欲扬先抑、欲抑先扬、欲慢先快、欲快先慢、欲重先轻、欲轻先重、欲明先暗、欲暗先明等，都需要仔细体会理解讲稿之后，合理表达。

三、演讲实战的用气、用声

关于演讲中的用气、用声前文已经做了详细的理论讲解，科学合理地用气、用声是演讲的基础。正确地调整呼吸可以让演讲更具有感染力和代入感，也可以更好地传递演讲者的用意，掌握正确的发声方式可以让演讲者在演讲中中气十足，声若洪钟，轻声有力。演讲中声音的高低、强弱、长短（快慢）、明暗、刚柔、虚实、厚薄、停连、重音、语势、节奏等是声音的魅力所在和情绪的载体，只有声音技巧的巧妙运用和正反对比才会有演讲的精彩多变，才会让观众身临其境，感同身受。

四、演讲实战的态势语

演讲者应掌握态势语的表达技巧，使丰富的语言、得体的表情和灵活适当的手势融为一体。态势语是每一个演讲者在演讲过程中使用的一种表情达意的手段，运用得当，可以使有声语言增光添彩，辅助演讲者更好地达到演讲目的。但态势语运用不当，会削弱或者破坏有声语言的表达效果，甚至违背有声语言的意思，让听众云里雾里不知所云。所以，在演讲过程中演讲者态势语的运用应该讲究技巧，注意方法，不能喧宾夺主，让态势语在整个演讲过程点到为止，点到重点，起到画龙点睛的作用。演讲者恰当地运用态势语，不仅可以有效地提高演讲的生动性、情景性和形象性，还能使听众获得声音感受的同时，获得视觉上的感受，从而让听众能够对演讲者表达的内容理解得更加透彻，更加深刻。

五、演讲实战的表演

演讲即又演又讲，如果只有讲而没有演，听众只能感受到听觉效果而不能感受到视觉效果，就会缺少感人、动人的主体形象及表演活动即缺少实体感。如果只有演没有讲，观众只感受视觉冲击，而没有听觉感受，就犹如在看无声的哑剧一样，让人难以理解。所以，讲与演这两个演讲的要素是缺一不可的，只有和谐、有机地统一在一起才能构成完整的演讲手法技巧，并能较好地完成演讲的任务。但是演讲中的演切不可演过，它是根据当时的语境和所要表达的意思，融合态势语和语言，自然而然的一种真情流露。演什么像什么，自己就是主体，不能为演而演。演讲，以讲为主演为辅，是一种听觉与视觉相辅相成的综合活动。

[技能与训练]

此指南只针对重点部分做了演讲实战技巧详细设定，只作为引导和举例说明，不能以偏概全。每一个人由于自己的兴趣爱好、个性特征、价值取向不一样，因而对文章的理解也会不一样，对演讲稿的处理方式也不尽相同，而且也不要求千篇一律。最终还是要根据读者对文本的理解而灵活设定。但是用气用声、态势语所表现的基本手法和大致的表意范围是一致的。

为了让读者更方便理解下面的演讲指南，我们统一使用以下演讲符号。

∧ 停顿号，不论有无标点符号均可用，停顿的时间稍稍加长。如用于有标点符号的地方，表示停顿时间再长些。

≋ 表示较长时间停顿。

⌢ 连接号，只用于有标点符号的地方，表示缩短停顿时间，连读。

● 重音，是对一句话中需要强调的词语加以重读。

。 轻声或轻读。

< 渐强，读的时候声音逐渐增大、增强。

> 渐弱，读的时候声音逐渐变小、减弱。

(. 拉长。

V 换气。

⌇ 波音（颤音），多用于哭腔，读的时候声音放慢、放低。

▽ 顿音（短促有力，富有弹跳性）。

↗ 音调上扬，表示由低平转为高昂。

↘ 音调下降，表示由高昂转为低平。

— 注意表情和动作。

（ ） 备注，表示此处的态势语以及注意事项，一般和"—"同时出现，对表情和动作详细说明。

【 】 备注，表示此处的用声用气方式，句前代表对这一句最开始的处理方式，句后代表整句的处理方式说明。

实战指南 1

传　承

人生多奇妙，变化想不到，我在短短十年的工作经历中，做过幼儿教师、私企老板、电视主持【明的色彩】【实的声音】。

去年，我在主持党史国史文艺演出时，骤雨袭来，我随众人纷纷躲避【中强】【声放】，∧可台上（手切势右切）的老艺术家们却不为所动，继续演出【凝重、音调下一个

台阶】。那一刻，作为活动主持的我惭愧不已。（轻皱眉、摇头）

演出结束后，我急忙向他们迎了上去【中强】【声放】。在交流中我才了解到【声弱】【声收】，七十多岁的潘光正老师最大的心愿，就是通过这样的演出收两个真心喜欢竹琴的徒弟，六十五岁的程大琼老师跟我说，"妹儿，你的音色不错哦，出的来，你来跟我学评书嘛"（连续两次食指前指势）。【明的色彩】【声轻、抒情、稍慢，较弱】

就这样，我抱着好奇心，来到重庆市曲艺保护传承中心当学员，学习竹琴和评书【明的色彩】。随着日子的推移，千元的工资，颠沛的工作，让我有些动摇【语速渐慢—慢、凝重、音调下一个台阶】。

【中强】【声放】可今年7月一次随访老艺人活动却打消了∧我的顾虑，我随大家到云阳凤鸣拜访竹琴盲人艺术家戴学贤老人。他和老伴相依为命。∨常年的病痛让这个家∧一贫如洗（轻皱眉）。不足十平米的屋内（手切势），⌒∨【快吸慢呼】没有手机电扇（摆手势），⌒∨【快吸快呼】更没有冰箱彩电（右手下切势）。墙上的奖状和竹琴布满了灰尘，∨【急换气、急接】一块生蛆的腊肉▽诉说着悲伤【暗的色彩】。听说我们是专程来听竹琴的，魏老两只盲眼突然∧【急停】放出光亮（右手下切势）。那一天，⌒∨气喘吁吁的他断断续续给我们表演了三个小时。临别之际，老人突然抓住我的手，颤声说：【虚的声音】【暗的色彩】"我肚子里的东西，几天几夜都唱不完。只要你们来，随时可以教。我快要唱不动了，【中强】【声放】【急促】↗我不想把这些宝贝∨↘带进坟墓啊（颤抖右手下切势）【声带颤抖、微弱哭腔】！"

回到万州，⌒可心≫还在云阳。魏老的身影在我脑海中∧挥之不去。

要知道，⌒六七十年代，⌒他可是红遍川东，∨【换浅气】名扬巴蜀的呀！而今如此落魄，⌒既是他个人的悲哀，∨【换浅气】更是我们民间文化的悲哀呀！【刚的色彩】【语速渐快—快、有力】

川东竹琴，是我国的非物质文化遗产，【中强】【声放】现在却像魏学贤老人一样走到了风烛残年，又后继乏人，【声强】【厚的声音】这怎能不令人心痛呢？（抚胸势）

瞎子阿炳，犹在眼前。曾经文化的悲剧，不能重演（身带动向前右手切势）！【语速渐快—快、坚定、有力】

习总书记在十九大中提到，"文化是一个国家，一个民族的灵魂。文化兴国运兴，文化强民族强，没有高度的文化自信（右手切势），没有文化的繁荣兴盛（双手缓慢向前仰手势），就没有中华民族伟大复兴的辉煌与梦想（双手有力向上仰手势）"。【刚的色彩】

【中强】【声放】放眼世界，苏格兰的风笛，日本的歌舞伎传承不息。∨【急吸】反观国内，曾几何时快餐文化充斥了市场，低俗文艺占领了舞台；∨【急换气】面对如此严峻的现实，我们难道不应该明道理（手切势右切）、V【换浅气】辨方向（向前仰手势）、V【换浅气】守底线吗（拳头势）?【刚的色彩】

　　【慢吸慢呼】【声弱】师父曾说，传承民间文艺，要守得住清贫，耐得住寂寞，经得起嘲讽。V【深吸】我深知这条路会走得很艰难，但我∧决心走下去。

　　现在，我每周都要去西山公园南浦剧场演出。我们还要去学校（右向前仰手势），⌒去乡村（右向前仰手势），去到需要我们的每一个地方（身体立，双手向前仰手势）。【刚的色彩】【语速渐快—快、坚定、有力】

　　【高六、声强、兴奋】遥远的东方有一条龙。我们都是龙的传人，我们身上流淌着龙的血液，∧却看不清龙的印记，这个印记，就是文化的≪传承！各位朋友，扪心自问一下，我们是不是应该在自己（抚胸势）身上重新烙上文化传承的∧中国印呢（低位托拳势）?【强调性停连】【高共鸣】

（重庆万州　演讲者：姜婷　2017年重庆市万州演讲比赛一等奖）

实战指南 2

法律，其实很温暖

各位老师，各位同学：

　　大家好！我演讲的题目是《法律，其实很温暖》

　　一提起法律，人们就会联想到（抚头势）呼啸的警车（食指前指势），冰凉的手铐（侧方向食指前指势），铁窗高墙和威严的警察（昂首挺胸）。对于违法犯罪分子来说，法律确实是冷酷无情的，而对于遵纪守法的善良的人们法律却像参天大树，⌒为我们遮风挡雨；像灿烂的阳光，⌒给我们的生活带来光明与欢笑。虽然我对法律知道得还很少，但我经历的一件事，让我懂得了，遵纪守法的人不会吃亏，法律，其实很温暖。【轻快、明朗、抒情】【明的色彩】【实的声音】

　　去年暑假，妈妈带我到乡下的舅舅家玩。舅舅说，要带我到后山的玉米地里采摘新鲜的玉米给我吃。我高兴极了，这可是纯天然（手切势）、无污染（摆手势）的绿色食品呀！【明的色彩】【实的声音】

　　第二天一大早，我就背起小背篓（双手搭肩），兴高采烈地跟着舅舅来到后山的玉米地里，V眼前的景象却让我们惊呆了（微皱眉惊讶），⌒V【浅吸】只见玉米地里一片狼藉（掌分势向下），⌒V【浅吸】一棵棵玉米横七竖八地倒在地上，⌒V【浅吸】玉米穗被撕开啃掉了一半（右手切势），露出金黄色的玉米粒。潮湿的土地上散布着许多野兽的脚印【语速渐快—快、急促、有力】。舅舅说：【声强】【声放】"不好，野猪来过！【中强】

得想法把它捉住（单手握拳），不然，【急促】它还会来，⌒我的玉米就保不住了（反手击拍势）。"接着，他又仔细查看了一遍野猪的脚印，提高嗓门说："你有口福了，等舅舅捉住了野猪（右手切势），请你吃野猪肉，可香了（微笑摆头）！"我听了直摇头（皱眉摆头），连忙说："舅舅，野猪肉，我也没有吃过，好想吃呀！但老师告诉过我们，野猪是保护动物，随便捕杀是违法的（双手切手剪势）！"

【中强】舅舅直叹气："野猪要保护，我的庄稼⌒谁来保护呢（反手击拍势）？这些玉米（前伸势），就让野猪白白地吃嘛，我又不是动物饲养员！"【语速渐快—快、有力】

看着舅舅难过的样子，我用手机拍了照片（右手切势）。回到舅舅家里，又上网查了资料（右手切势）。当看到【中强】【声放】《野生动物保护法》第十四条"因国家和地方重点保护的野生动物，造成农作物或其他损失的，由当地政府给（jǐ）予补偿"的时候，马上明白该怎么办了（点头）。【明的色彩】在妈妈的帮助下，我立即给派出所、林业部门打了电话，还把我拍摄的照片传给他们。很快，就来了几位叔叔勘查现场，几天后，他们又给舅舅送来了慰问品和补偿金，还表扬舅舅有很强的法律意识。舅舅指着我说："应该表扬这个小娃娃（侧方向食指前指势），别看她这么小，就知道遵纪守法，还知道用法律来维护合法权益。"

听了舅舅的夸奖，我突然觉得，法律真的很温暖。因为有法律的存在，⌒我们的国家才能安定团结，⌒我们的社会才能和谐发展，⌒我们的人民才能安居乐业，⌒我们的家园∧才有青山绿水＜【柔的色彩】。虽然我们现在还小，但只要我们认真地学习法律知识（小手包势），用法律约束自己的行为（中手包势），用法律来捍卫自己的合法权益（大手包势），我们就能幸福地生活，健康地成长，我们就是遵纪守法的小公民（敬礼势）。【语速渐快—快、坚强、有力】

（重庆万州　演讲者：程紫涵　2017年全国中华魂演讲比赛一等奖）

实战指南3

红颜浅笑历风雨

今年母亲节。我拿着一束康乃馨，忐忑地递给了母亲。母亲没有说话。我知道，她或许还是在埋怨我吧。那是年前，正值旺季，营销全勤在岗，母亲做了一次手术，4个多小时（4的手势），差一点天人永隔。我知道，母亲希望她最爱的女儿能守在她身旁（手包势），二十多天，我往返于银行医院两点一线，默默地听着父母的埋怨。终于，我不忍了，请了一天公休假，三年来的第一次（食指直立势）。记得那天，病床上的母亲，眼睛亮了，特别地开心，虽然∧只有一天。【明的色彩】【实的声音】

　　母亲终于接过了花，还是忍不住唠叨："唉，随便你吧。你说，你一个女孩子，这么拼命干嘛？老大不小了，也不好好考虑个人问题（食指前指势）。"【柔的色彩】

　　【中强】【声放】我笑了笑。母亲是一个传统的女性，她的天地就是家。可她哪里知道，我肩上的责任，我（抚胸势）心中的梦想。【明的色彩】

　　【中强】【声放】记得刚入行时，面对差错，我不屑一顾（摇头），面对客户的误会，我用骄傲去反击（推手势）↗＜，↘可到头来却遍体鳞伤＞。

　　是大姐姐们不厌其烦地教我，一遍又一遍，⌒是网点经理语重心长地开导我，⌒让我看见了一个新的世界。在建行这个大家庭里，他们如同长辈一样，对我充满了期许与盼望。⌒是她们∧让我懂得，有一种美丽∧叫温柔，有一种温暖∧叫包容。【柔的色彩】

　　去年夏天，骄阳似火。我满怀信心，穿梭在万州的各大高校，为莘莘学子送去优惠与便捷【明的色彩】，然而满腔的热情↗∧↘却遭遇了∧残酷的冷遇。天很热，心很冷，⌒人≋很累＞【语速渐慢、渐弱、渐低】。我坐着晚班车，穿过大半个城市，看着窗外∧漆黑的夜晚，听着车内∧低沉的音乐，伤心的泪水止不住地往外流【暗的色彩】。在家里，Ｖ我是娇娇女儿，在学校，Ｖ我是优秀学生，何曾受过这等委屈（点头）【语调渐渐明亮、渐快】？

　　【中强】【声放】我想过放弃，但是，建行人的字典里没有放弃这两个字。关键的时候，营业部的战友们向我伸出了援手（手切势），和我并肩战斗打起了攻坚战（举手拳）。面对同业竞争，我们抢占先机，整理营销思路。狭路相逢勇者胜，得知校方想在网上购买图书的消息，我立马带上Ｅ动终端，上门服务，并现场教会校长如何用建行网银在当当网购买书籍，一举折服了校方（仰手势）。【明的色彩】【语速平稳有力】

　　【中强】【声放】在我攻克了难关，成功与三所高校达成合作方案之后（握手势），是营业部的战友们主动放弃休息时间，连续一个月深入高校驻点营销，让建行"学生惠"深入人心！这一刻，我知道，有一种青春∧叫自信，有一种信念∧叫坚持（握拳势）！【刚的色彩】

　　优异的成绩最终让我荣获了总行"Ｅ动达人"的称号。可Ｅ动达人真的是我吗？不（摆头），不是我，是我们（点头）！是我们这些勇于拼搏，勇于进取的建行人（双手上仰势）！【高共鸣】

　　梦想越飞越高，柜员，ＰＢ，客户经理，我一步步挑战自我，演讲，主持，额外工作，我一次次挥洒汗水【明的色彩】。可是在全力拼搏中，却忽略了和我相约厮守一生的人，他终于留下我一人∧独自看风景。有时候，在安静的夜晚，一个人，总会有些许感伤【柔的色彩】【语调语气渐低】。生日那天，一束蓝色的玫瑰放到了我的面前。会是谁呢？打开<u>小小的卡片</u>（翻书势），∨【换浅气】眼前慢慢地模糊了。我从来没有想过，我会收到姐妹们送的玫瑰【柔的色彩】【语调渐渐明亮】。

我理解了母亲的絮絮叨叨，我明白了自己的终身大事，但我更懂得了∧人生的意义。虽然，我也向往爱情的幸福，虽然，我也渴望家庭的温暖，但我明白：单身∧只是暂时的，而事业∧却是永恒的！建行给了我<u>舞台</u>（右手切势），同事给了我<u>关爱</u>（左手切势），客户给了我<u>信任</u>（抚胸势），我过得很充实，我奋斗<u>有方向</u>（双手向前仰手势）！【语速渐快——快、坚定、有力】【高共鸣】

【中强】【声放】我骄傲，我奉献在建行，我自豪，我成长在建行。我们是建行的娘子军，【声强】既可单兵作战，又能团队突破。回首过去，军功闪耀，∨【深吸】【中强】【声放】我们有总行的<u>百佳网点经理</u>（小手包势）、<u>客户经理</u>（中手包势），有市分行的<u>揽储能手</u>（大手包势），三八红旗手，我们人人出色，∧<u>个个优秀</u>（单手握拳势）；展望未来，∧豪情万丈，我们有信心，∧有能力，∧用我们的辛劳与汗水，∧用我们的青春与热血，∧书写建行崭新的篇章，开创建行<u>明天的辉煌</u>（双手上仰势）！【语速渐快——快、坚定、有力】【高共鸣】

（重庆万州　演讲者：何敏　2014年重庆建行系统演讲比赛第一名）

实战指南 4

绿竹也应立万竿

公元 764 年，漂泊多年的杜甫重返家乡，归途中的诗人难免忧心草堂的变迁【语调语气渐低】，想起当年亲手培植的小松至今不过<u>三尺</u>（手切势外切），真是恨不得<u>新松立刻长成千尺高树</u>（手切势上切转换斜上仰手势）；至于<u>那可能到处侵蔓的恶竹</u>＞，诗人决意，即使万竿，也要<u>斩除</u>（手切势下切）。有感而发，杜甫留下了不朽的名句："新松恨不高千尺，∨<u>恶竹应须斩万竿</u>"（手切势）【高共鸣】。

后来，这两句诗备受后人推崇赞赏，尤其用于反腐败斗争，恶竹除尽，理所应当，何止万竿！【刚的色彩】【语速渐快——快、有力】

可是，对于<u>教育</u>（左切势），∨【偷气】对于<u>老师</u>（右切势），我看倒未必适宜。好学生人人喜欢，当然希望新松高千尺；至于恶竹砍不砍，那就要另当别论了，因为很多时候，人们是把调皮的孩子，甚至是有创新精神、∧敢于冒险尝试、∧勇于伸张正义的孩子当成恶竹<u>砍掉了</u>（外切势）。如果是这样，岂不可惜！

我就曾遇到一个让我头疼的小男孩。

他叫<u>童童</u>（右切势），活泼好动，经常打人。小朋友和家长们常常告他的状。正在我苦苦思索打开这个孩子的心灵钥匙时，家长微信群突然热闹起来，原来是阳阳被童童打了，几个家长围绕自己家孩子被童童打的事情开始了激烈讨论。最后的结果是，明天，一定要去学校找童童算账（拳头势）。【柔的色彩】

【中强】【声放】第二天，果真有家长到幼儿园兴师问罪，童童的妈妈也来了，家长们纷纷指责童童妈妈纵容孩子、⌒没有家教（手指势），⌒V【急吸急呼】甚至有家长拉扯着童童妈妈去见园领导，我费尽九牛二虎之力才将家长们劝回（推手势），童童妈妈也气冲冲地带着孩子离开了学校↗。V↘我必须弄清楚事情的原委（拳头势），经调查，是阳阳抢了姐姐的玩具，童童看到后，就去帮姐姐出气，这才打了阳阳。而我和家长们却早早地给童童贴上了"淘气"的标签（手切势），理所当然地认为是他故意打人。

一波未平，一波又起，V【急吸急呼】童童的父母迫于其他家长的压力，将自己打孩子的视频发到了群里（仰手势），视频中，童童爸爸厉声呵斥，妈妈边打边哭＜。【刚的色彩】【语速渐快——快、有力】

这段视频，让我始料未及。我连忙赶到童童家里，看到孩子咬牙切齿地跪在地上（拳头势）。我一把抱过童童（抱手势），V【偷气】他却倔强地挣扎着、抗拒着（拳击势），V【倒吸气】我忽的一阵心疼。"童童，老师知道你是为了帮姐姐出气，你是一个有正义感的孩子，你受委屈啦【柔的色彩】！"这时，童童犟着的身子才慢慢软了下来："老师，你真的相信我，⌒真的吗？""相信，⌒老师相信你。"⌒突然哇的一声，童童无助而委屈地抓着我的衣服，号啕大哭起来。我紧紧抱住孩子，孩子也紧紧抱住我（抱手势）。

也许，正是我对童童正义感的肯定，才架起了我们师生间理解信任的桥梁，⌒也触摸到了这个倔强孩子最柔软的地方。童童虽然带刺，却是一朵鲜艳的玫瑰。经过和家长的共同努力，他终于改掉了打人的毛病，而且，越来越活泼可爱。【柔的色彩】

在幼儿园，还有很多这样的故事。

【中强】【声放】有孩子会往茶壶里倒墨水，他只是想让白开水变成有颜色的饮料（左右观众互动）；V有的孩子会在下雨后去踩水洼，他只是想知道水到底能跳多高（左右观众互动）；V有孩子会故意把豆子撒满一地（手压势），他只是想和老师一粒一粒地将豆子捡起（捡物势）。【明的色彩】

孩子们用各自的方式V【急吸】【语速快】向世界发出不同的声音（右上仰势），我们（抚胸势）≈V【慢吸快呼】又怎能用"新松"（右小包）和"恶竹"（左小包）的标准去将他们简单地区分呢？

【声强】【声放】V【急吸】司马光幼时贪玩好耍，后编《资治通鉴》集大成；【刚的色彩】

【声强】【声放】∨【急吸】王阳明少年顽皮习武，后成"知行学说"继绝学。【刚的色彩】

【中强】【声放】习总书记告诫我们，要让每个孩子都有人生<u>出彩的机会</u>（上仰势）【高共鸣】。一个好老师，绝不可以只关注"新松"一样的好孩子，∨更不能把有<u>个性</u>、爱捣蛋的孩子当成恶竹轻易<u>砍掉</u>（手切势）。【刚的色彩】

其实，杜甫也并非只喜欢新松而痛恨绿竹。他在另一首诗中就留下了这样的名句："绿竹半含箨，新梢才出墙。"在这里，杜甫对绿竹的喜爱之情溢于言表。【明的色彩】

作为好老师，我们既要有坚定的信念（胸前拳），<u>又要</u>有仁爱的<u>心肠</u>（抚胸势）；

【中强】【声放】既要有渊博的学识，还要有宽容的胸怀；

【中强】【声放】既要关爱优等生，更要培育后进生。

我们不妨与时俱进，开拓创新，重新赋予杜甫名句教育新概念的含义，⌒那就是我今天演讲的主题：

<u>新松自当高千尺，绿竹也应</u>立万竿（右前切势）！【高共鸣】

（重庆万州　演讲者：匡莉莉　2017年重庆市万州演讲比赛一等奖）

实战指南 5

松木湾的身影

尊敬的各位领导，各位评委，亲爱的朋友们，大家好。我的家乡在原万县三水乡的松木湾，那里的松树漫山遍野，郁郁葱葱【明的色彩】【实的声音】。我爷爷出生在这里，也∧长眠在这里＞【语调语气渐低】。这里洒下过爷爷的鲜血、汗水和泪水，留下了爷爷几十年为民服务的身影＜【语调渐渐明亮】。

今年，我再次回到家乡，走进松木湾。听爸爸讲，解放初爷爷任三水乡乡长，有一次他协助万县法院的张大海抓捕一名反革命分子，一直追到松木湾的一户人家，【中强】【声放】忽然∧对方将<u>长矛刺进爷爷的胸膛</u>（模仿刺的动作），将爷爷钉在了木柜上，⌒顿时鲜血喷涌而出＜……∨【换浅气】后来爷爷虽然保住了性命，然而他的肺部却落下了病根。

【中强】【声放】数年来，在基层领导岗位上，爷爷忍受着肺病的折磨，认真履行公仆的职责。他每天都要<u>穿过松木湾</u>（右协向前仰手势），<u>用脚步丈量这片土地</u>（仰手转变为俯手从右到左抚摸势），用真心面对父老乡亲。他带领社员<u>修沟渠</u>（手切势）、<u>挖水塘</u>（手切势），战天斗地，豪情满怀！乡亲们编了几句顺口溜形容他，【声强】【声放】"穿上麻草鞋，打起铺盖卷儿，又到大队去蹲点儿。【柔的色彩】"无论刮风下雨，他总是战斗在工

作第一线↗，↘【语调语气渐低、深沉】V（深吸）哪怕在失去儿子的那一刻……【暗的色彩】

【中强】【语速较快】1970年的一天，夜里突然下起特大暴雨，公社好几户人家房屋倒塌，爷爷带领公社干部挨家挨户（连续两次手切势）查看灾情<。【语调语气渐快、渐高】在松木湾，突然铁峰铁厂有人来报信，说矿窑垮塌，大伯被砸成重伤↗！V【换浅气】爷爷听到这个消息，脸色苍白，嘴唇不停地哆嗦↘。怎么办？该怎么办【低共鸣】！V一边∧是受伤的群众（眼神看向右边），⌒一边∧是重伤的儿子（看向左边）。爷爷痛苦万分（皱眉）。同事们都催促他赶快去看看儿子。爷爷哽咽着说："别说了，救群众要紧【声轻、坚定】。"他毅然决定坚守受灾现场。直到天亮爷爷才赶往大伯住的医院，然而他们爷儿俩却已是阴阳两隔>【语调语气渐低】。大伯全身湿透，血肉模糊↘【压抑】【低共鸣】。【中强】【放声】爷爷再也控制不住内心的悲痛，扑到大伯身上，V【快吸快呼】【声强】↗不停地喊着大伯的名字："永杰！永杰！……（抚摸势）。"V【慢吸慢呼】他用颤抖的双手∧抚摸着∧大伯的脸庞（双手抚摸势），抱着大伯∧哭了很久≪V（深吸）很久。窗外风雨交加，爷爷≪泪流成河。【声带颤抖、微弱哭腔】【暗的色彩】

大伯被安葬在了松木湾，爷爷常常怀着悲伤和愧疚的心情在大伯坟前徘徊。V【换浅气】哪个儿女不是父母的心头肉，⌒哪个儿女不是父母的命根子【暗的色彩】！⌒V面对命运的打击，⌒面对内心的煎熬，面对亲人的责备<【语调语气渐快、渐急】，爷爷∧悲痛欲绝（抚胸势），⌒他只能悄悄地↗∧↘跟九泉之下的儿子倾诉>……【语调语气渐慢、沉痛】

【中强】【声放】在这场考验中，爷爷艰难地作出了抉择，自始至终他都认为那是正确的抉择。V【换浅气】他心里装着一个朴素的道理，【声强】【声放】群众眼巴巴地望着你，你怎么能只想着自己呢？你是干部啊（点头）！【刚的色彩】

松木湾，爷爷每天重复走着，从日出到日落，从春夏到秋冬，直到脚步蹒跚，直到脊背弯曲。在这条路上，爷爷的肺病一天天加重。松木湾，夕阳下，常常有一个瘦弱单薄、歪歪斜斜的身影，那就是爷爷啊【语调语气渐低】【柔的色彩】。有一次他顶着烈日走访松木湾的社员熊德坤，在路上，⌒突然一口鲜血吐了出来<↗，【语调语气渐高、渐急】↘爷爷倒在了松林中，再也没有站起来（摇头）。V【换浅气】【中强】【语速较快】松林里传来阵阵哭泣声，乡亲们背着爷爷拼命往山下跑（向前仰手势），⌒他们想挽留住一个善良人远去的脚步，⌒他们在呼唤一个好干部的归来【语调语气渐高、渐快】！可是爷爷∧再也听不见了>，V【急吸】↗他听不见陈绍忠大爷的哭喊声（看右边）；⌒V【急吸】↗他再也看不见了，⌒V【急吸】看不见张成武大爷握着他的手流泪（看左边）。V【叹气】↘他与松木湾永别了，与这座大山永别了，与相处一辈子的父老乡亲◢永别了（看正前远方）……【语速渐快—快、沉痛】【暗的色彩】

【中强】【声放】松木湾，这里到处都是爷爷的身影。如今这里的松树<u>高耸入云</u>（上仰手势），青翠挺拔，爷爷，您一定化作了其中的一棵吧，因为您的生与死，您的爱与痛，您的悲与喜，都深深地<u>融入这片土地</u>（掌分式向下）！在我心中，您就是焦裕禄式的好干部，是离我最近、最亲的焦裕禄。爷爷，走在松木湾，循着您的足迹前行，我读懂了您心中坚持的信念，我看到了一名干部一生的追求，我明白了一个公仆的神圣使命，那就是全心全意为人民服务【中共鸣】！这句话为我指明了前进的<u>方向</u>（向前仰手势），激励着我在为人民服务的事业中<u>不懈奋斗</u>！（拳头势）【语速渐快—快、坚定、有力】【高共鸣】

（重庆万州　演讲者：宋琴　2014年万州区演讲比赛第一名）

[技能与训练]

　　读者根据本教程所学的知识和技能技巧，结合前面的演讲实战指南方法，举一反三，用本章所设定的演讲符号，对以下演讲稿进行分析、标注和创作。有兴趣的读者可选取感兴趣的演讲稿进行实战练习。

实战练习1

时刻准备着

重庆安全技术职业学院　熊辉

　　我是一名在新疆长大的重庆人，自记事起直到考上大学，我才离开新疆，回到重庆读书。

　　可没想到的是，同学们得知我来自新疆，我就在班上成了红人。他们纷纷向我提问，比如暴乱、恐怖袭击呀，在新疆安全吗，怕不怕呀。这些问题真让我哭笑不得。

　　我知道，很多人对新疆有误会。可我要说，我在新疆生活了将近19年，目睹了新疆的发展变化，那夏日紫色的夜晚，冬天醇厚的阳光，永远是我心中最美好的回忆。

　　有光明，必有黑暗。

　　虽然新疆的确发生过暴乱、恐怖袭击事件，可我一次都没有遇到过。事情发生后，报道出来才知道某某地发生了什么事。

　　也许，有人会说我很幸运，我想说的是，不是我很幸运，而是我们无时无刻都生活在保护之中。

我们的人民警察、解放军、边防战士挡住了黑暗，让我们沐浴光明，享受幸福。

在我19岁那年，第一次真正意义上途经乌鲁木齐走出新疆。只需两个半小时的车程，却花了将近4个小时才到达。而那一个半小时又去哪儿了呢？当然，不是堵车，也不是去旅游，而是再过安检。

看着两边设立的岗哨、防暴车和全副武装的特警、心中莫名的安全感直线上升。

国无防不立，民无防不安。

这就是我们的人民警察、解放军、边防战士，他们是全国人民的坚强后盾！

前不久，学院组织学生到驻地部队参加正规军事训练，我第一个就报了名，体验真正的武器装备，体验真正的军人生活。学习吃苦耐劳的精神、严格的军事纪律、敢于担当责任的优秀品质。

还记得，每当清晨的哨音划破天际，那就是我们战斗的开始。

我们驾驭着高炮捕捉目标，我从16秒4分的不合格到9秒8分的优秀，手上被磨烂的水泡，就是最好的证明，我也因此当上了班长。

国防的强盛，跟我们每个人都息息相关。首长慎重地告诉我们，记住，一天是军人，一辈子都是军人。当国家需要的时候，一声令下，你全都要回来，还是我的兵，你们要做的就是："时刻准备着！"

中华民族的伟大复兴要靠一代又一代的中华儿女奋斗拼搏来实现，当前虽然处在和平年代，但忘战必危。

一直以来，台独、藏独、疆独反动势力的颠覆、分裂活动从未停息，他们不时制造事端，破坏社会稳定。而作为肩负振兴中华神圣使命的一代，我们要有坚定的爱国情怀，树立忧患意识，认清形势，增强国防观念。

朋友们，让我们时刻准备着，为中华民族更加绚丽多彩的明天奉献自己的力量与青春！

实战练习2

劳动教育，从娃娃抓起

2019年万州区《中国梦，劳动美》 演讲者：卓睿

朋友，请问：人是怎样从猿猴进化而来的呢？是的，是劳动！我们中国人特别热爱劳动，所以我们比外国人进化得快！勤劳勇敢的中国人民，创造了五千年灿烂的华夏文明，创造了四十年改革开放的伟大奇迹。

但是今天，还有不少人，他们看不起劳动，他们鄙视劳动者，他们不尊重别人的劳动成果。君不见，有些贫困户宁可吃低保也不愿意找份工作干；君不见，一些大学生宁愿在

家啃老也不去找点事情做；君不见，一些求职者对生产第一线的职业挑三拣四甚至嗤之以鼻。

在我们幼儿园，我们常常会看到这样的情景：积木玩了，很多孩子随手就扔；喝水漏了，很少有孩子主动拿抹布去擦；鞋带掉了，自己不会系；天气热了，不会脱外套。这样的孩子，长大后会是什么样子呢？

前段时间，一所名牌大学做了一次问卷调查：如果你是现代白毛女，你愿意嫁给黄世仁还是大春？结果，不少女生选择嫁给黄世仁。她们毫不羞愧地说："黄世仁有钱，虽然老一点，可以吃冬虫夏草，虽然有老婆，可以给我买车买房。大春有什么好，跟着他只能一辈子吃苦受累。"朋友们，我们年轻的一代如果都像这些女大学生这样贪图享受，怕苦怕累，那我们的中国梦能指望他们去实现吗？

由此，我联想到我大学期间，兼职做饭店服务员的一次难忘经历。一次，我在上菜的时候，不小心把油汤溅到了一位中年妇女的衣服上，她突然一声尖叫："哎呀，怎么搞的，没长眼睛啊！"我连声道歉。她瞟了我一眼，挥着手说："走开！走开！"当我转身离开的时候，那她对身边的小孩说："你看，你看，现在不好好读书，以后就像这个没长眼睛的姐姐一样，做端盘子、擦桌子的脏活。"顿时，委屈的眼泪不由自主地掉下来。我暗下决心，不能让孩子们瞧不起劳动者，一定要改变人们的劳动观念。

带着这颗初心，大学毕业后，我成了一名幼儿园老师。我跟园长和同事们说了自己的想法，大家进行了热烈讨论。我们都认为劳动教育，必须从娃娃抓起。我们有责任、有义务帮助孩子们，打好人生第一块基石，扣好人生第一粒扣子。

在园内，我们开设了劳动体验课，让孩子们学会垃圾分类处理；在园外，我们带着孩子们拾起路上乱扔的塑料瓶，善意提醒叔叔阿姨把烟头、纸屑放入垃圾桶；在家里，我们去家访，要求孩子做力所能及的家务。我们不想培养温室的花朵，我们要让孩子们通过自己的劳动，真实体会劳动的艰辛、价值、快乐和美丽。

幼儿们真的好可爱。有位家长告诉我们，她的孩子一上街就只顾捡垃圾，有时候我们要赶路，拉都拉不走。但也有家长不理解，甚至有的跑到学校斥责我们，"让我的孩子去干脏活是什么意思？万一感染了细菌你们负得起责不？"面对这些责备，我们并没有因此而后退。

我们专门召开了家长会，一起讨论劳动对孩子成长的重要性。我们展示了一张照片。照片上，日本天皇家的小公主斜挎一个小书包，手提一个小书袋，而两旁的父母却空手陪同。反观国内，学校门前，家长们背着书包，拎着菜篮，空手的孩子无动于衷；公交车上，老人们大包小包，东倒西歪，座位上的孩子视而不见。通过对比，家长们明白，溺爱不利于孩子的健康成长，吃苦才能使他们在竞争中立于不败之地。渐渐地，家长们终于理解了，孩子们更加勤快了，我们的初心也有了初步的成效。

习总书记教导我们："人世间的美好梦想，只有通过诚实劳动才能实现；生命中的一切辉煌，只有通过诚实劳动才能铸就。"我们全社会一定要形成这样一个共识：

劳动教育从娃娃抓起，才能用我们勤劳的双手托起祖国明天的太阳；

劳动教育从娃娃抓起，才能迈出坚定的步伐走向世界舞台的中央；

劳动教育从娃娃抓起，才能实现我们华夏儿女美丽的中国梦想。

实战练习3

自信自强　走向辉煌

重庆安全职业技术学院　任乃帅

我演讲的题目是《自信自强，走向辉煌》。

去年，我们学院开展了中泰交流活动。当看到泰国同学在我们的安全体验馆露出惊讶美慕的神情时，我心中浮现出一件往事。

2015年夏天，我第一次去泰国旅游，热闹的曼谷街头让人流连。

忽然一阵巨响，还没等我反应过来，我就被人流撞倒在地，耳边不断传来惊叫声和哭喊声。同团的队友边跑边喊："有炸弹，快跑！"什么？炸弹？我这才回过神来，看见几个工作人员拿着喇叭在疏散人群，很多人不顾警察的指挥，拼命向外跑，幸好同团的山东大哥紧紧拉着我随着人群，夺路狂奔。街上的商铺都关了门，旅行车也不知去向，我们只好坐巴士回到了住地。现在回想起来，那短短的几分钟，漫长得如同一个世纪。

回到宾馆的我，仍然惊魂未定，从导游那里得知，是四面佛庙发生了爆炸案，当时就离我们两条街。

宾馆服务员关切地问："你们遇上爆炸了？"我垂头丧气地点了点头。"我们也是刚刚从电视里看到的，对不起，让你们受惊了。"我惊愕地问："你们的国家经常发生这种事情吗？"她无奈地看着我："有什么办法呢！"她低下了头，呆呆地站在柜台里，脸上写满了忧虑。"我们还是第一次遇到，觉得有点不可思议，我们国家不会发生这种事情。"服务员抬起头来，看着我，感慨地说："你们中国人真幸运哪！"

她的话让我突然感觉到作为中国人的自豪。我们国家和谐的社会、安全的环境、稳定的生活，引来了世界上那些动荡地区甚至西方发达国家多少美慕的目光！

第一次出国旅游便这样草草结束。回到重庆，看着长江水，听着家乡话，再想想曼谷的惊魂一刻，我特别珍惜今天的幸福生活。过去，从电视里看到暴恐袭击，不过就是一条新闻，没想到这次离我这么近。我们不是生活在一个和平的年代，我们只是生活在一个和平的中国！

我很感谢这次旅行，它让我意识到，我们的祖国在共产党的领导下，经过几代人的不懈奋斗，尤其是改革开放四十年的伟大征程，终于取得了举世瞩目的成就。在几十年的艰苦奋斗中，我们遇到过困难，遇到过挑战，但是，一代又一代中国人努力应对各种挑战，终于建设成了一个强大的祖国。现在，世界都在学习中国模式，全球都在分享中国经济；穷国羡慕中国富强，富国羡慕中国安全。就连我们这大专院校，每年都有外国学生前来交流学习。

每当想到这些，我就在心里说：我骄傲，我是中国人。

朋友们，作为中国当代大学生，牢记使命，自信自强，让祖国不断走向辉煌，这，就是我们的承诺与担当！

谢谢大家！

实战练习4

贫困生的梦想

重庆安全技术职业学院　冉维猛

我演讲的题目是《贫困生的梦想》。

我家住在重庆最北边最贫困的城口县的大山里。我刚满六个月，父亲就出事了，他跟工友们为了讨回所欠的工钱，失手打死了老板。从此，父亲与我们天各一方，母亲也离家出走了。所以小时候，我最大的梦想就是看一眼爸爸妈妈。

七岁那年，奶奶生病，爷爷摔伤，两个人同时住进医院。母亲知道后，寄回了500块钱，只够两天的医药费。

就这样，我辍学了，去城里卖红薯、捡垃圾。

爷爷奶奶病未痊愈就出院了。当我的小手把挣来的零钱交给奶奶的时候，她老人家哭了，哭得很伤心。

爷爷奶奶常年劳作，却只能吃上玉米红薯粥，只要有一点好吃的东西，奶奶总是留给我。所以，我后来的梦想就是让爷爷奶奶过上好一点的生活。

我非常感谢我的音乐老师，是她把我带回了学校，帮我申请了补助，还教我唱歌，教我普通话。

我很幸运有了老师的帮助，但人终究要自立自强。我仍然边学习边挣钱。我端过盘子，卖过炒饭，背过地砖，过得很充实。

初二的一天，当我买了奶奶最喜欢吃的蛋糕回家的时候，奶奶已经不行了。她连爷爷都不认识了，唯独看到我，眼中泛起了微弱的光亮。我知道，她放心不下她最牵挂的孙子。

奶奶走的时候，妈妈终于回来了，我悲喜交加，抱着妈妈，失声痛哭！

我很庆幸，中途没有放弃，是因为有老师对我的鼓励和帮助，有国家对我的关怀和资助。

当我穿着打满补丁的衣裤走进大学校园时，我成了一道别样的风景。

如今，我的命运在慢慢改变。我如饥似渴地学习，积极参加活动；既负责班级事务，又担任广播台长，还拿到了专业等级证书。

对于未来，我又有了新的梦想。

我发现，有些贫困生不只是物质贫困，更主要是精神贫困。他们认为，国家的资助理所当然，甚至对于社会人士的爱心帮助，也无动于衷。学习得过且过，精神浑浑噩噩。

有鉴于此，我想成立一个贫困生自强社团，让贫困生提振精神，看到希望，追逐梦想。虽然现在还没有能力去回报祖国，但我也要用实际行动，来证明自己没有辜负祖国的希望。

现在，我的梦想已经起航。学习之余，我带领一些贫困生，承担了学校打扫卫生、清除垃圾、布置会场等工作。周末，我们还去校外勤工俭学，去养老院服务，去马路边进行文明交通劝导。

全民要奔小康，贫困生不能等要靠，不能拖后腿。要自立自强，要改写人生，要脱贫致富，这，就是我们贫困生的梦想。

谢谢大家！

参考文献

[1] 臧宝飞 . 演讲与口才 22 堂自我训练课 [M]. 北京：中国国际广播出版社，2018.

[2] 杨国良 . 大学生演讲与口才 [M]. 南京：江苏教育出版社，2005.

[3] 谭慧 . 脱口而出　领导者即兴演讲实战指南 [M]. 北京：人民邮电出版社，2016.

[4] 余柏，袁霞辉 . 实用演讲范例全书 [M]. 哈尔滨：哈尔滨出版社，2011.

[5] 姚小玲，张凤，陈萌，等 . 演讲与口才 [M]. 北京：电子工业出版社，2012.

[6] 章年卿 . 应用文写作概论 [M]. 北京：教育科学出版社，2016.

[7] 赵大鹏 . 应用文写作：基本教材 [M]. 北京：语文出版社，2006.

[8] 赵会芹，陌青青 . 年轻人必知的 160 条说话技巧 [M]. 北京：华夏出版社，2009.

[9] 胡适 . 容忍与自由：胡适作品精选 [M]. 北京：中国书店，2013.

[10] 张颂 . 朗读学 [M]. 北京：北京广播学院出版社，1999.

[11] 罗莉 . 文艺作品演播技巧 [M]. 北京：中国广播电视出版社，2003.